# 知识资本、数字贸易溢出与全要素生产率：基于区域差异视角

陈　超　李　强　著

ZHEJIANG UNIVERSITY PRESS
浙江大学出版社
·杭州·

**图书在版编目(CIP)数据**

知识资本、数字贸易溢出与全要素生产率：基于区域差异视角 / 陈超,李强著. --杭州：浙江大学出版社，2022.9(2023.4 重印)
ISBN 978-7-308-23049-0

Ⅰ.①知…　Ⅱ.①陈…　②李…　Ⅲ.①知识经济－影响－全要素生产率－研究　②国际贸易－电子商务－影响－全要素生产率－研究　Ⅳ.①F014.2

中国版本图书馆 CIP 数据核字(2022)第 168641 号

**知识资本、数字贸易溢出与全要素生产率：基于区域差异视角**

陈　超　李　强　著

| | | |
|---|---|---|
| 责任编辑 | 傅百荣 | |
| 责任校对 | 梁　兵 | |
| 封面设计 | 十木米 | |
| 出版发行 | 浙江大学出版社 | |
| | （杭州市天目山路 148 号　邮政编码 310007） | |
| | （网址:http://www.zjupress.com） | |
| 排　　版 | 杭州隆盛图文制作有限公司 | |
| 印　　刷 | 广东虎彩云印刷有限公司绍兴分公司 | |
| 开　　本 | 710mm×1000mm　1/16 | |
| 印　　张 | 16.5 | |
| 字　　数 | 309 千 | |
| 版 印 次 | 2022 年 9 月第 1 版　2023 年 4 月第 2 次印刷 | |
| 书　　号 | ISBN 978-7-308-23049-0 | |
| 定　　价 | 72.00 元 | |

CONTENTS
# 目　录 ·················· >>> >

# 表目录

# 绪　　论

　　20 世纪 80 年代以来,世界经济进入产业结构大调整时期,经济发展方式开始从要素驱动向创新驱动转变。在这一过程中,知识资本从其他生产要素中独立出来,成为促进技术进步和经济增长的动力源泉,全球经济增长方式开始从物质资本驱动向知识资本驱动转变。有关资料表明,美、英、法等 14 个工业化国家的经济增长并不是来源于物质资本投入的增加,而是依靠知识资本投入的拉动。知识资本对经济增长的贡献,在 20 世纪初仅为 5%～20%,在 20 世纪中叶上升到 50%左右,而在 20 世纪 80 年代以后则上升到了 60%～80%。由此可见,知识资本的作用已远远超过资本和劳动,成为推动技术进步和经济增长的首要因素。我国经济发展已进入新旧动能转换和结构深度调整的关键时期,主要依靠资本、土地、劳动力等要素投入支撑的经济增长方式已不可持续,迫切需要依靠创新发展来寻求经济增长新动力。党的十八大首次提出"实施创新驱动发展战略","十三五"规划纲要将"创新驱动发展战略深入实施,全要素生产率明显提高"作为今后五年经济社会发展的主要目标,党的十九大报告进一步明确了创新在引领经济社会发展中的重要地位,并首次把"提高全要素生产率"写入党的文件。"实现中国经济增长向全要素生产率支撑型模式转变"(蔡昉,2013),如何加快提高全要素生产率是当前迫切需要研究的理论和政策问题。知识资本是创新驱动发展的核心要素,如何有效配置知识资本等创新要素,促进全要素生产率提升,是加快创新驱动发展中迫切需要研究的重大战略问题。

　　在理论观点和现实背景都支持知识资本对促进技术进步和经济增长的重要性背景下,各国出于发展经济的目的,纷纷加大对知识资本的投资,以期通过对国内知识资本的积累来提升本国的技术水平进而促进长期的经济增长。然而与理论和现实相悖的是,绝大多数经验研究发现,知识资本并不一定促进技术进步,而且即便能够促进技术进步,知识资本发挥作用的程度以及产生的回报率也不尽相同,也就是说各国知识资本的技术进步效应存在着巨大差异。针对这种理论与经验研究间的不一致性,各国学者纷纷开始从知识资本对技术进步产生影响的具体机制上来探究知识资本技术进步效应存在跨国差异的真正原因,具体表现在以下三个方面。

一是知识资本全球分布的不均衡性,导致各国知识资本的技术进步效应也不同。以研发支出为例,过去20年来,虽然全球研发支出的总体规模呈持续增长态势,但研发支出的跨国分布存在着较大差异(见表绪1):就变异系数而言,2000—2018年,样本国家变异系数的走势呈现两个明显的阶段[①],其数值先从2000年的4.13下降到2014年的3.56,而后又上升到2018年的3.68,整个时期的数值一直处于大于3的水平;就极值倍数而言,样本国家整个时期的极值倍数也呈现两个明显的阶段,其数值先从2000年的66229倍下降到2006年的41074倍,而后又上升到2018年的77068倍。由此可见,不论是变异系数还是极值倍数,研发支出在样本国家间的分布存在很大差异[②],因此知识资本跨国分布的差异会导致其对技术进步影响效应的跨国异质性。

表绪1　历年研发支出分布差异

| 年份 | 2000年 | 2002年 | 2004年 | 2006年 | 2008年 | 2010年 | 2012年 | 2014年 | 2016年 | 2018年 |
|---|---|---|---|---|---|---|---|---|---|---|
| 最大值 | 3644 | 3645 | 3800 | 4129 | 4545 | 4493 | 4576 | 4846 | 5311 | 5898 |
| 最小值 | 0.06 | 0.07 | 0.08 | 0.10 | 0.08 | 0.08 | 0.07 | 0.08 | 0.08 | 0.08 |
| 标准差 | 102.28 | 107.30 | 113.46 | 126.19 | 139.73 | 144.55 | 155.21 | 168.43 | 181.14 | 199.72 |
| 均值 | 421.94 | 424.89 | 443.27 | 484.13 | 531.50 | 532.77 | 556.37 | 600.07 | 658.44 | 735.29 |
| 变异系数 | 4.13 | 3.96 | 3.91 | 3.84 | 3.80 | 3.69 | 3.58 | 3.56 | 3.64 | 3.68 |
| 极值倍数 | 66229 | 49661 | 44936 | 41074 | 60478 | 54911 | 61190 | 60130 | 68536 | 77068 |

数据来源:作者整理计算;极值倍数＝极大值/极小值。

二是知识资本区域分布的差异,导致知识资本对不同区域全要素生产率的影响效应存在异质性。通过表绪2,我们发现研发支出区域分布的差异性主要

---

[①]　本书采用的样本国家为84个,具体国家列表可参看表7-1。
[②]　除研发支出外,我们也对知识资本的其他几个重要指标(如研究人员数和发明专利申请数等)的全球分布状况也进行了分析。结果发现,与研发支出相似,这些指标的全球分布也存在着不均衡性。

体现在以下几个方面:一是发达国家与其余国家之间的差异性[①]。从表中看出,21世纪以来,发达国家的研发支出占样本国家的比重一直维持在3/4以上水平,而其余国家只占了剩余的1/4左右,随着发展中国家研发支出金额的逐年增加,这种差异性有逐渐缩小的趋势。二是发达国家内部的不均衡。在发达国家内部,研发支出主要集中在七国集团,这七个国家的研发支出占发达国家的比重一直维持在80%左右。三是转型国家内部的不均衡。在转型国家内部,研发支出主要集中在俄罗斯,其研发支出占转型国家的比重除2018年稍微下降外,其余年份则一直维持在50%左右。四是发展中国家内部的不均衡。发展中国家的研发支出主要集中在金砖四国[②],这四个国家的研发支出占发展中国家的比重一直维持在3/4以上水平,并且还有逐年上升的趋势。由此可见,不论是发达国家与其余国家之间,还是各个国家组别内部,研发支出的分布均存在着差异性。由于理论观点和现实背景均证实知识资本是技术进步和经济增长的主要推动力,因此知识资本投入的区域差异会导致其对技术进步影响效应的区域异质性。

表绪2　各区域历年研发支出及比重

| 年份 | 2000 | 2004 | 2008 | 2012 | 2016 | 2018 |
|---|---|---|---|---|---|---|
| 样本整体(亿美元) | 8591 | 9530 | 11737 | 13038 | 15215 | 16776 |
| 其中:发达国家(%) | 91.62 | 88.97 | 85.64 | 79.86 | 76.40 | 75.81 |
| 发展中国家(%) | 6.62 | 9.01 | 12.31 | 17.95 | 21.60 | 22.19 |
| 转型国家(%) | 1.76 | 2.01 | 2.05 | 2.19 | 2.00 | 2.00 |
| 发达国家(亿美元) | 7871 | 8479 | 10052 | 10412 | 11625 | 12718 |
| 其中:七国集团(%) | 84.73 | 83.11 | 81.49 | 79.88 | 79.85 | 79.66 |
| 发展中国家(亿美元) | 569 | 859 | 1445 | 2340 | 3286 | 3723 |
| 其中:金砖四国(%) | 78.21 | 82.31 | 84.71 | 88.12 | 87.77 | 88.56 |
| 转型国家(亿美元) | 151 | 192 | 241 | 286 | 305 | 335 |
| 其中:俄罗斯(%) | 50.99 | 55.21 | 52.70 | 48.60 | 49.51 | 42.39 |

数据来源:作者整理计算;研发支出金额以2015年为基期的美元计价。

---

① 发达国家、转型国家和发展中国家的划分依据按照国际货币基金组织《世界经济展望》(*World Economic Outlook*)的划分标准(见表7-1)。这里的其余国家指的是发展中国家和转型国家。

② 由于本书把俄罗斯归为转型国家,所以发展中国家只有金砖四国,分别是中国、印度、巴西和南非。

三是国际知识资本溢出渠道的不同,致使国际知识资本对各国技术进步的影响效果也存在差异。在封闭经济体系中,一国的技术进步直接取决于国内已有的知识资本存量(方希桦等,2004)。但在开放经济条件下,国际知识资本也可以通过各种渠道直接或间接对国内的技术进步产生影响,国际经济活动中这种知识资本的外部性被称为国际知识资本溢出。即使是在最具生产率水平的美国,国际知识资本的贡献也达到了 40%左右(Eaton and Kortum,1999)。而对于大多数发展中国家来说,技术进步的国外来源甚至占到了生产率增长的 90%(Keller,2004)。可以说,整个世界的技术进步模式在很大程度上也取决于国际知识资本的溢出程度。然而,知识资本的国际溢出并不完全,它的发生还需要借助某些特定的渠道。为此,许多学者通过考察知识资本跨国溢出借由实现的渠道来解释国际知识资本溢出效应的跨国差异性。这些渠道包括进口贸易、出口贸易、外国直接投资(FDI)和对外直接投资(OFDI)等物化溢出渠道,以及技术接近度、地理距离、网络通信、海外留学、科技论文出版、国际会议、国际研发合作和逆向工程等非物化溢出渠道。由此可见,各国所接触的国际知识资本溢出渠道的不同,如贸易自由化程度的高低、引进外资和对外投资数量的多寡、与前沿国技术差距的大小等,都会引起国际知识资本溢出效应跨国差异性的产生。

综上所述,虽然现有文献已经从知识资本的跨国分布、国家组别差异和溢出效应等三个角度对产生知识资本技术进步效应的跨国异质性进行了解释,得到了一些有价值的结论,但是一些关键性问题仍然没有得到解决,现有研究还存在以下几方面不足。

第一,在经济学领域和国家宏观层面,现有文献对知识资本的内涵及其构成要素并没有进行过严格的界定和划分。事实上,早在 20 世纪 80 年代,西方学术界就已经掀起了研究知识资本的热潮,一大批学者分别从不同角度出发对知识资本的内涵进行过界定,同时也从不同维度对知识资本的构成要素进行过划分。但遗憾的是,这些文献都只局限于管理学领域,侧重于研究知识资本的评估和管理,并且主要集中于企业微观层面进行分析,同时在知识资本构成要素的划分上也没有统一标准。而在经济学领域和国家宏观层面,虽然 Griliches(1979)最早把知识资本当作生产要素加入总量生产函数中,但他本人并没有对知识资本的内涵及其构成要素进行过任何界定。而随后出现的一批新增长理论经济学家,在研究经济增长的内生动力问题上,也都是直接使用"知识资本"这一术语,并没有对其内涵给出过明确的界定。

第二,在国际知识资本溢出渠道的选择上,现有文献更多的是集中于对进口贸易和 FDI 溢出渠道的研究(Saggi,2002),较少涉及数字贸易溢出效应的研究。事实上,在国际知识资本溢出的众多渠道中,国际贸易是最为直接和重要的途径,大量证据表明进口贸易和出口贸易产生的国际知识资本溢出已经成为全球技术进步的主要决定因素(Keller,2010)。同时,在国际贸易溢出渠道中,数字贸易由于其对象多为知识产权密集型产品和服务,兼具高知识、高技术、高互动和高创新的特征(李忠民等,2014),能有效产生广泛的数字技术外溢(黄先海和王瀚迪,2022),因而成为国际贸易中知识资本跨国溢出的有效渠道。因此,在国际贸易溢出渠道的选择上,如果只是考察总进口或总出口贸易,而忽视数字贸易渠道对国际知识资本的传播和扩散作用,那么对全要素生产率溢出效应的研究可能会得出不准确的结果。

第三,在异质性问题的研究上,绝大多数文献在分析中都是直接合并发达国家和其他国家的数据,并假定各变量的斜率系数在各国中是相同的,并没有考察各估计参数的跨国异质性。事实上,由于不同类型国家在国内知识资本存量和国际知识资本溢出程度上都存在着较大差异,同质性假设在现实中并不能够维持。此外,即便少数文献考虑到了跨国异质性问题,但它们对样本对象的划分大多是基于经济发展水平(主要是人均收入),对更注重地域间联系和协调发展以及更注重差异化和错位发展的区域划分的研究并不多见。要知道,人均收入水平只能代表一个国家的经济发展状况,并不能反映国家间的联系与协调发展,两者虽具有高度相关性,但没有必然的联系。因此,如果仅用经济发展水平来检验知识资本对全要素生产率的异质性影响效应,将会影响估计结果的准确性。

那么,我们自然要问:在经济学领域和国家宏观层面,知识资本的内涵及其构成要素应该如何确定?如何在此基础上测度各国的知识资本指数及其分项指数?知识资本的全球分布状况和区域分布状况是怎样的?此外,国内知识资本对全要素生产率的提升到底起着什么样的作用?是正面的还是负面的?如果是正面的,哪个方面的投入对全要素生产率的提升作用最大?同时,在开放经济下,国际知识资本对全要素生产率的发展又起到一个什么样的作用?是促进还是抑制?作为国际知识资本主要溢出渠道的数字进口贸易和数字出口贸易对全要素生产率的影响有何差异?与国内知识资本的作用相比,它们的影响程度是更强还是更弱?再者,从不同区域类型的划分上看,国内知识资本各要素投入和国际知识资本各数字贸易溢出渠道对不同区域的全要素生产率又起到一个怎样的作用?是否存在着区域差异?对于这些问题的讨论、解释和回答,正是本书研究的主要内容和目的之所在。

基于此,本书拟从知识资本、数字贸易溢出与全要素生产率间的关系出发,结合重新界定和划分的知识资本内涵及其构成要素,以 2000—2018 年间全球 84 个国家的面板数据为研究样本,运用面板数据模型实证分析和比较了国内知识资本三方面投入(研发资本、人力资本和专利资本)以及国际知识资本两种溢出渠道(数字进口贸易和数字出口贸易)对样本国家全要素生产率的影响效应;同时为体现区域协调发展和区域差异性,本书分别按经济发展水平、合作关系、联盟关系、伙伴关系和"一带一路"沿线对样本国家进行了类别划分,以分析各类型各区域国家生产率的异质性影响效应。本书的研究结论对于揭示国内知识资本的不同方面投入、国际知识资本的不同数字贸易溢出渠道与东道国全要素生产率的关系以及各国政府对创新政策、贸易政策、区域协调政策和数字经济政策等的制定和实施具有重要的理论和实践意义。

本书的理论意义具体表现在:(1)虽然国内外学者已经从不同角度对知识资本的内涵及其构成要素进行过界定和划分,但这些研究都只局限于管理学领域和企业微观层面,鲜少有人从经济学领域和国家宏观层面进行界定和划分,而绝大多数新增长理论学家在研究经济增长的内生动力问题上,也都是直接使用"知识资本"这一术语。本书借鉴已有的研究成果,从经济学领域和国家宏观层面对知识资本的内涵进行了重新界定,并依据内生增长理论的三条主要分支,从投入角度对知识资本的构成要素进行了划分,这是对知识资本的研究延伸到经济学领域的一种扩展,有助于加深我们对内生增长理论的理解和认识,也为知识资本内生增长理论的进一步发展奠定了重要的概念基础。(2)在知识资本的测度上,目前还没有形成比较全面系统的测度体系,大多数学者通常只是单纯使用某一方面的单一指标来作为知识资本的代理变量,忽视了知识资本的综合性特征。本书依据重新界定的知识资本内涵及其构成要素,通过主成分定权法对各国的知识资本及其各方面投入指数进行了测度和分析,这不仅有助于加深理解知识资本与研发资本、人力资本和专利资本之间的内在联系,而且对于完善知识资本测度的研究以及对知识资本技术进步效应的实证分析奠定了重要的数据基础。(3)在经验研究方面,虽然已有文献检验了知识资本对不同发展水平国家的技术进步效应,但至今很少有学者从地域间联系和协调发展以及注重差异化和错位发展的区域差异视角检验知识资本不同方面投入对不同区域类型全要素生产率的影响。本书依据经济发展水平、合作关系、联盟关系、伙伴关系和"一带一路"沿线对样本国家进行了类别划分,假设并验证了国内知识资本各要素投入以及国际知识资本各数字贸易溢出渠道与全要素生产率之间的关系,这对于揭示开放经济条件下知识资本技术进步效应的形成机理具有重要的实证价值,也为现有的经验研究提供了有益的补充。

在实践意义方面,目前世界经济正处于深度调整之中,复苏动力不足,主要经济体走势分化严重,如何科学有效地配置国内知识资本资源,引进、学习和利用国际知识资本资源,促进国内技术水平的提升是各国政府迫切需要研究和解决的重要问题。具体表现在:(1)本书对样本国家的知识资本及其各方面投入指数的测度,以及对各国知识资本发展水平的动态演变分析,有助于各国了解自身在全球竞争中的地位,认清自身在知识资本发展过程中所具有的国内和国际比较优势,为各国政府设计和实施知识资本政策提供了信息来源。(2)由于当前全球创新活动和创新资源的分布主要集中于少数发达国家,因而整个世界的技术进步模式在很大程度上取决于国际知识资本溢出程度。本书的实证研究发现两种数字贸易溢出渠道对不同区域类型的技术进步效应存在差异性,如数字进口贸易溢出对发展中国家、金砖国家、美盟国家、CPTPP 成员和西亚国家的全要素生产率具有最大的影响效应,而数字出口贸易溢出对转型国家、亚太经合组织、非盟国家、CPTPP 成员国和中东欧国家的全要素生产率具有最大的影响效应。这一结果为各国有针对性地制定和实施贸易政策、创新政策、区域协调政策以及数字经济政策指明了方向。(3)由于知识资本投入具有提高国内创新能力和国际知识资本吸收能力的两面性,因而国内知识资本发展水平的提升依然是现阶段各国政府实施创新政策的主要目标。本书根据知识资本不同方面投入对各国全要素生产率影响效应的研究,一方面有助于各国政府更好地制定相应的研发资本、人力资本和专利资本的发展政策,以及检验各项政策实施的有效性,另一方面有助于各国政府检验当前国内知识资本发展水平与国际知识资本间的技术匹配性,以便更好地保持适宜的技术水平差距,实现全要素生产率的最大增长。

# 第一章　相关概念的界定

## 第一节　知识资本内涵的界定与构成要素

### 一、知识资本内涵的界定和述评

知识资本的内涵经历了一个逐步发展和明晰的过程。最早提出知识资本内涵的是美国经济学家加尔布雷斯(Galbrainth)。他指出知识资本是一种知识性活动,是一种动态的资本,而非静态的资本形式。然而,他并没有给出知识资本的完整定义,也没有对知识资本的构成要素进行划分。最早系统界定知识资本内涵的是美国学者斯图尔特(Stewart)。他在 20 世纪 90 年代发表了一系列文章和专著,推动着知识资本研究的思潮。Stewart(1991)指出知识资本已经成为美国最重要的资产。之后他又进一步论证了知识资本是企业、组织和国家最有价值的资产,虽然它们常常以潜在的方式存在,但却能够使你富有(Stewart,1994)。其后,国内外学者纷纷从不同的角度出发对知识资本的内涵进行界定,具体可以归纳为以下几种观点。

(1)人力资本观。Jordan 和 Jones(1997)认为知识资本是物化于组织员工中的知识和技能,是一种无形的人力资本;Masoula(1998)认为知识资本是所有诸如员工的技术、经验、态度与信息等资产的总和;Ulrich(1998)指出知识资本是组织内员工的能力与认同感的乘积;张祥(1999)则把知识资本看成是企业所有成员所拥有的经验与智慧的总和;谭劲松(2001)认为知识资本是人力资本的核心,是高级的人力资本,是人力资本的升华;张文贤和傅颀(2006)直接将知识资本纳入人力资本范围之中,认为知识资本以及结构资本、组织资本、关系资本等都不过是人力资本的衍生资本。

（2）无形资产观。Brooking（1996）认为知识资本是使公司得以运行的所有无形资产的总称；Sveiby（1997）指出知识资本是企业一种以相对无限的知识为基础的无形资产；Johnson（1999）把知识资本理解为那些构成并利用人类智慧和创新来创造财富的无形资产的总和；Malhotra（2000）将知识资本定义为能使企业正常运作的无形资产的总和；李平（2007）认为知识资本是指企业拥有的、符合企业战略发展需要的、能够为企业创造价值、形成竞争优势的无形资产；王月欣（2010）将知识资本定义为凝结在企业员工体内或员工智力创造的存在于企业内部的、用以取得未来收益并以知识为基础的无形资产。

（3）价值增值观。Edvinsson 和 Sullivan（1996）将知识资本简单定义为那些可以转化为利润的知识；刘炳瑛（2001）指出知识资本就其价值形式来说可以概括为由知识在商品货币关系中和从商品的价值形式上追求增值的价值；陈则孚（2003）认为知识资本就是蕴藏于知识中，以知识形态存在和运动并能够带来剩余价值的价值；徐程兴（2003）认为知识资本是指能够转化为企业盈利能力的提高从而带来企业价值增加的知识；陈继林等（2005）把知识资本看成组织系统所拥有或者控制的并通过其运动实现价值增值的知识资源；范徵（2013）将知识资本定义为能够为企业带来价值的有价值的知识。

（4）知识总量观。Stewart（1997）认为知识资本是每个人能为公司带来竞争优势的一切知识与能力的总和；Dzinkowski（2000）指出知识资本是公司拥有的资本或以知识为基础的资本存量的总和；黄汉民（2003）认为知识资本是企业所有能用于产生价值或资源配置的知识积累及其运用，其本质是企业知识元素的集合；郑美群（2006）认为知识资本是指组织或其成员所拥有的、能够为组织创造价值的所有知识和能力；隋莉萍（2011）认为知识资本是一种建立在智力劳动基础之上，为组织或其成员所拥有，能够为组织创造价值和构建持续竞争力的所有知识、能力、技能、工作诀窍、经验、创造力等智力劳动成果组成的智力资源的总称。

到目前为止，国内外学术界在对知识资本内涵的研究和界定上，已经形成了各种不同的看法，但上述学者对知识资本的定义都是从某一角度出发，未能全面准确地反映知识资本的本质。根据本书的研究目的和已有文献的不足之处，我们认为知识资本内涵的界定需要符合以下四个标准。

第一，概念内涵界定的中文提法应明确为"知识资本"。在对"knowledge capital"或"intellectual capital"的翻译上，无论是学术界还是实务界，其概念的使用都是混乱的,许多学者并不是把它翻译为"知识资本",而是翻译成"智力资本",甚至"智慧资本"。虽然知识资本、智力资本和智慧资本的英文名称相同,但是中文名称的含义却大不相同。知识资本的内涵和外延要大于智力资本和智慧资本。智力资本和智慧资本更类似于人力资本,它们更侧重于表达隐含知识的资本属性,难以涵盖物化知识的资本属性,不能代表知识资本,更不能反映现实经济活动中知识商品资本化的全貌(万君康和梅小安,2006)。因此,将"knowledge capital"或"intellectual capital"翻译成知识资本,与知识经济等强调知识在经济发展中日益重要的大趋势更加吻合,也使这一概念更容易普及和广为接受(袁庆宏,2001)。

第二,概念内涵界定的对象应为国家宏观层面。目前,大多数关于知识资本理论的研究文献,以及与之相联系的理论框架、结构和方法都起始于会计和财务的观点,并且主要集中在企业层面(Bontis,2004),关于知识资本在国家和地区层面战略作用的发挥方面的研究较少(李平,2006)。刘炳瑛(2001)就指出只考察企业的知识资本是不够的,所得结论不能涵盖居民个人和国家所拥有的知识资本,这既不符合现代工业经济发展中知识资本存在与运行的现实,也不符合在美国、日本和瑞士等国家方兴未艾的知识经济中知识资本运行的现实。研究宏观知识资本涉及国家的经济、科技、教育、创新制度和创新基础设施等诸多因素,对宏观知识资本的生产率效应的比较研究,深入分析知识资本不同构成要素对不同类型国家全要素生产率的影响效应,对有效提升国家全要素生产率、加快建设创新型国家具有重要的指导意义。

第三,概念内涵界定应考虑知识资本的经济学属性。在对知识资本内涵的界定中,大多数研究均局限于管理学范畴。而在经济学方面,虽然 Griliches(1979)最早把知识资本当作生产要素加入总量生产函数中,但他并没有对知识资本的内涵进行过界定,而随后出现的一批新增长理论学家,在研究经济增长的内生动力上也都是直接使用"知识资本"这一术语,并没有对其内涵给出过明确的界定。要知道,经济学和管理学在研究对象和目标上是有差异的,经济学讲求社会整体效率与公平,以提高社会公共福利为宗旨,为政府制定政策提供理论依据。而管理学虽然也要兼顾社会整体利益,但其重点却是为企业利益服务,以提高单个企业竞争力、改善经营业绩、增加股东回报为目标,为企业决策提供依据(谭劲松,2006)。因此,关注知识资本的经济学属性,可以为政府决策的制定提供理论指导和现实依据。

第四,概念内涵界定应把握知识资本的合理范围。王开明(2006)指出斯图尔特(Stewart)和斯维比(Sveiby)等学者关于知识资本构成的论述反映了他们对知识资本概念的把握存在重大的缺陷:把所有与企业经营活动相关的非物质形态的东西都纳入知识资本的范畴,而不管这些东西能否带来租金,这会产生重大谬误。高亚莉等(2009)也认为知识资本有内涵扩大化的倾向,如果要准确测评国家的知识资本,有必要将国家知识资本限定在相对比较重要且有利于国家引导和调控的领域。如果将国家知识资本的内涵重新界定的话,应该重点强调知识在国家经济与社会发展过程中的推动作用。

## 二、知识资本构成要素和述评

目前对知识资本的内涵存在着不同的认识,导致了国内外学者在对知识资本构成要素的划分上也存在较大差异。知识资本构成要素不仅是理解知识资本内涵的框架,也是测度知识资本发展水平的重要依据。在重新确定知识资本的构成要素之前,为使本书的划分有据可依,我们首先对国内外文献进行回顾和总结。经过分析整理,具体可以将其归纳为四种论述。

(1)两要素论。第一类观点认为知识资本由人力资本和结构资本构成,持这类观点的代表性文献分别是 Edvinsson 和 Sullivan(1996)、Roos(1998);第二类观点认为知识资本由人力资本和社会资本构成,持这类观点的代表性文献分别是 Nahapiet 和 Ghoshal(1998)、Kang 等(2007);第三类观点认为知识资本由人力资本和知识资产构成,持这类观点的代表性文献分别是 Harrison 和 Sullivan(2000)、Sullivan(2000)。

(2)三要素论。第一类观点认为知识资本由人力资本、结构资本和关系资本构成,持这类观点的代表性文献分别是 Johnson(1999)、李平(2007)、刘亚军(2012);第二类观点认为知识资本由人力资本、顾客(客户)资本和组织资本构成,持这类观点的代表性文献分别是 Dzinkowski(2000)、Mouritsen 等(2002);第三类观点认为知识资本由人力资本、结构资本和顾客(客户)资本构成,持这类观点的代表性文献分别是 Stewart(1997)、Engstrom 等(2003);第四类观点认为知识资本由人力资本、组织资本和社会资本构成,持这类观点的代表性文献分别是黄汉民(2003)、Kang 和 Snell(2009);第五类观点认为知识资本由人力资本、结构资本和社会资本构成,持这类观点的代表性文献分别是 Seemann 等(2000)、McElroy(2002);第六类观点认为知识资本由人力资本、结构资本和技术资本构成,持这类观点的代表性文献有刘国武和李卫星(2006)。

(3)四要素论。第一类观点认为知识资本由人力资本、顾客(客户)资本、创新资本和流程资本构成,持这类观点的代表性文献分别是 Roos 和 Roos(1997)、Malhotra(2000)、李冬伟和李建良(2011);第二类观点认为知识资本由人力资本、关系资本、创新资本和流程资本构成,持这类观点的代表性文献分别是 Joia(2000)、陈钰芬(2006);第三类观点认为知识资本由人力资本、结构资本、关系资本和创新资本构成,持这类观点的代表性文献分别是王学军和陈武(2008)、王孝斌等(2009);第四类观点认为知识资本由人力资本、结构资本、顾客(客户)资本和创新资本构成,持这类观点的代表性文献分别是 Chen 等(2004)、张炜和王重鸣(2007);第五类观点认为知识资本由人力资本、关系资本、技术资本和管理资本构成,持这类观点的代表性文献分别是郑美群(2006)、隋莉萍(2011);第六类观点认为知识资本由人力资本、知识产权资本、市场资本和创新设施资本构成,持这类观点的代表性文献有 Brooking(1996);第七类观点认为知识资本由人力资本、结构资本、市场资本和技术资本构成,持这类观点的代表性文献有仇元福等(2002);第八类观点认为知识资本由人力资本、市场资本、技术资本和创新设施资本构成,持这类观点的代表性文献有郭俊华(2005)。

(4)五要素论。第一类观点认为知识资本由人力资本、顾客(客户)资本、知识产权资本、市场资本和管理资本构成,持这类观点的代表性文献分别是苏伟伦(2002)、陈继林等(2005);第二类观点认为知识资本由人力资本、知识产权资本、市场资本、创新设施资本和知识资产构成,持这类观点的代表性文献有 Booth(1998);第三类观点认为知识资本由人力资本、顾客(客户)资本、知识产权资本、管理资本和创新设施资本构成,持这类观点的代表性文献有傅元略(2002);第四类观点认为知识资本由人力资本、顾客(客户)资本、市场资本、技术资本和管理资本构成,持这类观点的代表性文献有刘国武(2004);第五类观点认为知识资本由人力资本、顾客资本、组织资本、技术资本和社会资本构成,持这类观点的代表性文献有范徵(2013)。

到目前为止,虽然国内外学者在知识资本构成要素的划分上已经做了大量研究和讨论,但学术界至今仍存有诸多争议,不同学者对知识资本构成要素的划分差异较大,缺乏统一的划分依据。根据本书的研究目的和现有文献的不足,我们认为对知识资本构成要素的划分需要符合以下四个标准。

(1)构成要素的划分应避免粗略性和重复性。由以上分析可知,虽然目前在知识资本构成要素的划分上已经形成了四种方法,但每种方法都存在着或多或少的缺陷:两要素分类法太过于粗略,而且缺乏全面性,不易于理解知识资本内部的关系(吴中伦,2011);五要素法虽然可以解决两要素划分法的粗略性,但又陷入了重复性问题;四要素法虽然在某种程度上具有一定合理性,但仍有不少学者在划分中将相同或相似要素纳入到该分类中,使得四要素法也没有完全脱离要素划分的粗略性和重复性问题;三要素法涉及的资本形态虽然较两要素法有所扩大,但仍没有摆脱粗略性问题。

(2)构成要素的划分应根据投入形式进行。在知识资本构成要素的划分上,国内外已经形成了多种分类方法[①]。然而,绝大多数划分法都是从实践中得到的,缺乏一定的理论支持,也无法反映出知识资本价值创造的本质以及知识资本与技术进步间的内在联系(李冬伟,2012)。此外,这些划分法都是根据静态视角进行的,没有考虑到知识资本的动态变化和价值增值的属性(柏丹,2013)。西方经济学将资本理解为一种用于投入的生产要素,动态性和增值性是其基本属性。作为资本的一种形式,知识资本及其构成要素也会像其他有形资本一样,可以作为生产要素投入经济运行中去,并通过与其他生产要素相互作用,实现价值增值。另外,Romer 等学者将知识资本作为一种独立的生产要素纳入内生增长模型中,指出知识资本投入是技术进步和经济增长的动力源泉,从理论上也明确了知识资本的重要作用。基于以上观点,我们认为根据投入形式来划分知识资本的构成,不仅符合知识资本作为投入要素的动态和增值的特征,而且也具有坚实的理论基础。

(3)构成要素的划分应将研发资本单独列示。目前国内外学者在对知识资本构成要素的划分上都没有将研发资本进行单独罗列,更多的是将其视为知识资本的隐含内容或创新资本的二级要素,这一做法不但不能凸显研发资本在促进技术进步和经济增长中的重要作用,也无法反映出研发资本的实质。要知道,在研究经济增长的内生影响因素时,无论是理论模型的构建,还是实证模型的设定,几乎所有文献都将研发资本(特别是 R&D 存量)作为知识资本的唯一代理变量。虽然这一做法具有一定的片面性,但从侧面可以反映出国内外学者对研发资本的重视程度。大量事实也证明,研发资本已经成为一国保持长期竞争优势的关键因素,因而它不应该隶属于创新资本,而应将其视为与其他要素同等重要的地位加以考虑。将研发资本作为一个独立知识资本要素纳入知识资本评价模型中,不但可以体现研发资本的重要性,而且还体现出研发资本在价值创造过程中的重要地位。

(4)构成要素在宏观层面上应具有可衡量性。目前,绝大多数知识资本分类

---

① 　在知识资本的分类法上,原毅军和柏丹(2009)做过相关的总结。

法都是基于企业层面进行的,并且对其构成要素和命名也都是根据企业层面的可衡量性进行选择的。如结构资本和顾客(客户)资本等资本形态只适合于对企业微观层面的研究,不适用于对国家宏观层面的分析,因为相关数据只能通过问卷调查形式得到,无法在国家层面获得。刘亚军(2012)认为从企业层面来讲,知识资本包含了组织的流程、结构及关系等要素,这样的知识资本是不能观察、难以测量的资本。Bontis(2004)指出将知识资本测度从企业层面转换到国家层面,一些观点必须进行相应改变,如顾客(客户)资本应变为市场资本、创新资本应变为发展与更新资本等。因此,想要测度国家层面的知识资本发展水平,对知识资本构成要素的选择和命名必须在国家层面上具有可衡量性。

## 三、知识资本内涵及构成要素的重新界定和划分

在重新界定知识资本的内涵之前,首先需要对知识资本的构成要素进行重新划分,因为知识资本的内涵与构成要素密不可分。正如上一小节评论那样,虽然目前国内外学者对知识资本构成要素的划分遵循不同的维度,并且这些资本形态的中文提法也各不相同,但从它们的定义中可以发现,某些资本形态之间存在着内容相同或相似性。因此,为避免重复性,以及考虑到要素的可衡量性和与宏观经济的适配性,同时借鉴陈超(2016)的做法,我们认为知识资本可以体现在财力、人力和成果等三个方面投入上,即研发资本、人力资本和专利资本上[①]。具体原因在于:首先是研发资本。虽然目前还没有学者直接将研发资本作为一个独立知识资本要素进行列示,但从已有文献中发现,知识资本构成要素或是隐含了研发资本的内容,或是将研发资本作为构成知识资本要素的次级要素加以考虑。比如,在知识资本构成要素的划分中,Bounfour 和 Edvinsson(2012)、张炳发(2006)等学者在各自的研究或准则制定中都使用了 R&D 支出或 R&D 投资等内容,这些内容实际上都是研发资本的一部分;另外,Chen 等(2004)、王学军和陈武(2008)等学者在划分知识资本构成要素时,都将创新投入作为创新资本的次级要素纳入到知识资本指标体系中,根据他们对创新投入的界定和衡量指标的选取情况可知,创新投入的概念实质上就是本书所说的研发资本。基于以上分析,我们认为研发资本也应是一种独立的知识资本构成要素。其次是人力资本。从文献中发现,虽然对知识资本构成要素的划分方法多种多样,但国内外学者无一例外都将人力资本单独列为知识资本的构成要素。毫无疑问,人力

---

① 这一划分法也与 Welfe(2007)和刘凤朝等(2011)的观点相一致。

资本应该是构成知识资本的一个基本要素;再次是专利资本。从文献中发现,多数学者直接认为知识产权资本是知识资本的一部分。当然还有不少学者认为创新资本的次级要素(创新成果)在本质上等价于专利资本。毫无疑问,专利资本也应该是知识资本的一个重要构成要素。

综上所述,我们认为不论学者们对知识资本的构成要素如何划分,归根结底都可以体现在研发资本、人力资本和技术资本等三种投入要素上。这种分类法不仅有效避免了两要素法的粗略性以及四要素法和五要素法的重复性,而且又充分重视了研发资本在知识资本中的重要性,同时还使得各要素在宏观层面的经验研究中也都具有便捷的可衡量性,因此该划分法是可行并且可靠的。

在重新划分了知识资本的构成要素之后,再来界定本书知识资本的内涵。根据"国家宏观层面上的""经济学领域的""把握合理范围的""中文提法应明确为知识资本"等四个限制性条件,再结合划分的知识资本三个要素,本书对知识资本的内涵就可以做出如下界定:宏观知识资本是一国拥有或控制的以知识形态存在的,以研发、人力和专利等形式投入创新发展和生产发展中并能最终转化为经济价值和动态能力的资本。从投入的角度,我们认为知识资本可以划分为研发资本、人力资本和技术资本三个方面。

## 第二节　数字贸易内涵的界定

随着大数据、云计算、区块链、5G(第五代移动通信技术)、人工智能等科技的发展,数字技术对全球贸易的渗透将进一步加强,更多的数字资源禀赋将被不断发掘。数字贸易是传统贸易与现代数字技术结合的产物,是国际贸易发展的新形态,它依托数字技术,克服了传统贸易中的空间和时间的限制,降低了全球贸易的门槛、拓宽了贸易的活动范围。目前,数字贸易已成为世界经济的重要贸易形态,基于数字技术传递的货物和服务贸易也在全球范围内快速增长。根据联合国贸易和发展会议(United Nations Conference on Trade and Development,简称 UNCTAD)统计,2020 年全球数字服务贸易出口规模为31675.86 亿美元, 和 2005 年相比增长了 3 倍以上,占全部出口的比例由 2005年的 11.44％增长至 2020 年的17．98％。学者们普遍认为数字贸易改变了生产方式,刺激了新的消费需求,将成为重塑全球价值链、提升国际竞争力的新要素。近年来,国内外学者分别从多个角度对数字贸易的概念内涵、统计分类、数字贸易新规则及壁垒类型,以及数字贸易对全球价值链、知识溢出、企业国际投资的影响等多个方面,展开了较为深入的研究。

## 一、数字贸易内涵的界定和述评

各国政府和国内外学者对数字贸易概念和内涵的界定,都是通过与传统贸易的对比来展开,但观点并不一致,大致可以分为"狭义"和"广义"两类。2010年,美国学者Weber最早从"狭义"的角度提出数字贸易的概念,他认为数字贸易是指通过互联网等数字信息化技术传输产品或服务的商业活动,其核心即是数字产品和服务的内容。2013年,美国国际贸易委员会(USITC)发布的《美国和全球经济中的数字贸易 I》将有形的数字产品排除在外,把数字贸易进一步划分为四个方面:第一是电影、电视剧、音乐、游戏及电子图书等以数字形式交付的产品和服务;第二是社交网络、用户点评等数字媒体;第三是万用搜索引擎、垂直搜索引擎等搜索引擎服务;第四是软件服务、通信服务、在云端交付的计算服务和数据服务等其他数字化产品与服务。这一阶段数字贸易的定义,主要以"狭义"的界定为主,仅仅包括通过互联网及相关设备交付而实现的数字产品和服务的贸易,但不包括在线订购的实物商品或具有数字内容的实物商品。2019年11月19日,中共中央、国务院出台的《关于推进贸易高质量发展的指导意见》第一次提出"数字贸易"的概念。中国商务部服贸司在《中国数字贸易发展报告2020》中将数字贸易定义为"以数据为生产要素、数字服务为核心、数字交付为特征",并初步划分为四大类:数字技术贸易、数字产品贸易、数字服务贸易以及数据贸易(王晓红、夏友仁,2022)。其中:数字技术贸易包括 软件、通信、大数据、人工智能、云计算、区块链、工业互联网等数字技术的跨境贸易;数字产品贸易包括数字游戏、数字出版、数字影视、数字动漫、数字广告、数字音乐等数字内容产品的跨境贸易;数字服务贸易包括跨境电商平台服务,以及金融、保险、教育、医疗、知识产权等线上交付的服务;数据贸易则指数据跨境流动形成的贸易。因此,"狭义"的数字贸易仍属于服务贸易的范畴,即以信息技术为手段,通过互联网实现的数字化产品及服务的销售或交付的数字服务贸易。

"广义"的数字贸易概念则以WTO、OECD、IMF等国际组织的观点为代表,将数字贸易界定为:以数字方式订购或以数字方式交付的贸易。2014年8月,美国国际贸易委员会(USITC)在《美国与全球经济中的数字贸易 II》中再次修改了数字贸易的定义,强调数字贸易是由数字技术实现的贸易,并进一步解释为互联网技术在产品和服务的订购、生产以及交付等环节中发挥关键性作用的贸易活动。该定义将跨境数据流、通过互联网销售的实体产品(即有形商品贸易)等也纳入数字贸易的内涵中,即拓展了数字贸易的范围。迪尔多夫(Deardorff)认为,通过互联网等数字技术实现订购、交付、支付等环节的贸易均在数字贸易的范畴之内。此后,世界贸易组织(WTO)、经济与合作发展组织(OECD)以及国际货币基金组织(IMF)的数字贸易测量手册中,将数字贸易分为数字订购贸易、数字中介平台和数字交付贸易三类,再一次扩展了数字贸易的内涵,并将提供卖家、买家互动服务的贸易中介平台也纳入数字贸易的定义范围内。2017年,美国贸易代表办公室(USTR)发布《数字贸易的主要障碍》,提出数字贸易是一个更为宽泛的概念,不仅包括实现全球价值链的数据流、实现智能制造的服务及其他平台和应用,还包括个人消费品在互联网上的销售及在线服务提供。国内学者也倾向于采用一个更为广泛的数字贸易内涵,即认为数字贸易是以数字服务为核心、以数字订购、数字交付、数字生产、数字传输和数字结算为特征的贸易新形态。马述忠等(2018)认为数字贸易是以网络为载体、高效利用信息和通信技术手段实现贸易有效交换、以实现数字贸易智能化为最终目标的新型贸易活动,其中贸易标的包括数字产品与服务、实体商品和数字化知识与信息三种。蓝庆新和窦凯(2019)将数字贸易的内涵概括为依托互联网为基础,使用数字交换技术作为完成数字产品与服务、实体货物、数字知识与信息的有效交换手段的商业活动,是数字商品贸易和数字服务贸易的有机统一。高拴平和李梓元(2020)认为数字贸易是一种新型的贸易形态,在这种形态里,互联网是传输渠道,跨境数据流是交换手段,电子支付是主要结算方式。郑伟和钊阳(2020)认为,数字贸易包含数字产品或服务贸易和数据信息贸易,前者包括通过数字技术交付的产品和服务,及以物理货物为载体的数字产品贸易,后者则是通过数据交付的贸易。

其中,以数字订购和数字交付为核心的跨境电子商务,已经成为我国对外贸易中的一个重要部分。2020年我国跨境电商交易额占我国货物进出口总额的38%,比2019年提升5%。2020年我国跨境电商交易总额达32.1万亿元。因此,国内学者开始将跨境电子商务也纳入到数字贸易的范畴。例如,董小君和郭晓婧(2021)将数字贸易分为三类,即数字商品贸易、数字服务贸易及数据贸易;数字商品贸易即跨境电子商务,数字服务贸易包括可数字化的服务贸易和数字内容服务贸易,数据贸易是指数据的跨境流动。李俊等(2021)将数字贸易划分为贸易数字化和数字化贸易两部分,贸易数字化主要指电子商务形式实现的数字订购贸易,数字化贸易则是指以数字服务为内容的数字交付贸易。王爱华和王艳真(2021)整合了 WTO、OECD、IMF、USITC(2014)数字贸易的定义，认为应该从贸易主体、贸易方式、贸易内容三个维度把握数字贸易内涵，并将跨境数字贸易分为跨境数字交付贸易和跨境数字订购贸易两部分。以数字订购、数字交付和数字结算的数字贸易定义，究其本源在于统计定义是基于交易的性质，而不是基于交易产品的性质，而且仅涉及跨境贸易，不包括国内贸易。随着数字贸易的不断发展，国内外相关研究也将以数字技术生产、物理形态的数字产品(例如，计算机、工业机器人、芯片、数字电视机等)为贸易标的的贸易形态也涵盖其中(López González and Ferencz,2018；马述忠、房超,2021；刘佳琪、孙浦阳,2021)。

从上述文献梳理可以看出，数字贸易的内涵和范畴随着时间在不断地完善和拓展。最初对数字贸易的界定比较狭义，数字贸易仅包括了数字产品和数字服务，排除了有形商品的贸易，其涵盖的范围相对较窄。自从 2014 年美国国际贸易委员会(USITC)修改数字贸易定义以来，数字贸易的内涵和边界开始不断扩大，学者们将通过数字订购、数字生产、数字交付和数字结算的实体货物也纳入到数字贸易的范畴。"狭义"的数字贸易仅涉及服务贸易领域，而"广义"的数字贸易，则被认为与货物贸易、服务贸易存在交叉重叠部分，即认为数字贸易是由数字服务贸易和数字货物贸易两部分构成。从具体业态来看，数字贸易主要包括以货物贸易为主的跨境电子商务、以服务贸易为主的数字服务贸易和以数字产品为主的传统贸易。

## 二、数字贸易构成要素和述评

现有国内外关于数字贸易内涵的研究为数字贸易的测度和统计奠定了良好的基础。然而，数字贸易过于宽泛的内涵也带来统计口径上的困难。通过梳理发现，学术界对数字贸易的研究数据主要采取两种方法获得。一是通过数字贸易的官方统计数据进行分析研究。虽然这种方式并不能涵盖所有的数字贸易数据，在统计口径上具有很大缺陷，但其优点在于数据获取较为容易，可以通过UNCTAD、OECD、WTO 等官方数据库获得。第一种方式需要界定数字贸易的内涵和构成要素，并划定数字贸易所对应的行业。例如，王爱华和王艳真(2021)从贸易方式、贸易内容和贸易主体三个维度界定了数字贸易内涵。首先，界定贸易方式，例如将贸易方式分为数字订购、数字交付和平台支持三种。在贸易过程中只要涉及其中一种方式就可以被纳入数字贸易的范围。其次，将贸易方式和贸易内容结合起来，得到数字贸易的测度框架。数字贸易的贸易内容涉及服务或货物贸易，其中货物贸易强调必须是以数字订购为贸易方式，服务贸易强调以数字交付或者同时涉及数字订购和数字交付两种为贸易方式。最后,根据国际上的《国际标准产业分类》以及我国的《国民经济行业分类》的行业分类标准,并结合数字贸易的内涵,可以总结出数字贸易所涵盖的内容及对应的行业(如表1-1所示)。在数字贸易的研究中,部分学者使用信息和通信技术的相关数据代替数字贸易的数据(Coe et al.,1997;岳云嵩、李柔,2020)。陆菁和傅诺(2018)使用美国国际贸易委员会对数字贸易的定义和统计思路的研究,将金融、保险、个人文化和娱乐服务、专利费与许可费、商业专业与商业服务纳入到数字贸易的范畴,使用双边数字贸易数据对全球数字贸易网络布局进行了研究。陈寰琦(2020)根据相似的方式,将金融、保险、电信、计算机和信息服务、知识产权费用、个人文化和娱乐服务和其他商业服务加总获得数字服务贸易的数据进行研究。

表 1-1 数字贸易所涵盖的内容及对应的行业(节选部分)

| 内容分类 | 具体内容 | 中国《国民经济行业分类》(2017 版) | | 《国际标准产业分类》第 4 版 | |
|---|---|---|---|---|---|
| 数字产品 | 游戏 | 6422<br>6572 | 互联网游戏服务动漫游戏数字内容服务 | 6311 | 数据处理、储存及有关活动 |
| | 应用软件 | 8626 | 数字出版 | 582 | 软件的发行 |
| | 广播、电视、电影及视频 | 871<br>872<br>873<br>875 | 广播电视影视节目制作、电影和广播电视节目发行 | 601<br>602<br>5911<br>5912<br>5913 | 电台广播电视广播和节目制作活动;电影、录像和电视节目的制作活动;电影、录像和电视节目的后期制作活动电影、录像和电视节目的发行活动 |
| 数字服务 | 信息技术服务 | 654<br>656<br>6571<br>659 | 运行维护服务信息技术咨询服务地理遥感信息服务其他信息技术服务业 | 6202 | 计算机咨询服务和计算机设施管理活动 |
| | 社交网站 | 6432 | 互联网生活服务平台 | 6312 | 门户网站 |
| | 搜索引擎 | 6421 | 互联网搜索服务 | 6312 | 门户网站 |
| | 软件测试开发 | 651<br>652 | 软件开发集成电路设计 | 6201 | 计算机程序设计活动 |

续表

| 内容分类 | 具体内容 | 中国《国民经济行业分类》(2017 版) | | 《国际标准产业分类》第 4 版 | |
|---|---|---|---|---|---|
| 数字平台 | 云计算平台 | 6433 | 互联网科技创新平台 | 6311 | 数据处理、储存及有关活动 |
| | 电子商务平台 | 6431 6432 6434 | 互联网生产服务平台 互联网生活服务平台 互联网公共服务平台 | 6312 | 门户网站 |
| 数据服务及贸易 | 数据储存和处理服务 | 645 655 | 互联网数据服务信息处理和存储支持服务 | 6311 | 数据处理、储存及有关活动 |
| | 信息集成系统服务 | 6531 | 信息系统集成服务 | 6311 | 数据处理、储存及有关活动 |
| | 物联网技术服务 | 6532 | 物联网技术服务 | 6311 | 数据处理、储存及有关活动 |

资料来源:改编自 2017 年《国民经济行业分类》和《国际标准产业分类》第 4 版。

二是通过构建反映与数字贸易相关的基础设施、创新能力等综合指数的方法,对数字贸易进行评价。国际电信联盟(ITU)发布的信息化发展指数、世界经济论坛(WEF)发布的网络就绪指数都从网络基础设施的角度构建指数,以全面衡量一个国家或地区的数字基础设施发展情况。浙江大学发布的《2018 年世界与中国数字贸易发展蓝皮书》选取了互联网水平、支付方式、物流绩效、电子商务、法律监管、贸易潜力六个一级指标,分别对全球 100 多个国家和中国 31 个省份的数字贸易竞争力水平进行了评价。李轩和李珮萍(2020)采用数字设施、数字创新、数字产业以及数字治理等四个维度的指标,对 2009 至 2018 年"一带一路"沿线国家的数字贸易竞争力水平进行了综合评价。王智新(2020)利用灰色模糊法,采用基础设施、金融服务、人力资本、海关环境、技术支撑和法律法规六个一级指标,对"一带一路"沿线国家的数字贸易营商环境进行统计测度。沈玉良等(2021)构建了数字贸易促进指数,选取了市场准入、基础设施、法律政策环境和商业环境四个一级指标对全球 74 个国家进行了评价。

# 第二章　文献回顾与述评

自20世纪80年代以来,西方国家的经济日益呈现出以知识为基础的经济特征,学术界也重新掀起了研究经济增长理论的新热潮,并形成了以下两条主线:首先,以 Romer(1986)为代表的经济学家对传统的生产函数作了必要的修正,建立起了内生增长理论(也称新增长理论),为重新阐释"经济增长之谜"提供了新的途径和方法。内生增长理论突破了新古典增长理论关于技术进步外生性的假设,强调技术进步是内生的,知识资本才是促进技术进步和经济增长的主导力量。内生增长理论学家虽然观点各异,但围绕知识资本这一主线,可以归纳出三条主要分支,分别是研发驱动增长理论、人力资本积累增长理论和知识溢出增长理论,分别强调了研发资本、人力资本和干中学三个因素对技术进步的促进作用,而这三个因素恰好也分别与本书所探讨的知识资本的三种投入,即研发资本、人力资本和专利资本相对应。因此,从内容和理论核心看,新增长理论就是关于知识资本在经济增长过程中内生推动作用的理论(陈则孚,2003);其次,在开放经济下,以 Grossman 和 Helpman(1991)为代表的经济学家强调了国际知识资本溢出在技术进步中的重要作用,他们指出一国的技术进步不仅取决于国内知识资本存量,国外知识资本溢出也是内生技术进步的主要来源,国外知识资本可以借助进口和出口等贸易溢出渠道直接或间接促进一国技术水平的提升。基于此,在接下来的文献回顾中,我们将分别从知识资本这两条主线出发,通过理论和实证角度来对知识资本与技术进步间的关系进行文献梳理。

## 第一节　国内知识资本内生驱动的增长理论

### 一、基于研发资本的内生增长理论

基于研发资本的内生增长理论认为,研发资本的投入实现了技术进步的内生化,而内生化的技术进步促进了经济的持续增长。这类增长理论的基本特征是:第一,在垄断竞争框架下通过设立专门生产新技术的研发部门,以此来说明技术进步是经济系统决定的内生变量;第二,技术进步表现为产品种类的不断增加或产品质量的不断提高,技术进步来自受市场激励的厂商有意识的研发支出活动,而且这种活动获得了某种形式的事后垄断力量作为回报;第三,新技术具有非竞争性和部分排他性,非竞争性保证了产出的规模收益递增,部分排他性则为单个厂商进行研发活动提供了动力;第四,以动态最优化方法作为经济增长模型的分析工具,考察均衡增长的存在性、稳定性和收敛性。属于这类内生增长理论的模型主要有:中间品种类增加模型(Romer,1990;Barro and Sala-I-Martin,1995,ch6,ch7)、消费品种类增加模型(Grossman and Helpman,1991,ch3;Young,1993)和产品质量升级模型(Grossman and Helpman,1991,ch4;Aghion and Howitt,1992)等。

Romer(1990)在垄断竞争的框架下通过设立专门生产技术的研发部门而将技术进步内生化,构建了基于 R&D 的内生增长模型,并将技术进步理解成中间品种类的多样化,试图通过中间品种类的多样化来对长期经济增长做出合理解释。该模型假定经济中包括三个部门:使用 R&D 投入生产新技术的研发部门,使用新技术和其他投入品生产中间品的中间品部门,以及使用劳动、人力资本和中间品生产消费品的最终品部门。技术的非竞争性和部分排他性使经济中存在着两种形式的外部性:其一是新技术溢出可以提高研发部门的技术存量,进而提高研发部门的生产率并降低生产成本;其二是新技术可用来生产新的中间品,中间品种类的增加提高了最终品部门的生产率,进而使最终品产出实现规模收益递增;Barro 和 Sala-I-Martin(1995,ch6)修正了 Romer 关于中间品发明者对其使用具有永久专利权的假定,代之以假定专利保护的时效是有限的。有限时效的专利保护减少了研发厂商的收益,导致了技术进步的放慢和经济增长率的降低,造成社会和私人收益率之间更大的差距。在这种情形下,政府除了向中间品购买者提供补贴,还需要对 R&D 支出进行补贴,以使经济达到帕累托最优。

Grossman 和 Helpman(1991,ch3)考察了消费品种类增加的内生增长模型。该模型假定经济中只存在研发部门和消费品部门,研发部门通过 R&D 投入生产新技术,消费品部门通过购买研发部门的新技术进行消费品生产,两个部门都是垄断竞争的,且具有不同的生产技术。他们遵循 Romer 关于知识的非竞争性和部分排他性思想,认为消费品种类增加带来两种外部性:其一是研发部门 R&D 投资产生的新技术增加了经济中的一般知识水平,提高了研发部门的生产率并降低生产成本;其二是消费品种类的多样化使消费者的满足程度提高,增加了社会福利。正是由于这两种外部性的存在,使经济可以实现持续增长;Young(1993)也将技术进步理解为消费品种类的多样化。不同的是,该模型认为技术进步和经济增长是由发明和有限干中学共同决定的。一方面,由于干中学的有限性,如果不存在持续的发明,干中学的学习效应将逐渐耗尽;另一方面,由于新产品在产生之初提供的效用并没有成熟的旧产品来得多,如果不存在持续的干中学,新技术就更加不如现有技术来得有效率。因此在 Young 模型中,经济增长率的大小取决于发明和干中学两者的成本比较。如果发明的成本较高,经济增长率将取决于发明速度,干中学对经济增长没有影响。相反,如果发明的成本较低,经济增长率将取决于干中学速度,发明对经济增长没有影响。

基于研发资本带来的技术进步不仅表现为产品种类持续增加,也表现为产品质量不断提高。Grossman 和 Helpman(1991,ch4)最早进行了这方面的尝试。他们假定在经济中存在若干个部门,每个部门生产一种产品,每种产品都具有一个质量阶梯,沿着该阶梯产品的质量发生改进,质量更高的产品由于能提供更多效用和服务而优于旧产品。产品质量的提高是跟随厂商有意识研发支出的结果,而部门领导者并不从事任何研发活动。如果跟随者研发获得成功,他将取代原先领导者,取得垄断利润流。这一利润流将一直持续到该产品发生下一次质量升级时为止。跟随者研发成功的概率取决于研发支出金额的多寡,而研发支出金额的多寡取决于市场激励的大小。政府必须根据市场激励的大小相机采取对策,以促使经济增长率的提高和社会福利的改善;Aghion 和 Howitt(1992)认为技术进步除表现为产品质量不断提高外,还体现为一种创造性破坏的过程。在这一过程中,新的更好质量的产品会使旧产品不断遭到淘汰,经济周期与经济增长相伴而生,两者都是技术进步的产物。单个厂商的技术进步将在全经济范围内产生影响,并且技术进步和预期的经济增长率取决于整个经济的研发支出水平,而现期的研发支出水平则依赖于下一时期预期的研发支出水平。与上述模型一样,产品质量的提高是跟随厂商研发支出的结果,领导厂商并不从事任何研究活动。由于创造性破坏过程的存在,经济的均衡增长率可能高于也可能低于社会最优增长率。因此,政府政策的目标不应是单纯追求高增长率,而应是寻求合理的增长率;Barro 和 Sala-I-Martin(1995,ch7)分析了领导者也从事研发活动的情形。领导者之所以从事研发活动,是因为领导者一般掌握着最先进的生产技术和降低研发成本的优势。如果领导者的研发成本优势较小,领导者将从事所有研发活动,均衡研发支出和均衡增长率由跟随者的研发活动决定;如果领导者的研发成本优势足够大,领导者将作为垄断者独自决定研发支出金额,而与跟随者的竞争无关。在这种情况下,均衡研发支出和均衡增长率将低于最优增长率。政府可以通过向领导者研发活动提供补贴,以促使均衡研发支出和均衡增长率的增长。

## 二、基于人力资本的内生增长理论

基于人力资本的内生增长理论认为,在职干中学或正规教育都可以积累人力资本,人力资本的积累实现了技术进步的内生化,而内生化的技术进步促进了经济的持续增长。这类增长理论的基本特征是:第一,经济由两部门构成,即物质资本部门和教育部门。物质资本部门通过生产实现物质资本积累,而教育部门通过生产实现人力资本积累;第二,收益递增和外部性的存在或核心资本的存在,均可以实现经济持续增长。属于这类内生增长理论的模型主要有:最优技术进步模型(Uzawa,1965)、人力资本溢出模型(Lucas,1988,1990;朱勇,1999)和核心资本积累模型(King and Rebelo,1990;Rebelo,1991;Ladrón-de-Guevara et al.,1997)等。

最先用人力资本对技术进步进行内生化尝试的是 Uzawa(1965)的两部门模型。Uzawa 通过假定经济中存在一个生产人力资本的教育部门,讨论了教育部门投入与最优技术进步间的关系。在模型中,他假定劳动不仅用于物质资本生产,也用于人力资本积累。技术进步源于专门生产人力资本的教育部门,人力资本的生产函数具有规模报酬不变性。假定社会配置一定资源到教育部门,则会产生人力资本,而人力资本的增加又会提高生产率并被其他部门零成本获取,进而提高生产部门的产出。这样,教育部门不递减的要素边际收益可以抵消物质生产部门递减的要素边际收益,因而无需外在的“增长发动机”,仅由于人力资本的积累就能导致人均收入增长。但是,与 Arrow 模型一样,无论 Uzawa 模型中技术进步的作用如何,人均增长率最终还是取决于人口或劳动力的自然增长率。

　　Lucas(1988)将人力资本的外部性引入 Uzawa 两部门模型,用收益递增和人力资本的溢出效应来说明内生技术进步和经济增长。该模型由两个子模型构成:一是"两时期模型",强调通过正规或非正规的教育积累一般人力资本;二是"两商品模型",强调通过干中学积累特定人力资本。这两个观点也可称为人力资本的内部效应和外部效应。在第一个子模型中,Lucas 假定每个工人将全部非闲暇时间分成两部分,一部分用于当期生产,剩下的用于学校正规学习来积累人力资本。结果发现,无论是否存在人力资本的外部效应,经济都可以实现持续增长;在第二个子模型中,Lucas 考察了全部人力资本积累均由干中学形成的体系。对某种特定产品而言,专业化的人力资本积累是收益递减的。但由于产品的不断更新,专属于旧产品的人力资本在某种方式上会被新产品继承。所以,从总体看专业化的人力资本积累是收益递增的。Lucas 通过这两个模型,从人力资本的角度阐释了人均收入的持续增长和经济增长的跨国差异性。此外,由于发达国家的人力资本积累水平较高,且人力资本的外部性导致的收益递增又使得发达国家的资本收益率和人力资本收益率也较高,所以该模型又解释了现实经济中资本和劳动从发展中国家流向发达国家的现象(Lucas,1990)。如果说 Lucas 模型属于人力资本部门间溢出效应模型,那么朱勇(1999)在完全竞争框架下构建了一个用人力资本部门内溢出效应来解释内生技术进步和经济增长的理论模型。该模型假定在经济中存在两个部门:消费品部门和人力资本部门。其中,人力资本增加会提高人力资本部门的生产率水平,并实现该部门的规模收益递增,即人力资本具有部门内溢出效应,而反映在物质产品生产上的总量生产函数的规模收益则保持不变。朱勇(1999)认为,只要人力资本的溢出效应足以抵消不可再生要素导致的人力资本生产率下降的趋势,经济仍然可以实现内生增长。

　　与 Lucas 等人的模型不同,核心资本积累模型认为,即使经济中不存在收益递增和外部性等条件,只要将物质资本概念拓展到包含人力资本在内,即使在收益不变的假定下,通过核心资本的不断积累也能实现技术进步和持续经济增长。Rebelo(1991)最早进行了这方面的研究。该模型假定经济中存在两个部门(消费品部门和资本品部门)、两种生产要素(可再生要素和不可再生要素)。Rebelo认为,收益递增和人力资本外部性并不是内生经济增长的必要条件,只要经济中存在一类核心资本品(通常表现为人力资本),它的生产技术具有规模收益不变性,且不可再生要素对核心资本品的生产没有任何影响,那么通过核心资本的不断积累,经济也可以实现持续增长;King 和 Rebelo(1990)将核心资本分解为物质资本和人力资本,假定经济由消费品/物质资本品部门和人力资本投资品部门组成,两个部门具有不同规模收益不变的生产技术,并且均使用物质资本和人力资本进行本部门产品的生产,结果得到与 Rebelo(1991)相似的结论;Ladrón-de-Guevara 等(1997)从两个方面扩展了 Lucas-Uzawa 模型。其一是在教育部门的生产中包含物质资本投入,在此情况下经济可以实现平衡增长,其二是将闲暇引入效用函数,在这种情况下,如果教育不影响闲暇的生产率,那么经济中就存在着多重均衡。不同均衡增长率的选择取决于物质资本与人力资本的初始比重,通常人力资本比重相对较高(较低)的国家将会选择较高(较低)的增长路径。

## 三、基于知识溢出的内生增长理论

基于知识溢出的内生增长理论认为,知识的投入实现了技术进步内生化,而内生化的技术进步促进了经济的持续增长。这类增长理论的基本特征是:第一,经验知识积累是干中学的结果,厂商是价格的接受者,从而可以在完全竞争假设条件下研究经济增长的过程;第二,知识具有溢出效应,使得总量生产函数具有递增的收益。属于这类内生增长理论的模型主要有:简单干中学模型(Arrow,1962;Sheshinski,1967)、知识溢出增长模型(Romer,1986,1994)、新产品引入干中学模型(Stokey,1988)和有限干中学模型(Young,1991;Brezis et al.,1993)等。

最先使用知识溢出对技术进步进行内生化尝试的是 Arrow。由于不满意新古典增长理论将技术当作外生变量的观点,Arrow(1962)提出了技术进步是通过资本投资进行经验知识积累的结果,这就是著名的干中学思想。他指出,对知识的获取或学习是经验的产物,技术进步就体现于经验知识的积累之上。他认为知识具有溢出效应,不仅进行投资的厂商可以通过积累生产经验而提高生产率,其他厂商也可以通过学习来提高生产率。这样,虽然单一厂商的规模收益不变,整个经济可以表现出规模收益的递增性。但在这个模型中,由于竞争性均衡与报酬递增的不兼容,干中学只能抵消部分收益递减,不能完全消除它,一个社会的技术进步和长期经济增长最终取决于外生的人口增长率。随后,Sheshinski(1967)对 Arrow 模型的结构进行了简化和扩展,提出了简化的干中学模型,发现虽然均衡增长率部分地决定于学习效应,但其决定因素仍然是人口或劳动力的自然增长率。

Romer(1986)继承了 Arrow 的干中学思想,提出了基于知识溢出的内生增长模型。在该模型中,技术进步是追逐利润的厂商进行知识生产决策的产物,而代表性厂商的产出是关于自身知识投入、经济中总知识存量投入与其他要素投入的生产函数。为了克服 Arrow 模型中竞争性均衡与报酬递增的不兼容性，Romer 假定知识具有三方面特征，即知识的外部性、知识产出的报酬递增性和知识生产的报酬递减性。知识的这三个特性，既保证了生产函数的递增收益，又确保存在一个竞争性均衡，使长期增长成为可能。此外，知识的外部性和收益递增性导致的国家间技术进步率的差异，可以用来解释现实中各国经济增长率存在差异性的原因(Romer,1994)。

Stokey(1988)根据 Arrow 的干中学思想，运用简单的动态一般均衡分析法，在完全竞争框架下建立了一个可持续内生增长模型。模型的主要特色在于对商品空间和消费者偏好的设定。Stokey 认为，经济中存在无限连续的可生产性商品，且每一时期厂商只能生产有限数量的商品组合，但随着时间推移，质量更高的商品会被不断生产出来，现有商品组合将会发生改变。由于消费者通常更偏好优质的商品，在商品组合数量不变的前提下，质量更高的商品将会不断进入原先商品组合，质量较低级的商品逐渐遭淘汰。在 Stokey 模型中，技术进步不是体现在商品数量的增加，而是体现为新产品的引入和更高质量商品的出现，因而长期经济增长具有无限制性。

Young(1991)则把 Stokey 的干中学思想引入开放经济下的两国模型中，通过适当修正建立了基于有限干中学的内生增长模型。该模型具有两个重要特性：第一，知识在行业间（产品间）存在溢出效应，但在国家间不存在；第二，与 Romer 等人的模型不同，这里的干中学具有边际收益递减性，即有限干中学。由于潜在可生产的产品具有无限性并且不同商品的技术复杂度不同，在任一时点，当原先技术复杂性较低产品的学习效应耗尽时，新的技术复杂度较高产品的学习效应还会存在，因而保证了经济的无限增长。在自由贸易条件下，发达国家（发展中国家）的技术进步率要高于（低于）或等于它在自给自足时的情形，国际贸易有利于提高发达国家的动态福利水平，而发展中国家的情况则依赖于两国的人口比例。Brezis 等(1993)在 Young 有限干中学的基础上，建立了国际竞争中的"蛙跳"增长模型。在该模型中，当前技术领先国通过干中学积累经验知识而不断提高自身生产率，且经验知识的积累具有递减性，而后发国并不能获得领先国所积累的知识。新技术的出现可以对现有生产率实现重大突破，但这种技术变迁具有偶然性，只有通过大量的干中学，才能将这种偶然性的技术突破转化为现实。由于技术领先国在旧技术上积累了大量经验知识，但对新技术了解不多，因而领先国的生产者并没有采用新技术的动力。而技术后发国由于具有较低的工资水平和缺乏旧技术的经验知识,认为从长期来看,新技术将会产生更高的生产率,引进新技术是有利可图的。最终,技术后发国通过"蛙跳"效应,实现了对技术领先国的赶超。当然,这种"蛙跳"效应并不持久,一旦再次出现偶然的技术变迁,新的后发国同样会对新的领先国实现赶超。

## 第二节　国际知识资本溢出效应理论

国际知识资本溢出的产生来源于各国对其创新收益的不完美占有,如果一国能够从另一国知识资本的投入中获取经济收益,同时不用承担相应的成本,那么国际知识资本溢出就发生了(Branstetter,1998)。但是知识资本的国际溢出并不是全球性的,每个国家并不能接触到其他国家创新活动的全部成果,它的发生还需要借助某些特定的渠道。一般而言,这些特定渠道可以归纳为租金溢出和纯知识溢出。但由于在实际操作中区分租金溢出和纯知识溢出相当的困难(Nadiri,1993),为便于分析,在实证分析中,绝大多数学者将这两类渠道重新解释为物化溢出和非物化溢出渠道来进行研究。其中,物化溢出渠道主要包括进口贸易、出口贸易、外国直接投资(FDI)和对外直接投资(ODI)等,而非物化溢出渠道主要包括技术差距、技术接近度、投入产出关系、地理距离、网络通信、人力资本流动、国际专利申请、科技论文出版、国际会议、国际 R&D 合作和逆向工程等。

在上述列举的知识资本跨国溢出渠道中,我们主要选择进口贸易和出口贸易两个物化溢出渠道作为本书考察的重点,原因主要在于以下四点:第一,进口和出口是知识资本跨国溢出的主要渠道,并且在研究中也得到了强烈的实证支持。第二,虽然在实证分析中涵盖尽可能多的渠道可以提高估计结果的准确性,但一次性包含太多渠道会存在相当大的困难,而且还会产生诸如多重共线性等估计问题,反而会导致估计结果不那么令人满意(Griliches,1979),这就需要对知识资本跨国溢出的渠道进行筛选,以提炼出最主要的渠道。第三,由于数据限制和测算的复杂性,大多数非物化溢出渠道(如国际会议、国际 R&D 合作和逆向工程等),并不能被合理定量化(Lee,2006);而诸如技术接近度、投入产出关系、网络通信、海外留学、国际专利申请和科技论文出版等渠道,由于与本书研究的知识资本三个方面投入存在着重叠性,也极有可能引发多重共线性问题。第四,也是最重要的一点,本书研究的是数字贸易产生的生产率溢出效应,而数字贸易主要包括数字进口贸易和数字出口贸易。基于以上原因,在接下来的分析中,我们将分别从进口贸易和出口贸易两种物化渠道来对国际知识资本溢出与全要素生产率间的关系进行综述。

## 一、进口贸易溢出效应理论机制

进口贸易可以促进贸易伙伴国之间的知识溢出和技术扩散,进而使不同国家的生产率水平发生相互联系。理论文献区分并讨论了进口贸易影响一国技术进步的四种机制(Grossman and Helpman,1991):首先,进口贸易可以使一国进口更多功能相异或质量更高的中间品和资本品,从而提高国内资源的生产效率;其次,进口贸易打开了国际交流渠道,便利了生产方法、产品设计、组织模式和营销手段等的跨国学习,进而改进了国内的生产率水平;再次,进口贸易可以引入竞争,激励各国追求新的、与众不同的观念和技术,有助于减少各国研发活动中的重复劳动,进而改善全球范围内研发活动的效率水平;最后,进口贸易带来某种专业化,导致资源在不同国家的重新分配,促进贸易参与国生产率的不同增长。另外,进口贸易带来国际经济交往,有助于降低创新和模仿成本,促使一国对国外先进技术的模仿,提升该国未来生产率的增长空间(Helpman,1997)。

## 二、出口贸易溢出效应理论机制

随着内生经济增长理论的发展和新贸易理论的出现,大量的理论和经验研究表明,出口所带来的规模效应、溢出效应、学习效应和竞争效应等对于促进经济增长、提升全要素生产率有积极的作用(关兵,2009)。

出口规模效应:出口贸易将会通过增加规模经济效应,促进生产率的增长(Helpman and Krugman,1985;Rivera and Romer,1991)。一方面,国际贸易可以使各国按照比较优势确定其出口产业,推动分工的深化,优化全球资源配置,不仅使更多的本国资源被配置到出口部门,还会通过扩张出口部门的生产规模发挥规模经济来提高生产率(关兵,2010);另一方面,出口还能扩大本国企业的发展空间。相对来说,国际市场远大于国内市场,企业进入国际市场后其市场需求大大增加,进而提高其生产规模,在规模经济效应的作用下,企业生产率也会得到提高(吕大国、耿强,2015)。

出口溢出效应:主要体现在两个方面。一是水平溢出效应,即出口企业在市场竞争中获得的新技术和对产品的新要求,会通过指导和示范作用直接或间接地传递给非出口企业,这不仅可以提高出口企业的生产率,而且还可以通过相关新技术的信息溢出来提高非出口企业的生产率(Feder,1983);二是垂直溢出效应,即出口企业通过传授知识和技术援助,指导上游企业满足国外市场更高的产品质量要求以促进上游企业的生产率提升(后向溢出),或是出口企业通过获取新的、质量更高的、成本更低的中间投入品来提高上游企业的生产率(前向溢出)(Alvarez and López,2008)。

"出口中学"效应:通过出口贸易,国内企业可以得到国外进口商高标准的技术援助和支持,学习国外企业更为先进的生产技术和管理方法,获取国外消费者反馈的改进产品质量和提供优良服务的信息,改进生产工艺和生产设备以及对员工进行技术培训,迫使企业提高研发水平、创新能力和改良服务以应对国外市场的激烈竞争,进而提升出口企业的全要素生产率(Grossman and Helpman,1991;Evenson and Westphal,1995;Keller,2009)。

出口竞争效应:出口部门迫于国际市场压力而不断加大研发力度,提高生产效率,降低生产成本,改进产品质量(赖明勇等,2004)。第一,出口贸易使出口企业扩大市场份额、增加销售和利润空间的同时,迫使企业面对国内外更多的竞争对手,竞争效应使得其不得不加大对技术研发与创新的投入以保持竞争优势。第二,随着国际贸易的发展,出口企业的技术创新优势将随着技术的溢出效应而逐渐减弱甚至消失。如果出口企业想在激烈市场竞争中保持主导地位,只能千方百计改造现有技术或创造新的先进技术,这将使出口企业在竞争压力下采取一切可能的措施促进技术进步(焦知岳、吕悦,2021)。第三,由于每个企业的生产效率存在异质性,效率较高的企业可以从出口市场获得较高的市场份额和利润,而效率较低企业的市场份额和利润将缩小甚至会导致这些低效率企业退出市场,竞争就使得资源逐渐转移到效率较高的企业,从而使得整个行业的生产率得到提高(Melitz,2003;叶明确、方莹,2013)。

### 三、数字贸易溢出效应理论机制

数字贸易作为一种新形态的贸易方式,其影响落后国家技术进步的机制与传统贸易基本相似,但又有其特殊性和独特性。相似的地方在于,落后的国家或行业依然可以在"干中学"的过程中获取先进技术。进出口贸易一直是企业通过学习效应与技术溢出汲取国外先进技术资源、提高自身创新水平的重要渠道。随着数字产品和数字服务这些技术密集型或知识密集型产品的进出口,其中隐含的知识和技术也会随之向东道国转移。进口国通过学习效应,对进口的数字产品进行模仿、改造而掌握其中所含的先进技术,并在此过程中提升企业自身的研发能力。同时,这种先进技术又通过相关联的产业链向前和向后进行扩散,从而带动整个产业结构的升级;在数字贸易时代,出口的"竞争效应"也变得更加明显。数字贸易可贸易范围的扩大和贸易主体的增多,都将使出口方的竞争压力变大,从而促使出口企业不断提升生产效率和自主创新能力。

前文详细讨论了进出口贸易影响技术进步和生产效率的几种影响机制,例如规模效应、外溢效应、学习效应、竞争效应等。黄先海和王瀚迪(2022)从数字技术创新的视角,总结了数字产品进口对技术进步的影响机制,并归纳为"赋能"和"使能"两种效应。"赋能效应"指的是数字产品出口可以通过技术溢出、学习效应、成本效应、人力资本等渠道带来效率提升并激励企业创新。"使能效应"指的是数字化应用范围的不断拓展,推动数字创新形式、流程和相关商业模式的彻底革新(杨震宁等,2021)。这类似于传统贸易领域相关研究的结论,即数字贸易的发展前期需要投入一定的建设成本,当"沉淀成本"达到一定的临界值,数字技术的经济效应开始释放,加速企业数字化转型,并通过贸易产生的知识和技术溢出效应,推动其他企业在不断"干中学"的过程中提升生产效率(张晴、于津平,2020;于欢等,2022;杨慧瀛等,2022)。

然而,数字贸易又与传统贸易的技术溢出效应有所不同,有其特殊性(刘佳琪和孙浦阳,2021):一是数字产品作为数字技术与数字资源的主要载体,具有低复制成本的特点,能有效产生广泛的数字技术外溢且溢出效果更加明显;二是数字产品不仅作为数字相关产业的中间投入品使用,还能适用于各行各业的多种生产环节,从而带来覆盖范围更广、延伸环节更长的效率优化;三是数字技术集聚溢出效应更加显著。隐性知识在技术溢出中发挥着重要的作用,数字技术加速了隐性知识的可编码性和可传输性。相对于传统地理集聚的隐性知识溢出效应,数字贸易中的隐性知识溢出效应更明显。

# 第三节 实证综述

## 一、国内知识资本与全要素生产率

国外研究方面:Mohnen(1992)最早利用跨国层面的数据检验了国内研发与东道国全要素生产率间的关系。通过对研发资本对 G5 国家(美国、日本、法国、德国和英国)1964—1985 年间全要素生产率的影响进行分析,作者发现研发资本能显著促进 G5 国家生产率的提高；Benhabib 和 Spiegel（1994）利用 1965—1985 年 78 个国家的面板数据，考察了人力资本对东道国全要素生产率的影响，结果发现人力资本可以通过两种机制影响技术进步，即一方面通过促进创新而直接影响生产率水平，另一方面可以加速技术追赶和扩散速度；Jalles（2010）利用 1980—2005 年 73 个国家的面板数据，考察发明专利的生产率影响效应，发现不论是混合效应、固定效应还是随机效应，专利资本对东道国全要素生产率均具有显著的促进作用。国内研究方面：彭旸等（2008）利用 1996—2005 年中国 29 个省区市的面板数据，检验了人力资本对全要素生产率的影响，发现人力资本对技术进步的影响当期显著为负，但滞后一期显著为正；魏下海和王岳龙（2010）利用 1991—2007 年中国 29 个省区市的面板数据，考察了专利申请对全要素生产率的影响。结果发现，不论是全国样本还是沿海或内陆子样本，专利资本对全要素生产率均具有显著的促进作用；邓力群（2011）利用 1991—2006 年中国时序数据，考察了本地研发投入对全要素生产率的影响。结果发现，研发投入能显著提高全要素生产率，且两者具有很强的相关性。然而，这些研究的缺陷在于仅考虑了国内知识资本的某一方面，并没有对国内知识资本的构成要素进行细分及对不同知识资本要素投入对全要素生产率的影响效应进行比较分析。

此后，Bodman 和 Le（2013）考虑了不同类型国内知识资本的生产率效应，他们利用 15 个 OECD 国家 1982—2003 年的面板数据，检验国内研发资本和人力资本的技术进步效应。结果发现，国内研发资本和人力资本对东道国全要素生产率均具有显著的正影响；Sohag 等（2021）利用 1980—2015 年 25 个 OECD 国家的面板数据，检验了人力资本和发明专利申请对东道国全要素生产率的影响，发现两者对 OECD 国家全要素生产率的短期影响不显著，但在长期有显著的促进作用；Ketteni 等（2017）利用 1995—2014 年 30 个欧盟国家的面板数据，考察了研发支出、专利申请和人力资本对全要素生产率的影响，发现研发支出和专利申请对 OECD 国家的全要素生产率具有显著的促进作用，而人力资本变量中只有高校入学率具有显著正向效应。国内研究方面：张先锋等（2010）利用 1998—2008 年 25 个省区市的面板数据，研究了本地研发资本和人力资本对区域全要素生产率的影响。结果发现，研发资本和人力资本对全要素生产率均具有显著的促进作用；张心悦和闵维方（2021）利用 2000—2018 年 30 个省区市的面板数据，检验了人力资本和专利申请对中国全要素生产率的影响。结果发现两者对全要素生产率均具有显著的促进作用；万晓榆和罗焱卿（2022）利用 2015—2018 年中国 30 个省区市的面板数据，考察了政府研发投入和专利申请对全要素生产率的影响效应,结果发现,以专利申请为代表的技术进步变量对全要素生产率具有显著促进作用,而政府研发投入的影响效应则显著为负;余泳泽等(2016)利用1997—2012年29个省区市的面板数据,考察了本地研发投入、人力资本和专利申请对全要素生产率的影响,发现专利申请对地区全要素生产率的影响显著为负,而人力资本和研发投入的影响则不显著。

然而,这些研究的缺陷在于它们主要集中于细分国内知识资本的研究,忽视了国际知识资本跨国溢出(主要是基于贸易渠道)的生产率效应。

## 二、国内知识资本、国际贸易溢出与全要素生产率

国外研究方面[①]:最早将进口贸易作为国际知识资本溢出主要渠道进行实证研究的是 Coe 和 Helpman(1995,即 CH)。他们使用 22 个 OECD 国家1971—1990年的面板数据,首次分析了国内研发资本和通过进口渠道产生的国际研发溢出效应,发现国内研发资本和进口溢出研发资本对 OECD 国家的全要素生产率均产生了显著的促进作用;Funk(2001)将出口渠道纳入 CH 模型,发现研发资本仍然是促进生产率提升的重要因素,出口贸易是研发溢出的重要渠道,而进口溢出渠道对技术进步的影响并不显著;Ciruelos 和 Wang(2005)利用1988—2001年57个国家的面板数据,检验了人力资本和进口溢出研发资本对全要素生产率的影响,发现两者对东道国的全要素生产率均具有显著的正向作用;Madsen(2007)利用 1870—2004 年 16 个 OECD 国家的面板数据,考察了国内专利资本和进口溢出专利资本对全要素生产率的影响。结果发现,进口溢出渠道对东道国全要素生产率具有显著的正向影响,而国内专利资本的影响因模型的不同设定而所有不同;Coe 等(2009)使用 24 个 OECD 国家 1971—2004 年的面板数据,考察了国内研发资本、人力资本和进口溢出研发资本对全要素生产率的影响,发现三者对 OECD 国家的全要素生产率均具有显著的促进作用;Ang 和 Madsen(2013)利用 6 个亚洲经济体 1955—2005 的面板数据,检验了国内研发资本、人力资本、进口溢出渠道和出口溢出渠道对全要素生产率的影响,发现进口贸易和出口贸易是促进亚洲经济体全要素生产率提升的两种主要溢出渠道,而国内研发资本和人力资本的影响则不显著;Pietrucha 和 Żelazny(2020)利用 1995—2014 年 41 个欧盟和 OECD 国家的面板数据,检验了国内研发投

---

① 本书研究综述里涉及国外研究是针对样本对象而言,如果一篇文献使用的样本对象是跨国样本,则认为这篇文献属于国外研究。

入、人力资本、专利申请以及进口和出口溢出渠道的生产率影响效应。结果发现，除国内研发资本对东道国全要素生产率具有显著的促进作用外，其他变量的影响效果都不显著。

国内研究方面：王英和刘思峰（2008）利用中国 1985—2005 年的时序数据，分析了国内研发资本、进口和出口溢出研发资本与中国技术进步间的关系，发现国内研发资本和出口贸易渠道的知识外溢对中国全要素生产率的影响效应为正，而进口溢出渠道的影响则不显著；陈刚（2010）利用 1998—2007 年中国 30 个省区市的面板数据，讨论了本地研发资本、人力资本和进口溢出研发资本对地区全要素生产率的影响，发现人力资本和进口溢出研发资本显著促进了全要素生产率增长，而本地研发资本则对全要素生产率增长产生了阻碍作用；李梅和柳士昌（2011）利用 2003—2008 年中国 29 个省区市的面板数据，考察了本地研发资本和进口溢出渠道的生产率影响效应，发现本地研发资本对全要素生产率具有显著促进作用，而进口贸易渠道的溢出效应显著为负。

然而，这些研究的缺陷在于没有考察国内外不同类型知识资本对不同国别或不同区域全要素生产率的差异性影响效应。

## 三、基于区域差异的研究综述

国外研究方面①：在将 57 个样本国家划分为 OECD 和非 OECD 国家的基础上，Ciruelos 和 Wang（2005）考察了人力资本和进口溢出研发资本对不同类型国家技术进步影响的差异性。结果发现，人力资本对非 OECD 国家的影响效应大于 OECD 国家，而进口溢出研发资本对 OECD 国家的影响效应则大于非 OECD 国家；Xu 和 Chiang（2005）利用 1980—2000 年 48 个国家的面板数据，在将样本国家划分为高、中、低收入国家的基础上，考察了国内专利资本和进口溢出研发资本对不同收入国家技术进步的差异性影响。结果发现，国内专利资本对不同收入国家的全要素生产率均具有显著促进作用，而进口溢出研发资本只对高、中收入国家具有促进作用，对低收入国家的影响并不显著；Krammer（2010）使用 47 个国家 1990—2006 年的面板数据，在将样本国家划分为西欧国家和转型国家的基础上，检验了国内研发资本、人力资本和进口溢出研发资本对不同类型国家全要素生产率影响的差异。结果发现，进口溢出渠道对西欧和转型国家均具

---

① 本书研究综述里涉及的国外研究是针对样本对象而言，如果一篇文献使用的样本对象是跨国样本，则认为这篇文献属于国外研究。

有显著的促进作用且对西欧的影响较大,而国内研发资本和人力资本仅对西欧国家具有显著促进作用,对转型国家的影响则不显著;程惠芳和陈超(2017)利用1981—2010年130个经济体的面板数据,在将样本国家划分为创新领导俱乐部、创新追赶俱乐部和创新缓慢俱乐部的基础上,考察研发资本、人力资本、创新设施资本和技术资本以及进口溢出知识资本对不同俱乐部全要素生产率的差异化影响。结果发现,研发资本和以专利授权为代表的技术资本对创新领导俱乐部的促进作用大于创新追赶和创新缓慢俱乐部,而人力资本和进口溢出知识资本则对创新追赶俱乐部的促进作用大于创新领导和创新缓慢俱乐部。

国内研究方面:谢建国和周露昭(2009)利用1992—2006年中国30个省区市的面板数据,在将样本划分为东、中、西部地区的基础上,研究了本地研发资本和进口渠道溢出研发资本与全要素生产率关系的区域差异,结果发现进口贸易溢出效应呈现中、西部强而东部相对较弱的特点,而本地研发资本对东部地区生产率提高的作用不显著,对中部和西部地区则起阻碍作用;蔡伟毅和陈学识(2010)利用1990—2008年中国30个省区市的面板数据,在将样本划分为东、中、西部地区的基础上,检验了本地研发资本、人力资本和进口溢出研发资本对各区域全要素生产率影响的差异性。结果发现,研发资本对东、中、西部地区均具有显著的促进作用,进口溢出研发资本仅对东部地区具有显著正影响,而对中、西部地区的影响虽为正但不显著,人力资本对三个地区的影响均不显著;沈能和李富有(2012)利用1992—2010年中国29个省区市的面板数据,在将样本划分为技术发达、技术中等和技术落后三类区域的基础上,研究本地研发资本、人力资本和进口溢出研发资本对不同区域全要素生产率的影响差异。结果发现,本地研发资本呈现技术发达地区显著为正而技术中等和落后地区影响不显著的特征,人力资本呈现技术发达地区的促进效应大于技术中等和落后地区的特征,而进口溢出研发资本呈现技术中等和落后地区促进效应大于技术发达地区的特征。

然而,这些研究的缺陷在于他们在国际知识资本溢出的贸易渠道选择上主要集中于货物总进口或货物总出口溢出渠道,忽视了知识资本密集度更高的贸易产品(特别是数字贸易)渠道溢出的生产率效应及其对不同国家(区域)组别的差异化影响。

## 四、基于数字贸易溢出的研究综述

迄今为止,关于数字贸易的实证研究非常有限,主要是因为缺乏关于数字贸易的国内外官方统计数据。但是也有一些学者采用相关的代理数据试图对数字贸易的溢出效应进行相关实证分析。CH 模型是基于这样的假设前提的：即中间品进口是国际知识资本溢出的主要渠道。但由于数据限制，使得 CH 在回归中只能使用所有商品的进口数据而不是中间品的进口数据，这就影响了实证结果的有效性。此后，不少学者从贸易产品的不同技术含量出发来考察知识资本的跨国溢出效应，以使对该问题的研究能更符合理论观点。

（一）国外研究方面

Coe 等（1997，即 CHH）在 CH 的框架下，检验了北方国家通过国际贸易对南方国家的国际 R&D 溢出效应。他们使用 77 个发展中国家 1971—1990 年的面板数据，以 22 个 OECD 国家作为 R&D 溢出来源国，用机械设备进口数据代替总进口数据构建了国际研发资本存量。结果发现，发达国家的研发资本通过机械设备进口并没有促进发展中国家的技术进步，而发展中国家的人力资本对全要素生产率则具有显著的正影响；Xu 和 Wang（1999）将总进口分解为资本品进口和非资本品进口，分别计算了基于资本品和非资本品进口的国际研发资本存量。使用 21 个 OECD 国家 1983—1990 年的面板数据，发现资本品进口具有显著的国际研发溢出效应，并且比总进口解释了更多生产率的跨国差异，而非资本品进口的国际研发溢出效应并不显著。在国内知识资本的影响方面，他们发现国内研发资本和人力资本对全要素生产率均具有显著的正影响；Madden 和 Savage（2000）利用 1980—1995 年 5 个亚洲国家（印度、印度尼西亚、新加坡、韩国和泰国）的面板数据，以电信与 IT 设备进口作为溢出渠道构建国外研发资本存量，考察电信与信息技术（ITT）的国际研发溢出效应。结果发现，通信和计算机设备进口具有显著的国际研发溢出效应，国内研发资本同样具有显著的正向作用；Lee（2009）将总进口分解为信息技术产品进口和非信息技术产品进口，分别计算了两类进口渠道的国外研发资本存量。使用 17 个 OECD 国家 1981—2000 年的面板数据，结果发现，信息技术产品进口具有显著的正向研发溢出效应，而通过非信息技术产品进口渠道溢出的国外研发资本则阻碍了进口国的技术进步。此外，国内研发资本对全要素生产率具有显著的正影响。Abeliansky and Hilber（2016）认为，ICT 质量和数量的提升均会促进国际贸易的发展，但对不同国家的影响效果存在差异，ICT 数量对发展中国家的正向影响更大，而 ICT 质量对发达国家的积极影响更显著。

(二)国内研究方面

金泽虎和蒋婷婷(2022)依托长三角区域2005—2020年的数据,分析数字贸易对长三角制造业高质量发展的影响机制和作用渠道。结果发现,数字贸易通过技术进步间接促进了长三角制造业高质量发展。问泽霞(2014)利用1999—2012年中国时序数据,以高技术产品进口作为溢出渠道构建国外研发资本存量,结果发现,高技术产品进口溢出对全要素生产率具有显著正向促进作用,而国内研发资本并不能有效促进中国全要素生产率的提高;王冬(2016)利用2003—2012年中国30个省市区的面板数据,以通信设备和计算机产品贸易为溢出渠道构建国外研发资本存量,考察信息通信技术(ICT)贸易渠道的国际研发溢出效应。结果发现,由ICT贸易渠道获取的国际研发溢出对全要素生产率没有明显的促进作用,而国内研发资本则具有显著正向效应。此外,作者以平均实际人均GDP为门槛,在将样本省市区划分为D1—D4四类区域的基础上,检验ICT贸易溢出对不同地区全要素生产率的影响差异性。结果发现,由信息技术渠道获得的国际研发溢出对D1地区全要素生产率起显著的促进作用,对D2和D4地区的影响不显著,而对D3的影响显著为负。蔡震坤和綦建红(2021)通过海关产品编码系统识别出工业机器人产品,进而实证发现企业进口工业机器人通过技术溢出效应和降低边际成本效应等促进生产率和出口质量提升。杨慧瀛等(2022)基于RCEP框架内国家2011—2020年的数据,发现数字贸易与一国全球价值链位置攀升之间存在着U型关系;进一步的异质性分析发现,发展中国家尚处于数字贸易前期积累阶段,对全球价值链位置攀升的抑制作用相对明显。于欢等(2022)基于2000—2013年中国工业企业和海关贸易数据,发现数字产品进口主要通过"提升企业生产率"和"促进出口产品多样化"两种渠道提升了企业出口技术复杂度;该作用效果在数字经济发展水平较高地区、劳动密集型和竞争程度低的行业、本土企业和创新水平高的企业中更为显著。

综上所述,随着数字化技术和数字贸易的快速发展,越来越多的学者关注数字贸易,并从不同角度探索数字贸易对国家和地区经济发展的影响。但整体来看,存在以下不足:(1)现有的文献大多是对数字贸易发生技术溢出作用的渠道进行梳理,但缺乏实证层面的检验;(2)这些研究对国家(区域)组别的划分更多的是依据地理距离或是经济发展水平,也忽视了数字贸易进出口渠道对不同国家(区域)组别的异质性溢出效应。

## 五、文献述评

从以上文献回顾中看出,现有研究成果为本书的研究提供了良好的基础和条件。但不可否认的是,目前国内外学者在区域差异的比较上大多是基于地理距离或是经济发展水平的划分,对于更注重地域间联系和协调发展以及更注重差异化和错位发展的区域划分的研究并不多见,也缺乏全面考察数字进口和数字出口两种贸易溢出渠道对全要素生产率的异质性影响研究。因此,本书以2000—2018年间全球84个国家的面板数据为研究样本,将知识资本划分为国内知识资本和国际知识资本,将国内知识资本细分为研发资本、人力资本和专利资本,将国际知识资本细分为数字进口溢出知识资本和数字出口溢出知识资本,以ICT产品贸易溢出渠道作为数字贸易溢出渠道的代理指标,分析和比较国内外不同类型知识资本对样本国家全要素生产率的影响效应;同时为体现区域协调发展和区域差异性,本书分别按经济发展水平、合作关系、联盟关系、伙伴关系和"一带一路"沿线对样本国家进行类别划分,以分析各类型各区域国家生产率的异质性影响效应。

# 第三章　国内知识资本测度与发展趋势
## 比较分析

在测度和比较分析国内知识资本各变量之前，有四点需要说明：第一，依据本书前两章对知识资本的概念界定、构成划分与文献回顾，同时借鉴 Welfe（2007）、刘凤朝等（2011）和陈超（2016）等人的做法，本书将国内知识资本细分为研发资本、人力资本和专利资本三个方面；第二，在时间跨度的选择上，由于代表数字贸易的 ICT 产品的进出口数据起始于 2000 年，同时各国比较完整的研发经费和研究人员等知识资本方面的数据为 2018 年，因而本书考察的时期跨度为2000—2018 年；第三，在国家数目的选择上，为尽可能体现全球性、数据完整性和可比较性，本书最终选取的国家数目为 84 个；第四，为充分体现区域差异性，本书分别按经济发展水平、合作关系、联盟关系、伙伴关系和"一带一路"沿线对所选的 84 个国家进行类别划分，以分析各类型（区域）国家的差异性。具体划分方法详见本书第七章至第十一章，这里不再赘述。

## 第一节　国内研发资本

### 一、国内研发资本的测度

研发资本投入是培育知识资本发展水平的重要来源，它反映了绝大多数国家为获取科学和技术知识所作出的努力。研发资本不仅是经济增长的主要驱动力，也是一国的未来竞争力和财富水平，它不仅是知识经济时代中实现转型升级的必要条件，也是改进技术水平和提高经济增长的引擎。

各国历年研发资本的测度通常使用永续存盘法（Luintel and Khan,2011），具体计算公式为：$RC_t = (1-\delta)RC_{t-1} + RD_t$。其中，$t$ 代表年份，$\delta$ 代表折旧率，$RC$ 代表研发资本，$RD$ 代表研发支出不变价。研发资本的计算共涉及三个需要确定的变量：（1）以不变价计算的研发支出金额。出于数据完整性和连续性考虑，本书以 2015 年为基期的历年各国 GDP 美元价乘以各国历年研发支出强度，以得到各国历年研发支出不变价数据。（2）折旧率 $\delta$。本书将研发资本的折旧率设定为 15%，原因在于知识的经济生命周期要短于物质资本，所以研发资本的折旧率通常要高于物质资本的折旧率[①]（Nadiri,1993）。（3）基期研发资本 $RC_{2000}$。本书以 2000 年为基期，采用 Griliches（1979）的方法进行计算，即：$RC_{2000} = RD_{2000}/(g+\delta)$，其中，$RC_{2000}$ 为 2000 年的研发资本，$RD_{2000}$ 为 2000 年的研发支出不变价，$g$ 为 2000—2018 年研发支出不变价的平均增长率；$\delta$ 为折旧率（这里为 15%）。

## 二、发展趋势的比较分析

### （一）样本国整体层面比较分析

表 3-1 是世界各国历年研发资本的发展变化表，表中可以看出，2000—2018 年，样本国家整体层面的研发资本一直处于上升的趋势，其数值从 2000 年的 57239 亿美元上升到 2018 年的 108698 亿美元，年均增长率为 3.63%。从各国看，在整个时期，国内研发资本年均值高于样本国年均水平（79720 亿美元）的国家有 14 个，占 84 个样本国家数量的 16.67%，具体是美国（2604218 亿美元）、日本（820650 亿美元）、中国（507359 亿美元）、德国（488712 亿美元）、法国（304619 亿美元）、英国（262579 亿美元）、韩国（186402 亿美元）、加拿大（157829 亿美元）、意大利（133982 亿美元）、澳大利亚（110406 亿美元）、巴西（97649 亿美元）、瑞士（95135 亿美元）、瑞典（91912 亿美元）和荷兰（80618 亿美元）；低于样本国年均水平的国家有 70 个，占 84 个样本国家数量的 83.33%，表明样本国家研发资本的发展水平总体低下，数值最低的 10 个国家分别是吉尔吉斯斯坦（49 亿美元）、蒙古国（85 亿美元）、巴拉圭（93 亿美元）、危地马拉（96 亿美元）、特立尼达和多巴哥（97 亿美元）、格鲁吉亚（97 亿美元）、亚美尼亚（104 亿美元）、萨尔瓦多

---

[①]　物质资本存量的折旧率通常取 10%。实际上，许多学者也通过对研发资本存量的估算使用不同折旧率来检验结果的稳健型，如 Keller（2002）采用 0% 和 10% 的折旧率进行稳健性检验，Braconier 和 Sjoholm（1998）采用 5% 和 10% 的折旧率进行稳健性检验，都发现不同折旧率对估计结果的影响并不大。

（109 亿美元）、毛里求斯（147 亿美元）和马其顿（151 亿美元）。中国研发资本的年均值为 507359 亿美元，在 84 个样本国中位列第 3 位，且研发资本的年均增长率为 16.34％，位列第 1 位。

表 3-1　各国历年研发资本　　　　　单位：亿美元

| 国家 | 2000 年 | 2006 年 | 2012 年 | 2018 年 | 平均值 | 年均增长率 |
|---|---|---|---|---|---|---|
| 阿尔及利亚 | 590 | 1109 | 1905 | 4165 | 1800 | 11.47％ |
| 阿根廷 | 10232 | 11602 | 18333 | 21883 | 15377 | 4.31％ |
| 亚美尼亚 | 50 | 88 | 126 | 149 | 104 | 6.29％ |
| 澳大利亚 | 61880 | 92042 | 132738 | 149014 | 110406 | 5.00％ |
| 奥地利 | 30226 | 42287 | 57025 | 71398 | 50047 | 4.89％ |
| 阿塞拜疆 | 204 | 284 | 506 | 622 | 407 | 6.39％ |
| 白俄罗斯 | 951 | 1296 | 2009 | 2085 | 1615 | 4.46％ |
| 比利时 | 37550 | 44350 | 54473 | 70803 | 50841 | 3.59％ |
| 巴西 | 67098 | 80196 | 109480 | 131609 | 97649 | 3.81％ |
| 保加利亚 | 706 | 979 | 1421 | 2222 | 1296 | 6.58％ |
| 加拿大 | 131403 | 154710 | 165970 | 174673 | 157829 | 1.59％ |
| 智利 | 3633 | 3864 | 4438 | 5490 | 4311 | 2.32％ |
| 中国 | 83200 | 238954 | 631182 | 1267701 | 507359 | 16.34％ |
| 哥伦比亚 | 905 | 1587 | 2585 | 4629 | 2356 | 9.49％ |
| 哥斯达黎加 | 651 | 833 | 1259 | 1586 | 1074 | 5.08％ |
| 克罗地亚 | 2435 | 2650 | 2672 | 2898 | 2664 | 0.97％ |
| 塞浦路斯 | 153 | 312 | 499 | 669 | 401 | 8.56％ |
| 捷克 | 6619 | 9540 | 14119 | 20166 | 12344 | 6.38％ |
| 丹麦 | 32684 | 40106 | 49665 | 57452 | 45024 | 3.18％ |
| 埃及 | 1176 | 2503 | 5896 | 11801 | 4940 | 13.67％ |
| 萨尔瓦多 | 65 | 102 | 99 | 180 | 109 | 5.83％ |
| 爱沙尼亚 | 335 | 817 | 1812 | 2075 | 1242 | 10.67％ |
| 芬兰 | 40768 | 45146 | 52024 | 48432 | 47214 | 0.96％ |
| 法国 | 259127 | 288149 | 319582 | 350635 | 304619 | 1.69％ |

续表

| 国家 | 2000 年 | 2006 年 | 2012 年 | 2018 年 | 平均值 | 年均增长率 |
|---|---|---|---|---|---|---|
| 格鲁吉亚 | 43 | 87 | 88 | 195 | 97 | 8.77% |
| 德国 | 384845 | 441848 | 523625 | 623369 | 488712 | 2.72% |
| 希腊 | 5806 | 7680 | 9185 | 11958 | 8563 | 4.10% |
| 危地马拉 | 27 | 70 | 137 | 130 | 96 | 9.01% |
| 匈牙利 | 3377 | 5482 | 7460 | 10105 | 6544 | 6.28% |
| 冰岛 | 1793 | 2260 | 2431 | 2479 | 2263 | 1.82% |
| 印度 | 29522 | 44727 | 67364 | 90177 | 56938 | 6.40% |
| 印度尼西亚 | 918 | 1556 | 2853 | 8763 | 2972 | 13.35% |
| 伊朗 | 4877 | 8894 | 9383 | 14926 | 9122 | 6.41% |
| 伊拉克 | 190 | 236 | 284 | 404 | 270 | 4.30% |
| 爱尔兰 | 8530 | 12541 | 18087 | 22394 | 15292 | 5.51% |
| 以色列 | 35821 | 46092 | 60014 | 81433 | 54760 | 4.67% |
| 意大利 | 107501 | 124969 | 142689 | 159710 | 133982 | 2.22% |
| 日本 | 690463 | 789423 | 860078 | 923838 | 820650 | 1.63% |
| 约旦 | 240 | 449 | 867 | 1442 | 716 | 10.48% |
| 哈萨克斯坦 | 550 | 1260 | 1582 | 1716 | 1340 | 6.52% |
| 韩国 | 72390 | 127588 | 225415 | 348000 | 186402 | 9.11% |
| 吉尔吉斯斯坦 | 32 | 47 | 56 | 54 | 49 | 3.01% |
| 拉脱维亚 | 302 | 564 | 846 | 991 | 675 | 6.83% |
| 立陶宛 | 589 | 1142 | 1717 | 2323 | 1447 | 7.92% |
| 卢森堡 | 3940 | 4553 | 4920 | 5014 | 4658 | 1.35% |
| 马其顿 | 147 | 122 | 134 | 225 | 151 | 2.37% |
| 马来西亚 | 2773 | 5527 | 11701 | 20412 | 9726 | 11.73% |
| 马耳他 | 61 | 151 | 280 | 407 | 218 | 11.16% |
| 毛里求斯 | 90 | 144 | 147 | 215 | 147 | 4.99% |
| 墨西哥 | 15519 | 20257 | 27023 | 28592 | 23321 | 3.45% |
| 摩尔多瓦 | 143 | 137 | 164 | 156 | 152 | 0.47% |

续表

| 国家 | 2000 年 | 2006 年 | 2012 年 | 2018 年 | 平均值 | 年均增长率 |
|---|---|---|---|---|---|---|
| 蒙古国 | 35 | 61 | 107 | 120 | 85 | 7.15% |
| 荷兰 | 66040 | 74922 | 82823 | 101592 | 80618 | 2.42% |
| 新西兰 | 6078 | 8703 | 11092 | 14139 | 9903 | 4.80% |
| 挪威 | 26380 | 30983 | 35905 | 45376 | 34279 | 3.06% |
| 巴基斯坦 | 663 | 2827 | 4804 | 4723 | 3453 | 11.53% |
| 巴拿马 | 399 | 460 | 400 | 468 | 427 | 0.90% |
| 巴拉圭 | 43 | 72 | 85 | 221 | 93 | 9.52% |
| 秘鲁 | 439 | 728 | 822 | 1261 | 799 | 6.04% |
| 菲律宾 | 983 | 1197 | 1524 | 2672 | 1514 | 5.71% |
| 波兰 | 7932 | 10356 | 16432 | 27674 | 14637 | 7.19% |
| 葡萄牙 | 7074 | 9241 | 15647 | 17046 | 12363 | 5.01% |
| 罗马尼亚 | 1724 | 2838 | 4308 | 5335 | 3527 | 6.48% |
| 俄罗斯 | 40973 | 59456 | 78075 | 90904 | 68413 | 4.53% |
| 塞尔维亚 | 1046 | 1058 | 1725 | 2303 | 1474 | 4.48% |
| 新加坡 | 12468 | 19171 | 28478 | 36941 | 24338 | 6.22% |
| 斯洛伐克 | 1413 | 1793 | 2665 | 4351 | 2461 | 6.45% |
| 斯洛文尼亚 | 2224 | 3044 | 4830 | 5721 | 3943 | 5.39% |
| 南非 | 7292 | 10754 | 13395 | 15744 | 11878 | 4.37% |
| 西班牙 | 45827 | 66084 | 90458 | 96721 | 75788 | 4.24% |
| 斯里兰卡 | 259 | 398 | 465 | 590 | 419 | 4.67% |
| 瑞典 | 78826 | 88721 | 95042 | 105585 | 91912 | 1.64% |
| 瑞士 | 64147 | 83616 | 104923 | 129807 | 95135 | 3.99% |
| 泰国 | 1917 | 3384 | 5699 | 15927 | 5662 | 12.48% |
| 特立尼达和多巴哥 | 73 | 108 | 86 | 115 | 97 | 2.56% |
| 突尼斯 | 525 | 1028 | 1488 | 1691 | 1204 | 6.71% |
| 土耳其 | 7734 | 13536 | 25875 | 44816 | 21658 | 10.25% |

续表

| 国家 | 2000 年 | 2006 年 | 2012 年 | 2018 年 | 平均值 | 年均增长率 |
|------|---------|---------|---------|---------|--------|------------|
| 乌克兰 | 6277 | 6408 | 6032 | 4481 | 5924 | −1.86% |
| 英国 | 218481 | 247917 | 274792 | 310798 | 262579 | 1.98% |
| 美国 | 2054237 | 2383600 | 2779363 | 3266981 | 2604218 | 2.61% |
| 乌拉圭 | 306 | 527 | 874 | 1303 | 730 | 8.38% |
| 乌兹别克斯坦 | 642 | 629 | 654 | 809 | 674 | 1.29% |
| 委内瑞拉 | 1893 | 3223 | 4349 | 7900 | 4218 | 8.26% |
| 越南 | 556 | 1007 | 1679 | 4761 | 1758 | 12.67% |
| 平均 | 57239 | 69633 | 86943 | 108698 | 79720 | 3.63% |

数据来源：UNESCO 数据库且根据作者整理计算

**（二）区域比较分析**

表 3-2 是按各区域类型划分的历年研发资本变化表，从表中可以看出：就经济发展水平而言，各类型国家的研发资本在整个时期均处于上升的趋势，发达国家、发展中国家与转型国家的研发资本分别从 2000 年的 166090 亿美元、7420 亿美元和 3281 亿美元上升到 2018 年的 213807 亿美元、24012 亿美元和 5469 亿美元，年均增长率分别为 1.41%、6.74% 和 2.88%，其中只有发达国家整个时期研发资本的年均值高于样本国年均水平，而发展中国家和转型国家则低于样本国年均水平。从具体国别看，在整个时期，发达国家研发资本的年均值高于样本国年均水平（79720 亿美元）的国家有 12 个，分别是美国（2604218 亿美元）、日本（820650 亿美元）、德国（488712 亿美元）、法国（304619 亿美元）、英国（262579 亿美元）、韩国（186402 亿美元）、加拿大（157829 亿美元）、意大利（133982 亿美元）、澳大利亚（110406 亿美元）、瑞士（95135 亿美元）、瑞典（91912 亿美元）和荷兰（80618 亿美元），数量占到了 27 个发达国家的44.44%；在整个时期，发展中国家研发资本的年均值高于样本国年均水平的国家只有 2 个，分别是中国（507359 亿美元）和巴西（97649 亿美元），数量占到了 33 个发展中国家的6.06%；在整个时期，24 个转型国家研发资本的年均值都低于样本国年均水平，数值最低的 5 个国家分别是吉尔吉斯斯坦（49 亿美元）、蒙古国（85 亿美元）、格鲁吉亚（97 亿美元）、亚美尼亚（104 亿美元）和马其顿（151 亿美元）。

就合作关系而言，各类型国家的研发资本在整个时期均处于上升的趋势，二十国集团、金砖国家、上海合作组织和亚太经合组织的研发资本分别从 2000 年的 158426 亿美元、45617 亿美元、12121 亿美元和 187049 亿美元上升到 2018 年的 218929 亿美元、148447 亿美元、47974 亿美元和 267034 亿美元,年均增长率分别为 1.81%、6.77%、7.94%和 2.00%,其中只有二十国集团、金砖国家和亚太经合组织整个时期研发资本的年均值高于样本国年均水平,而上海合作组织则低于样本国年均水平。从具体国别看,在整个时期,二十国集团研发资本的年均值高于样本国年均水平的国家有 13 个,分别是美国(2604218 亿美元)、日本(820650 亿美元)、中国(507359 亿美元)、德国(488712 亿美元)、法国(304619 亿美元)、英国(262579 亿美元)、韩国(186402 亿美元)、加拿大(157829 亿美元)、意大利(133982 亿美元)、澳大利亚(110406 亿美元)、巴西(97649 亿美元)、瑞典(91912 亿美元)和荷兰(80618 亿美元),数量占到了 29 个二十国集团的 44.83%;在整个时期,金砖国家研发资本的年均值高于样本国年均水平的国家只有 2 个,分别是中国(507359 亿美元)和巴西(97649 亿美元),数量占到了 5 个金砖国家的 40%;在整个时期,上海合作组织成员国研发资本的年均值高于样本国年均水平的国家只有中国(507359 亿美元),数量占到了 14 个上海合作组织成员国的 7.14%;在整个时期,亚太经合组织成员研发资本的年均值高于样本国年均水平的国家有 6 个,分别是美国(2604218 亿美元)、日本(820650 亿美元)、中国(507359 亿美元)、韩国(186402 亿美元)、加拿大(157829 亿美元)和澳大利亚(110406 亿美元),数量占到了 17 个亚太经合组织成员的 35.29%。

　　就联盟关系而言,各类型国家的研发资本在整个时期均处于上升的趋势,欧盟、美盟、非盟和东盟(中国)的研发资本分别从 2000 年的 48396 亿美元、142933 亿美元、1935 亿美元和 61993 亿美元上升到 2018 年的 76352 亿美元、227939 亿美元、6723 亿美元和 118007 亿美元,年均增长率分别为 1.35%、1.35%、4.11%和 3.64%,其中只有美盟和东盟(中国)整个时期研发资本的年均值高于样本国年均水平,而欧盟和非盟则低于样本国年均水平。从具体国别看,在整个时期,欧盟研发资本的年均值高于样本国年均水平的国家有 6 个,分别是德国(488712 亿美元)、法国(304619 亿美元)、英国(262579 亿美元)、意大利(133982 亿美元)、瑞典(91912 亿美元)和荷兰(80618 亿美元),数量占到了 28 个欧盟成员国的 21.43%;在整个时期,美盟研发资本的年均值高于样本国年均水平的国家有 3 个,分别是美国(2604218 亿美元)、加拿大(157829 亿美元)和巴西(97649 亿美元),数量占到了 16 个美盟成员国的 18.75%;在整个时期,5 个非盟成员国研发资本的年均值都低于样本国年均水平,分别是毛里求斯(147 亿美元)、突尼斯

(1204 亿美元)、阿尔及利亚(1800 亿美元)、埃及(4940 亿美元)和南非(11878 亿美元);在整个时期,东盟(中国)研发资本的年均值高于样本国年均水平的只有中国(507359 亿美元),数量占到了 7 个东盟(中国)成员国的 14.29%。

就伙伴关系而言,各类型国家的研发资本在整个时期均处于上升的趋势,CPTPP、NAFTA 和 RCEP[①] 成员的研发资本分别从 2000 年的 92521 亿美元、733720 亿美元和 84875 亿美元上升到 2018 年的 135912 亿美元、1156749 亿美元和 253833 亿美元,年均增长率分别为 1.28%、1.32% 和 3.32%,CPTPP、NAFTA 和 RCEP 成员整个时期研发资本的年均值均高于样本国年均水平。从具体国别看,在整个时期,CPTPP 成员研发资本的年均值高于样本国年均水平的国家有 3 个,分别是日本(820650 亿美元)、加拿大(157829 亿美元)和澳大利亚(110406 亿美元),数量占到了 10 个 CPTPP 成员的 30%;在整个时期,NAFTA 成员研发资本的年均值高于样本国年均水平的国家有 2 个,分别是美国(2604218 亿美元)和加拿大(157829 亿美元),数量占到了 3 个 NAFTA 成员的 66.67%;在整个时期,RCEP 成员国研发资本的年均值高于样本国年均水平的国家有 4 个,分别是日本(820650 亿美元)、中国(507359 亿美元)、韩国(186402 亿美元)和澳大利亚(110406 亿美元),数量占到了 11 个 RECP 成员的 36.36%。

就"一带一路"沿线而言,各类型国家的研发资本在整个时期均处于上升的趋势,东(南)亚、东南亚、西亚、中东欧和独联体的研发资本分别从 2000 年的 22736 亿美元、3269 亿美元、7000 亿美元、2219 亿美元和 4987 亿美元上升到 2018 年的 273662 亿美元、14912 亿美元、20931 亿美元、6645 亿美元和 10117 亿美元,年均增长率分别为 14.80%、8.80%、6.27%、6.28% 和 4.01%,其中只有东(南)亚国家整个时期研发资本的年均值高于样本国年均水平,而其余四类沿线国家均低于样本国年均水平。从具体国别看,在整个时期,东(南)亚国家研发资本的年均值高于样本国年均水平的只有中国(507359 亿美元),数量占到了 5 个东(南)亚国家的 20%,其余国家如印度(56938 亿美元)、巴基斯坦(3453 亿美元)、斯里兰卡(419 亿美元)和蒙古国(85 亿美元)研发资本的年均值都低于样本国年均水平。在整个时期,6 个东南亚国家研发资本的年均值都低于样本国年均水平,其数值分别为新加坡(24338 亿美元)、马来西亚(9726 亿美元)、泰国

---

① 这里的 CPTPP、NAFTA 和 RCEP 分别是全面与进步跨太平洋伙伴关系协定、北美自由伙伴关系协定和区域全面经济伙伴关系协定的简称。为叙述方便,如无特别说明,以下均用简称描述。

（5662 亿美元）、印度尼西亚（2972 亿美元）、越南（1758 亿美元）和菲律宾（1514
亿美元）；在整个时期，8 个西亚国家研发资本的年均值都低于样本国年均水平，
其数值分别为以色列（54760 亿美元）、土耳其（21658 亿美元）、伊朗（9122 亿美
元）、希腊（8563 亿美元）、埃及（4940 亿美元）、约旦（716 亿美元）、塞浦路斯（401
亿美元）和伊拉克（270 亿美元）；在整个时期，13 个中东欧国家研发资本的年均
值都低于样本国年均水平，其数值分别为波兰（14637 亿美元）、捷克（12344 亿美
元）、匈牙利（6544 亿美元）、斯洛文尼亚（3943 亿美元）、罗马尼亚（3527 亿美
元）、克罗地亚（2664 亿美元）、斯洛伐克（2461 亿美元）、塞尔维亚（1474 亿美
元）、立陶宛（1447 亿美元）、保加利亚（1296 亿美元）、爱沙尼亚（1242 亿美元）、
拉脱维亚（675 亿美元）和马其顿（151 亿美元）；在整个时期，10 个独联体国家研
发资本的年均值都低于样本国年均水平，其数值分别为俄罗斯（68413 亿美元）、
乌克兰（5924 亿美元）、白俄罗斯（1615 亿美元）、哈萨克斯坦（1340 亿美元）、乌
兹别克斯坦（674 亿美元）、阿塞拜疆（407 亿美元）、摩尔多瓦（152 亿美元）、亚美
尼亚（104 亿美元）、格鲁吉亚（97 亿美元）和吉尔吉斯斯坦（49 亿美元）。

表 3-2　各国历年研发资本的区域比较　　　　　　　　　　单位：亿美元

| 区域 | 划分 | 2000 年 | 2006 年 | 2012 年 | 2018 年 | 年均值 | 年均增长率 |
|---|---|---|---|---|---|---|---|
| 经济发展水平 | 发达国家 | 166090 | 195445 | 229516 | 267639 | 213807 | 1.41% |
| | 发展中国家 | 7420 | 14000 | 28993 | 52021 | 24012 | 6.74% |
| | 转型国家 | 3281 | 4589 | 6231 | 7820 | 5469 | 2.88% |
| 合作关系 | 二十国集团 | 158426 | 191703 | 238561 | 296691 | 218929 | 1.81% |
| | 金砖国家 | 45617 | 86817 | 179899 | 319227 | 148447 | 6.77% |
| | 上海合作组织 | 12121 | 26604 | 58728 | 108528 | 47974 | 7.94% |
| | 亚太经合组织 | 187049 | 230069 | 292243 | 374122 | 267034 | 2.00% |
| 联盟关系 | 欧盟 | 48396 | 56364 | 66039 | 76352 | 61558 | 1.35% |
| | 美盟 | 142933 | 166371 | 194706 | 227939 | 182044 | 1.35% |
| | 非盟 | 1935 | 3107 | 4566 | 6723 | 3994 | 4.11% |
| | 东盟（中国） | 61993 | 75227 | 93817 | 118007 | 86178 | 3.64% |
| 伙伴关系 | CPTPP | 92521 | 109543 | 124402 | 135912 | 116304 | 1.28% |
| | NAFTA | 733720 | 852856 | 990785 | 1156749 | 928456 | 1.32% |
| | RCEP | 84875 | 117141 | 173858 | 253833 | 152790 | 3.32% |

**续表**

| 区域 | 划分 | 2000 年 | 2006 年 | 2012 年 | 2018 年 | 年均值 | 年均增长率 |
|---|---|---|---|---|---|---|---|
| "一带一路"沿线 | 东(南)亚 | 22736 | 57393 | 140784 | 272662 | 113651 | 14.80％ |
| | 东南亚 | 3269 | 5307 | 8656 | 14912 | 7662 | 8.80％ |
| | 西亚 | 7000 | 9963 | 14000 | 20931 | 12554 | 6.27％ |
| | 中东欧 | 2219 | 3106 | 4626 | 6645 | 4031 | 6.28％ |
| | 独联体 | 4987 | 6969 | 8929 | 10117 | 7878 | 4.01％ |
| 样本国平均 | | 57239 | 69633 | 86943 | 108698 | 79720 | 3.63％ |

数据来源：UNESCO 数据库且根据作者整理计算

# 第二节　国内人力资本

## 一、国内人力资本的测度

人力资本质量的高低不仅是知识生产的关键，也是模仿和利用国外先进技术的关键。Archibugi and Coco(2004)就指出，如果没有人力资本对研发资本、专利资本和创新设施资本的使用，那么这些资本很可能就会变得没有价值。人力资本的测度借鉴 Strulik(2005)的做法，选用研究人员数作为人力资本的代理指标。但需要说明的是：由于研究人员的数据有两种口径，一是全时当量(Full-Time Equivalent，FTE)，二是人数(head count)。本书主要选用全时当量(FTE)作为研究人员的数据口径，对于个别国家全时当量数据缺失的情形，则选用人数(head count)口径作为替代。为了叙述方便，以下分析均用研究人员数作为人力资本的统一称呼。

## 二、发展趋势的比较分析

### (一)样本国整体层面比较分析

表 3-3 是世界各国历年人力资本的发展变化表，表中可以看出，2000—2018年，样本国整体层面的研究人员数一直处于上升的趋势，其数值从 2000 年的5.98万人上升到 2018 年的 11.21 万人，年均增长率为 3.55％。从各国看，在整个时期，国内研究人员数的年均值高于样本国年均水平(8.29 万人)的国家有 14

个,占 84 个样本国家数量的 16.67%,具体是中国(128.45 万人)、美国(121.96 万人)、日本(66.19 万人)、俄罗斯(38.47 万人)、德国(32.40 万人)、韩国(25.37 万人)、英国(24.96 万人)、法国(23.60 万人)、巴西(23.18 万人)、印度(20.54 万人)、加拿大(14.69 万人)、西班牙(11.61 万人)、意大利(10.08 万人)和澳大利亚(9.65 万人);低于样本国年均水平的国家有 70 个,占 84 个样本国家数量的 84.33%,表明样本国家人力资本的发展水平总体低下,数值最低的 10 个国家分别是毛里求斯(0.03 万人)、萨尔瓦多(0.05 万人)、巴拿马(0.05 万人)、马耳他(0.06 万人)、危地马拉(0.06 万人)、巴拉圭(0.06 万人)、塞浦路斯(0.08 万人)、特立尼达和多巴哥(0.09 万人)、乌拉圭(0.17 万人)和蒙古国(0.18万人)。中国研究人员数的年均值为 128.45 万人,在 84 个样本国中位列第 1 位,但研究人员数的年均增长率为 5.64%,位列第 23 位。

表 3-3　各国历年人力资本　　　　　　单位:万人

| 国家 | 2000 年 | 2006 年 | 2012 年 | 2018 年 | 平均值 | 年均增长率 |
|---|---|---|---|---|---|---|
| 阿尔及利亚 | 0.48 | 0.80 | 2.21 | 3.81 | 1.69 | 12.21% |
| 阿根廷 | 2.64 | 3.50 | 5.05 | 5.43 | 4.15 | 4.08% |
| 亚美尼亚 | 0.50 | 0.48 | 0.41 | 0.34 | 0.45 | −2.11% |
| 澳大利亚 | 6.60 | 8.72 | 11.33 | 11.75 | 9.65 | 3.26% |
| 奥地利 | 2.14 | 2.92 | 3.97 | 5.01 | 3.49 | 4.84% |
| 阿塞拜疆 | 1.02 | 1.17 | 1.53 | 1.44 | 1.27 | 1.96% |
| 白俄罗斯 | 1.97 | 1.85 | 1.93 | 1.78 | 1.84 | −0.56% |
| 比利时 | 3.05 | 3.49 | 4.56 | 5.75 | 4.11 | 3.57% |
| 巴西 | 10.43 | 16.35 | 27.36 | 42.18 | 23.18 | 8.07% |
| 保加利亚 | 0.95 | 1.03 | 1.13 | 1.65 | 1.18 | 3.13% |
| 加拿大 | 10.79 | 14.07 | 16.16 | 16.74 | 14.69 | 2.47% |
| 智利 | 0.56 | 0.92 | 1.04 | 1.55 | 1.00 | 5.78% |
| 中国 | 69.51 | 122.38 | 140.40 | 186.61 | 128.45 | 5.64% |
| 哥伦比亚 | 0.40 | 0.60 | 0.88 | 1.68 | 0.81 | 8.28% |
| 哥斯达黎加 | 0.13 | 0.32 | 0.36 | 0.38 | 0.30 | 5.94% |
| 克罗地亚 | 0.68 | 0.58 | 0.67 | 0.80 | 0.68 | 0.92% |
| 塞浦路斯 | 0.03 | 0.07 | 0.09 | 0.12 | 0.08 | 8.03% |

续表

| 国家 | 2000 年 | 2006 年 | 2012 年 | 2018 年 | 平均值 | 年均增长率 |
|---|---|---|---|---|---|---|
| 捷克 | 1.39 | 2.63 | 3.32 | 4.12 | 2.80 | 6.24% |
| 丹麦 | 1.92 | 2.88 | 4.01 | 4.39 | 3.41 | 4.71% |
| 埃及 | 3.93 | 4.79 | 4.47 | 6.76 | 4.85 | 3.05% |
| 萨尔瓦多 | 0.02 | 0.03 | 0.06 | 0.09 | 0.05 | 8.61% |
| 爱沙尼亚 | 0.46 | 0.62 | 0.76 | 0.73 | 0.66 | 2.62% |
| 芬兰 | 3.48 | 4.04 | 4.05 | 3.79 | 3.90 | 0.47% |
| 法国 | 17.21 | 21.06 | 25.89 | 30.54 | 23.60 | 3.24% |
| 格鲁吉亚 | 1.11 | 0.74 | 0.34 | 1.09 | 0.80 | −0.10% |
| 德国 | 25.79 | 27.98 | 35.24 | 43.37 | 32.40 | 2.93% |
| 希腊 | 1.46 | 1.99 | 2.48 | 3.67 | 2.36 | 5.27% |
| 危地马拉 | 0.06 | 0.05 | 0.07 | 0.04 | 0.06 | −2.25% |
| 匈牙利 | 1.44 | 1.75 | 2.38 | 3.76 | 2.11 | 5.48% |
| 冰岛 | 0.17 | 0.24 | 0.21 | 0.21 | 0.21 | 0.98% |
| 印度 | 11.59 | 16.24 | 22.89 | 34.18 | 20.54 | 6.19% |
| 印度尼西亚 | 4.50 | 2.94 | 3.23 | 5.78 | 3.68 | 1.40% |
| 伊朗 | 4.24 | 5.05 | 5.27 | 12.64 | 6.09 | 6.26% |
| 伊拉克 | 0.84 | 1.02 | 0.98 | 0.43 | 0.82 | −3.66% |
| 爱尔兰 | 0.85 | 1.22 | 2.24 | 2.28 | 1.63 | 5.63% |
| 以色列 | 4.09 | 4.87 | 6.35 | 7.92 | 5.65 | 3.74% |
| 意大利 | 6.61 | 8.84 | 11.07 | 15.23 | 10.08 | 4.75% |
| 日本 | 64.76 | 68.49 | 64.63 | 67.81 | 66.19 | 0.26% |
| 约旦 | 1.38 | 1.21 | 1.00 | 0.86 | 1.16 | −2.60% |
| 哈萨克斯坦 | 0.90 | 1.24 | 1.35 | 1.75 | 1.30 | 3.74% |
| 韩国 | 10.84 | 20.00 | 31.56 | 40.84 | 25.37 | 7.65% |
| 吉尔吉斯斯坦 | 0.21 | 0.22 | 0.23 | 0.35 | 0.25 | 2.90% |
| 拉脱维亚 | 0.61 | 0.72 | 0.80 | 0.74 | 0.69 | 1.09% |
| 立陶宛 | 1.01 | 1.20 | 1.77 | 1.92 | 1.45 | 3.63% |

续表

| 国家 | 2000 年 | 2006 年 | 2012 年 | 2018 年 | 平均值 | 年均增长率 |
|---|---|---|---|---|---|---|
| 卢森堡 | 0.16 | 0.21 | 0.23 | 0.29 | 0.23 | 3.12% |
| 马其顿 | 0.26 | 0.22 | 0.22 | 0.35 | 0.26 | 1.62% |
| 马来西亚 | 0.64 | 0.97 | 5.21 | 9.97 | 3.74 | 16.46% |
| 马耳他 | 0.02 | 0.05 | 0.08 | 0.09 | 0.06 | 7.71% |
| 毛里求斯 | 0.03 | 0.03 | 0.02 | 0.06 | 0.03 | 3.48% |
| 墨西哥 | 2.26 | 3.63 | 2.91 | 3.92 | 3.52 | 3.10% |
| 摩尔多瓦 | 0.36 | 0.25 | 0.33 | 0.31 | 0.31 | −0.87% |
| 蒙古国 | 0.16 | 0.17 | 0.18 | 0.19 | 0.18 | 0.90% |
| 荷兰 | 4.22 | 5.32 | 7.32 | 9.55 | 6.24 | 4.64% |
| 新西兰 | 0.95 | 1.38 | 1.71 | 2.60 | 1.67 | 5.72% |
| 挪威 | 1.90 | 2.26 | 2.78 | 3.43 | 2.58 | 3.35% |
| 巴基斯坦 | 1.10 | 1.95 | 2.82 | 7.78 | 3.12 | 11.48% |
| 巴拿马 | 0.04 | 0.04 | 0.04 | 0.06 | 0.05 | 1.98% |
| 巴拉圭 | 0.05 | 0.04 | 0.11 | 0.10 | 0.06 | 4.13% |
| 秘鲁 | 0.53 | 0.35 | 0.15 | 0.49 | 0.35 | −0.42% |
| 菲律宾 | 0.44 | 0.69 | 1.33 | 1.29 | 0.90 | 6.13% |
| 波兰 | 5.52 | 5.96 | 6.70 | 11.78 | 7.07 | 4.30% |
| 葡萄牙 | 1.67 | 2.47 | 4.25 | 4.77 | 3.29 | 5.98% |
| 罗马尼亚 | 2.05 | 1.90 | 1.80 | 1.72 | 1.91 | −0.96% |
| 俄罗斯 | 42.60 | 38.89 | 37.26 | 34.79 | 38.47 | −1.12% |
| 塞尔维亚 | 0.69 | 0.85 | 1.18 | 1.45 | 1.06 | 4.21% |
| 新加坡 | 1.66 | 2.50 | 3.41 | 3.93 | 2.93 | 4.89% |
| 斯洛伐克 | 1.00 | 1.18 | 1.53 | 1.63 | 1.29 | 2.79% |
| 斯洛文尼亚 | 0.43 | 0.59 | 0.89 | 1.01 | 0.69 | 4.79% |
| 南非 | 1.28 | 1.86 | 2.14 | 3.10 | 2.05 | 5.05% |
| 西班牙 | 7.67 | 11.58 | 12.68 | 14.01 | 11.61 | 3.41% |
| 斯里兰卡 | 0.25 | 0.18 | 0.22 | 0.22 | 0.22 | −0.90% |

续表

| 国家 | 2000 年 | 2006 年 | 2012 年 | 2018 年 | 平均值 | 年均增长率 |
|---|---|---|---|---|---|---|
| 瑞典 | 4.30 | 5.57 | 4.93 | 7.52 | 5.53 | 3.16% |
| 瑞士 | 2.61 | 2.53 | 3.58 | 4.60 | 3.23 | 3.20% |
| 泰国 | 1.41 | 2.09 | 4.51 | 10.45 | 4.03 | 11.78% |
| 特立尼达和多巴哥 | 0.04 | 0.06 | 0.09 | 0.17 | 0.09 | 8.34% |
| 突尼斯 | 0.35 | 1.01 | 1.77 | 2.05 | 1.36 | 10.38% |
| 土耳其 | 2.31 | 4.27 | 8.21 | 12.62 | 6.36 | 9.90% |
| 乌克兰 | 8.92 | 8.05 | 6.86 | 5.76 | 7.37 | −2.40% |
| 英国 | 17.06 | 25.40 | 25.62 | 30.58 | 24.96 | 3.30% |
| 美国 | 98.47 | 113.23 | 125.29 | 155.33 | 121.96 | 2.56% |
| 乌拉圭 | 0.09 | 0.14 | 0.21 | 0.24 | 0.17 | 5.47% |
| 乌兹别克斯坦 | 2.51 | 2.39 | 2.95 | 3.18 | 2.82 | 1.33% |
| 委内瑞拉 | 0.15 | 0.40 | 0.87 | 0.75 | 0.55 | 9.37% |
| 越南 | 3.36 | 4.66 | 5.95 | 6.97 | 5.23 | 4.14% |
| 平均 | 5.98 | 7.58 | 8.86 | 11.21 | 8.29 | 3.55% |

数据来源：UNESCO 数据库且根据作者整理计算。

(二)区域比较分析

表 3-4 是按各区域类型划分的历年人力资本变化表，从表中可以看出：就经济发展水平而言，各类型国家的研究人员数在整个时期均处于上升的趋势，发达国家、发展中国家与转型国家的研究人员数分别从 2000 年的 11.13 万人、3.79 万人和 3.20 万人上升到 2018 年的 18.37 万人、10.99 万人和 3.44 万人，年均增长率分别为 2.82%、6.09%和 0.41%，其中只有发达国家整个时期研究人员数的年均值高于样本国年均水平，而发展中国家和转型国家则低于样本国年均水平。从具体国别看，在整个时期，发达国家研究人员数的年均值高于样本国年均水平(8.29 万人)的国家有 10 个，分别是美国(121.96 万人)、日本(66.19 万人)、德国(32.40 万人)、韩国(25.37 万人)、英国(24.96 万人)、法国(23.60 万人)、加拿大(14.69 万人)、西班牙(11.61 万人)、意大利(10.08 万人)和澳大利亚(9.65 万人)，数量占到 27 个发达国家的 37.04%；在整个时期，发展中国家研

究人员数的年均值高于样本国年均水平的国家有 3 个,分别是中国(128.45 万人)、巴西(23.18 万人)和印度(20.54 万人),数量占到了 33 个发展中国家的 9.09%;在整个时期,转型国家研究人员数的年均值高于样本国年均水平的只有俄罗斯(38.47万人),数量占到 24 个转型国家的 4.17%,其余 23 个转型国家研究人员数的年均值都低于样本国的年均水平。

就合作关系而言,各类型国家的研究人员数在整个时期均处于上升的趋势,二十国集团、金砖国家、上海合作组织和亚太经合组织的研究人员数分别从 2000 年的 14.99 万人、27.08 万人、9.92 万人和 18.82 万人上升到 2018 年的 27.53 万人、60.17 万人、21.28 万人和 32.99 万人,年均增长率分别为 3.43%、4.54%、4.33%和 3.17%。二十国集团、金砖国家、上海合作组织和亚太经合组织整个时期研究人员数的年均值均高于样本国整体水平。从具体国别看,在整个时期,二十国集团研究人员数的年均值高于样本国年均水平的国家有 14 个,分别是中国(128.45 万人)、美国(121.96 万人)、日本(66.19 万人)、俄罗斯(38.47万人)、德国(32.40 万人)、韩国(25.37 万人)、英国(24.96 万人)、法国(23.60 万人)、巴西(23.18 万人)、印度(20.54 万人)、加拿大(14.69 万人)、西班牙(11.61万人)、意大利(10.08 万人)和澳大利亚(9.65 万人),数量占到了 29 个二十国集团的 48.28%;在整个时期,金砖国家研究人员数的年均值高于样本国年均水平的国家有 4 个,分别是中国(128.45 万人)、俄罗斯(38.47 万人)、巴西(23.18 万人)和印度(20.54 万人),数量占到了 5 个金砖国家的 80%;在整个时期,上海合作组织成员国研究人员数的年均值高于样本国年均水平的国家有 3 个,分别是中国(128.45 万人)、俄罗斯(38.47 万人)和印度(20.54 万人),数量占到了 14 个上海合作组织成员国的 21.43%;在整个时期,亚太经合组织成员研究人员数的年均值高于样本国年均水平的国家有 7 个,分别是中国(128.45 万人)、美国(121.96 万人)、日本(66.19 万人)、俄罗斯(38.47 万人)、韩国(25.37万人)、加拿大(14.69 万人)和澳大利亚(9.65 万人),数量占到了 17 个亚太经合组织成员的 41.18%。

就联盟关系而言,各类型国家的研究人员数在整个时期均处于上升的趋势,欧盟、美盟、非盟和东盟(中国)的研究人员数分别从 2000 年的 4.04 万人、7.92 万人、1.21 万人和 11.65 万人上升到 2018 年的 7.53 万人、14.32 万人、3.15 万人和 32.14 万人,年均增长率分别为 3.52%、3.35%、5.45%和 5.80%,其中美盟和东盟(中国)整个时期研究人员数的年均值高于样本国年均水平,而欧盟和非盟则低于样本国年均水平。从具体国别看,在整个时期,欧盟研究人员数的年均值高于样本国年均水平的国家有 5 个，分别是德国（32.40 万人）、英国（24.96万人）、法国（23.60 万人）、西班牙（11.61 万人）和意大利（10.08 万人），数量占到了 28 个欧盟成员国的 17.86％；在整个时期，美盟研究人员数的年均值高于样本国年均水平的国家有 3 个，分别是美国（121.96 万人）、加拿大（14.69 万人）和巴西（23.18 万人），数量占到了 16 个美盟成员国的 18.75％；在整个时期，5个非盟成员研究人员数的年均值均低于样本国年均水平，分别是毛里求斯（0.03万人）、突尼斯（1.36 万人）、阿尔及利亚（1.69 万人）、南非（2.05 万人）和埃及（4.85 万人）；在整个时期，东盟（中国）研究人员数的年均值高于样本国年均水平的只有中国（128.45 万人），数量占到了 7 个东盟（中国）成员国的 14.29％。

就伙伴关系而言，各类型国家的研究人员数在整个时期均处于上升的趋势，CPTPP、NAFTA 和 RCEP 成员国的研究人员数分别从 2000 年的 9.21 万人、37.17 万人和 14.97 万人上升到 2018 年的 12.57 万人、58.67 万人和 31.64 万人，年均增长率分别为 1.74％、2.57％和 4.24％，CPTPP、NAFTA 和 RCEP 成员国整个时期研究人员数的年均值都高于样本国年均水平。从具体国别看，在整个时期，CPTPP 成员研究人员数的年均值高于样本国年均水平的国家有 3个，分别是日本（66.19 万人）、加拿大（14.69 万人）和澳大利亚（9.65 万人），数量占到了 10 个 CPTPP 成员的 30％；在整个时期，NAFTA 成员研究人员数的年均值高于样本国年均水平的国家有 2 个，分别是美国（121.96 万人）和加拿大（14.69 万人），数量占到了 3 个 NAFTA 成员的 66.67％；在整个时期，RCEP 成员研究人员数的年均值高于样本国年均水平的国家有 4 个，分别是中国（128.45万人）、日本（66.19 万人），韩国（25.37 万人）和澳大利亚（9.65 万人），数量占到了 11 个 RCEP 成员国的 36.36％。

就"一带一路"沿线而言，东（南）亚、东南亚、西亚和中东欧国家的人力资本在整个时期均处于上升的趋势，研究人员数分别从 2000 年的 16.52 万人、2.00万人、2.28 万人和 1.27 万人上升到 2018 年的 45.80 万人、6.40 万人、5.63 万人和 2.44 万人，年均增长率分别为 5.83％、6.67％、5.14％和 3.70％，而独联体国家的人力资本在整个时期则处于逐步下降的趋势，其研究人员数从 2000 年的6.01 万人下降到 2018 年的 5.08 万人，年均增长率为 −0.93％，其中只有东（南）亚国家整个时期研究人员数的年均值高于样本国年均水平，而其余四类沿线国家均低于样本国年均水平。从具体国别看，在整个时期，东（南）亚国家研究人员数的年均值高于样本国年均水平的有 2 个，分别是中国（128.45 万人）和印度（20.54 万人），数量占到了 5 个东（南）亚国家的 40％，其余国家如巴基斯坦

（3.12 万人）、斯里兰卡（0.22 万人）和蒙古国（0.18 万人）研究人员数的年均值都低于样本国年均水平。在整个时期，6 个东南亚国家研究人员数的年均值都低于样本国年均水平，其数值分别为越南（5.23 万人）、泰国（4.03 万人）、马来西亚（3.74 万人）、印度尼西亚（3.68 万人）、新加坡（2.93 万人）、和菲律宾（0.90 万人）；在整个时期，8 个西亚国家研究人员数的年均值都低于样本国年均水平，其数值分别为土耳其（6.36 万人）、伊朗（6.09 万人）、以色列（5.65 万人）、埃及（4.85 万人）、希腊（2.36 万人）、约旦（1.16 万人）、伊拉克（0.82 万人）和塞浦路斯（0.08 万人）；在整个时期，13 个中东欧国家研究人员数的年均值都低于样本国年均水平，其数值分别为波兰（7.07 万人）、捷克（2.80 万人）、匈牙利（2.11 万人）、罗马尼亚（1.91 万人）、立陶宛（1.45 万人）、斯洛伐克（1.29 万人）、保加利亚（1.18 万人）、塞尔维亚（1.06 万人）、斯洛文尼亚（0.69 万人）、拉脱维亚（0.69 万人）、克罗地亚（0.68 万人）、爱沙尼亚（0.66 万人）和马其顿（0.26 万人）；在整个时期，独联体国家研究人员数的年均值高于样本国年均水平的只有俄罗斯（38.47 万人），数量占到了 10 个独联体国家的 10%，其余国家如乌克兰（7.37 万人）、乌兹别克斯坦（2.82 万人）、白俄罗斯（1.84 万人）、哈萨克斯坦（1.30 万人）、阿塞拜疆（1.27 万人）、格鲁吉亚（0.80 万人）、亚美尼亚（0.45 万人）、摩尔多瓦（0.31 万人）和吉尔吉斯斯坦（0.25 万人）研究人员数的年均值都低于样本国年均水平。

表 3-4　历年人力资本的区域比较　　　　　　　单位：万人

| 区域 | 划分 | 2000 年 | 2006 年 | 2012 年 | 2018 年 | 年均值 | 年均增长率 |
|---|---|---|---|---|---|---|---|
| 经济发展水平 | 发达国家 | 11.13 | 13.46 | 15.39 | 18.37 | 14.48 | 2.82% |
| | 发展中国家 | 3.79 | 6.02 | 7.63 | 10.99 | 6.93 | 6.09% |
| | 转型国家 | 3.20 | 3.11 | 3.19 | 3.44 | 3.20 | 0.41% |
| 合作关系 | 二十国集团 | 14.99 | 19.23 | 22.23 | 27.53 | 20.79 | 3.43% |
| | 金砖国家 | 27.08 | 39.14 | 46.01 | 60.17 | 42.54 | 4.54% |
| | 上海合作组织 | 9.92 | 14.03 | 16.12 | 21.28 | 15.10 | 4.33% |
| | 亚太经合组织 | 18.82 | 23.88 | 26.83 | 32.99 | 25.40 | 3.17% |
| 联盟关系 | 欧盟 | 4.04 | 5.12 | 6.09 | 7.53 | 5.63 | 3.52% |
| | 美盟 | 7.92 | 9.61 | 11.29 | 14.32 | 10.69 | 3.35% |
| | 非盟 | 1.21 | 1.70 | 2.12 | 3.15 | 2.00 | 5.45% |
| | 东盟（中国） | 11.65 | 19.46 | 23.43 | 32.14 | 21.28 | 5.80% |

续表

| 区域 | 划分 | 2000 年 | 2006 年 | 2012 年 | 2018 年 | 年均值 | 年均增长率 |
|---|---|---|---|---|---|---|---|
| | CPTPP | 9.21 | 10.57 | 11.25 | 12.57 | 10.90 | 1.74% |
| 伙伴关系 | NAFTA | 37.17 | 43.64 | 48.12 | 58.67 | 46.72 | 2.57% |
| | RCEP | 14.97 | 21.35 | 24.84 | 31.64 | 22.89 | 4.24% |
| | 东(南)亚 | 16.52 | 28.18 | 33.30 | 45.80 | 30.50 | 5.83% |
| "一带一路"沿线 | 东南亚 | 2.00 | 2.31 | 3.94 | 6.40 | 3.42 | 6.67% |
| | 西亚 | 2.28 | 2.91 | 3.61 | 5.63 | 3.42 | 5.14% |
| | 中东欧 | 1.27 | 1.48 | 1.78 | 2.44 | 1.68 | 3.70% |
| | 独联体 | 6.01 | 5.53 | 5.32 | 5.08 | 5.49 | −0.93% |
| 样本国平均 | | 5.98 | 7.58 | 8.86 | 11.21 | 8.29 | 3.55% |

数据来源:UNESCO 数据库且根据作者整理计算

## 第三节　国内专利资本

### 一、国内专利资本的测度

各国历年专利资本同样使用永续存盘法测度,具体计算公式为:$PC_t = (1-\delta)PC_{t-1} + PA_t$。其中,$t$ 代表年份,$\delta$ 代表折旧率,$PC$ 代表专利资本,$PA$ 代表发明专利申请。专利资本的计算共涉及三个需要确定的变量:(1)当年发明专利申请数 $PA_t$;(2)折旧率 $\delta$。本书将专利资本的折旧率设定为 15%;(3)基期专利资本 $PC_{2000}$。本书以 2000 年为基期,具体计算公式为:$PC_{2000} = PA_{2000}/(g+\delta)$,其中,$PC_{2000}$ 为 2000 年的专利资本,$PA_{2000}$ 为 2000 年的发明专利申请,$\delta$ 为2000—2018 年发明专利申请的平均增长率;$PA_{2000}$ 为折旧率(这里为 15%)。

### 二、发展趋势的比较分析

(一)样本国整体层面比较分析

表3-5 是世界各国历年专利资本的发展变化表,表中可以看出,2000—2018年,样本国整体层面的专利资本一直处于上升的趋势,其数值从 2000 年的 9.88万件上升到 2018 年的 19.08 万件,年均增长率为 3.72%。从各国看,在整个时

期,国内专利资本的年均值高于样本国年均水平(12.92 万件)的国家有 11 个,占 84 个样本国家数量的 13.10%,分别是日本(279.46 万件)、美国(251.73 万件)、中国(187.70 万件)、韩国(89.78 万件)、德国(40.53 万件)、加拿大(25.96 万件)、俄罗斯(23.57 万件)、英国(20.21 万件)、澳大利亚(15.49 万件)、印度(14.63 万件)和巴西(13.38 万件);低于样本国年均水平的国家有 73 个,占 84 个样本国家数量的 86.90%,表明样本国家专利资本的发展水平总体低下,数值最低的 10 个国家分别是毛里求斯(0.01 万件)、塞浦路斯(0.03 万件)、马其顿(0.05 万件)、吉尔吉斯斯坦(0.07 万件)、卢森堡(0.07 万件)、立陶宛(0.08 万件)、亚美尼亚(0.10 万件)、萨尔瓦多(0.10 万件)、马耳他(0.10 万件)和拉脱维亚(0.11 万件)。中国专利资本的年均值为 187.70 万件,在 84 个样本国中位列第 3 位,且专利资本的年均增长率为 23.01%,位列第 2 位。

表 3-5　各国历年专利资本　　　　　　　　　单位:万件

| 国家 | 2000 年 | 2006 年 | 2012 年 | 2018 年 | 平均值 | 年均增长率 |
|---|---|---|---|---|---|---|
| 阿尔及利亚 | 0.06 | 0.21 | 0.43 | 0.47 | 0.30 | 12.15% |
| 阿根廷 | 5.50 | 4.21 | 3.67 | 3.03 | 4.04 | −3.26% |
| 亚美尼亚 | 0.08 | 0.11 | 0.10 | 0.09 | 0.10 | 0.73% |
| 澳大利亚 | 13.00 | 14.69 | 16.17 | 18.03 | 15.49 | 1.83% |
| 奥地利 | 1.54 | 1.60 | 1.67 | 1.59 | 1.61 | 0.17% |
| 阿塞拜疆 | 0.13 | 0.16 | 0.15 | 0.13 | 0.15 | −0.02% |
| 白俄罗斯 | 0.96 | 0.93 | 1.12 | 0.71 | 0.96 | −1.66% |
| 比利时 | 0.48 | 0.46 | 0.50 | 0.65 | 0.51 | 1.67% |
| 巴西 | 10.02 | 11.21 | 15.06 | 17.18 | 13.38 | 3.04% |
| 保加利亚 | 1.06 | 0.64 | 0.35 | 0.23 | 0.55 | −8.07% |
| 加拿大 | 27.15 | 26.72 | 25.42 | 24.36 | 25.96 | −0.60% |
| 智利 | 1.49 | 1.75 | 1.76 | 1.93 | 1.76 | 1.43% |
| 中国 | 14.41 | 64.11 | 207.79 | 599.44 | 187.70 | 23.01% |
| 哥伦比亚 | 0.83 | 0.91 | 1.14 | 1.36 | 1.03 | 2.74% |
| 哥斯达黎加 | 0.02 | 0.17 | 0.32 | 0.34 | 0.23 | 15.98% |
| 克罗地亚 | 1.27 | 0.86 | 0.45 | 0.24 | 0.68 | −8.76% |
| 塞浦路斯 | 0.04 | 0.04 | 0.02 | 0.01 | 0.03 | −7.32% |

续表

| 国家 | 2000 年 | 2006 年 | 2012 年 | 2018 年 | 平均值 | 年均增长率 |
|---|---|---|---|---|---|---|
| 捷克 | 6.26 | 3.33 | 1.64 | 0.98 | 2.88 | −9.78% |
| 丹麦 | 1.33 | 1.28 | 1.20 | 1.15 | 1.24 | −0.83% |
| 埃及 | 0.81 | 0.88 | 1.23 | 1.37 | 1.06 | 2.95% |
| 萨尔瓦多 | 0.07 | 0.09 | 0.12 | 0.12 | 0.10 | 3.12% |
| 爱沙尼亚 | 0.87 | 0.45 | 0.20 | 0.09 | 0.38 | −11.84% |
| 芬兰 | 2.53 | 1.87 | 1.48 | 1.18 | 1.72 | −4.14% |
| 法国 | 11.84 | 11.59 | 11.23 | 11.03 | 11.40 | −0.40% |
| 格鲁吉亚 | 0.32 | 0.31 | 0.29 | 0.22 | 0.29 | −1.92% |
| 德国 | 40.04 | 39.87 | 40.13 | 42.94 | 40.53 | 0.39% |
| 希腊 | 0.18 | 0.26 | 0.39 | 0.40 | 0.32 | 4.47% |
| 危地马拉 | 0.13 | 0.20 | 0.21 | 0.20 | 0.19 | 2.39% |
| 匈牙利 | 10.91 | 5.35 | 2.33 | 1.12 | 4.51 | −11.89% |
| 冰岛 | 1.04 | 0.63 | 0.27 | 0.12 | 0.48 | −11.25% |
| 印度 | 3.28 | 9.31 | 19.96 | 26.70 | 14.63 | 12.35% |
| 印度尼西亚 | 1.88 | 2.38 | 3.24 | 4.99 | 3.02 | 5.58% |
| 伊朗 | 0.17 | 1.51 | 5.64 | 8.04 | 3.86 | 24.02% |
| 伊拉克 | 0.07 | 0.12 | 0.19 | 0.31 | 0.16 | 8.98% |
| 爱尔兰 | 0.44 | 0.35 | 0.27 | 0.16 | 0.31 | −5.54% |
| 以色列 | 4.33 | 4.42 | 4.63 | 4.55 | 4.48 | 0.28% |
| 意大利 | 6.01 | 6.31 | 6.38 | 6.41 | 6.28 | 0.36% |
| 日本 | 330.54 | 299.23 | 260.56 | 230.86 | 279.46 | −1.97% |
| 约旦 | 0.12 | 0.15 | 0.25 | 0.20 | 0.19 | 3.16% |
| 哈萨克斯坦 | 1.13 | 1.13 | 1.19 | 1.04 | 1.15 | −0.47% |
| 韩国 | 53.01 | 77.88 | 102.36 | 125.28 | 89.78 | 4.89% |
| 吉尔吉斯斯坦 | 0.04 | 0.07 | 0.08 | 0.08 | 0.07 | 3.62% |
| 拉脱维亚 | 0.11 | 0.11 | 0.12 | 0.10 | 0.11 | −0.71% |
| 立陶宛 | 0.08 | 0.08 | 0.08 | 0.08 | 0.08 | −0.06% |

续表

| 国家 | 2000 年 | 2006 年 | 2012 年 | 2018 年 | 平均值 | 年均增长率 |
|------|---------|---------|---------|---------|--------|------------|
| 卢森堡 | 0.06 | 0.05 | 0.06 | 0.19 | 0.07 | 6.87% |
| 马其顿 | 0.06 | 0.06 | 0.04 | 0.04 | 0.05 | −2.83% |
| 马来西亚 | 3.14 | 3.42 | 3.73 | 4.45 | 3.63 | 1.96% |
| 马耳他 | 0.04 | 0.22 | 0.09 | 0.04 | 0.10 | −0.27% |
| 毛里求斯 | 0.01 | 0.01 | 0.01 | 0.02 | 0.01 | 3.91% |
| 墨西哥 | 7.92 | 8.75 | 9.56 | 10.60 | 9.23 | 1.64% |
| 摩尔多瓦 | 0.16 | 0.20 | 0.15 | 0.11 | 0.16 | −2.33% |
| 蒙古国 | 0.12 | 0.13 | 0.13 | 0.14 | 0.13 | 1.03% |
| 荷兰 | 2.11 | 1.94 | 1.87 | 1.78 | 1.91 | −0.94% |
| 新西兰 | 4.74 | 4.70 | 4.53 | 4.42 | 4.61 | −0.39% |
| 挪威 | 7.22 | 5.21 | 3.20 | 1.97 | 4.33 | −6.96% |
| 巴基斯坦 | 0.83 | 0.86 | 0.80 | 0.65 | 0.80 | −1.34% |
| 巴拿马 | 0.05 | 0.14 | 0.21 | 0.24 | 0.16 | 9.12% |
| 巴拉圭 | 0.12 | 0.15 | 0.20 | 0.22 | 0.17 | 3.63% |
| 秘鲁 | 0.39 | 0.57 | 0.64 | 0.75 | 0.60 | 3.69% |
| 菲律宾 | 1.67 | 1.68 | 1.96 | 2.27 | 1.85 | 1.71% |
| 波兰 | 5.13 | 4.35 | 3.17 | 2.99 | 3.84 | −2.95% |
| 葡萄牙 | 0.06 | 0.10 | 0.27 | 0.41 | 0.20 | 11.53% |
| 罗马尼亚 | 0.82 | 0.79 | 0.79 | 0.76 | 0.80 | −0.45% |
| 俄罗斯 | 19.89 | 21.59 | 25.46 | 26.43 | 23.57 | 1.59% |
| 塞尔维亚 | 0.87 | 0.78 | 0.44 | 0.25 | 0.60 | −6.80% |
| 新加坡 | 4.79 | 5.35 | 6.01 | 6.81 | 5.72 | 1.97% |
| 斯洛伐克 | 2.62 | 1.35 | 0.62 | 0.33 | 1.15 | −10.91% |
| 斯洛文尼亚 | 0.33 | 0.27 | 0.28 | 0.24 | 0.28 | −1.60% |
| 南非 | 1.58 | 3.45 | 4.32 | 4.66 | 3.68 | 6.21% |
| 西班牙 | 2.68 | 2.36 | 2.41 | 1.98 | 2.38 | −1.66% |
| 斯里兰卡 | 0.17 | 0.21 | 0.27 | 0.33 | 0.24 | 3.82% |

**续表**

| 国家 | 2000 年 | 2006 年 | 2012 年 | 2018 年 | 平均值 | 年均增长率 |
|------|---------|---------|---------|---------|--------|-----------|
| 瑞典 | 4.70 | 3.18 | 2.27 | 1.84 | 2.90 | −5.08% |
| 瑞士 | 1.92 | 1.64 | 1.57 | 1.34 | 1.60 | −1.98% |
| 泰国 | 2.18 | 3.16 | 3.35 | 4.56 | 3.34 | 4.19% |
| 特立尼达和多巴哥 | 0.10 | 0.13 | 0.15 | 0.12 | 0.13 | 1.46% |
| 突尼斯 | 0.12 | 0.16 | 0.31 | 0.34 | 0.23 | 5.98% |
| 土耳其 | 1.48 | 1.14 | 1.87 | 3.51 | 1.82 | 4.90% |
| 乌克兰 | 4.49 | 3.90 | 3.66 | 3.19 | 3.82 | −1.89% |
| 英国 | 26.00 | 21.93 | 17.78 | 15.89 | 20.21 | −2.70% |
| 美国 | 155.41 | 213.19 | 284.98 | 354.31 | 251.73 | 4.68% |
| 乌拉圭 | 0.69 | 0.51 | 0.50 | 0.37 | 0.52 | −3.34% |
| 乌兹别克斯坦 | 0.61 | 0.53 | 0.41 | 0.39 | 0.49 | −2.44% |
| 委内瑞拉 | 8.84 | 4.27 | 2.40 | 1.19 | 3.81 | −10.52% |
| 越南 | 0.50 | 0.86 | 1.74 | 2.82 | 1.41 | 10.11% |
| 平均 | 9.88 | 10.97 | 13.50 | 19.08 | 12.92 | 3.72% |

数据来源:UNESCO 数据库且根据作者整理计算

**(二)区域比较分析**

表 3-6 是按各区域类型划分的历年专利资本变化表,从表中可以看出:就经济发展水平而言,发达国家与发展中国家的专利资本在整个时期均处于上升的趋势,其数值分别从 2000 年的 26.04 万件和 2.08 万件上升到 2018 年的 31.84 万件和 21.30 万件,年均增长率分别为 1.12%和 13.79%,而转型国家的专利资本在整个时期则处于逐步下降的趋势,其数值从 2000 年的 2.43 万件下降到 2018 年的 1.67 万件,年均增长率为−2.08%,其中只有发达国家整个时期专利资本的年均值高于样本国年均水平,而发展中国家和转型国家则低于样本国年均水平。从具体国别看,在整个时期,发达国家专利资本的年均值高于样本国年均水平(12.92 万件)的国家有 7 个,分别是日本(279.46 万件)、美国(251.73 万件)、韩国(89.78 万件)、德国(40.53 万件)、加拿大(25.96 万件)、英国(20.21 万件)和澳大利亚(15.49 万件),数量占到了 27 个发达国家的 25.93%;在整个时

期,发展中国家专利资本的年均值高于样本国年均水平的国家有 3 个,分别是中国(187.70 万件)、印度(14.63 万件)和巴西(13.38 万件),数量占到了 33 个发展中国家的 9.09%;在整个时期,转型国家专利资本的年均值高于样本国年均水平的只有俄罗斯(23.57 万件),数量占到了 24 个转型国家的 4.17%,其余 23 个转型国家的专利资本均低于样本国年均水平。

就合作关系而言,各类型国家的专利资本在整个时期均处于上升的趋势,二十国集团、金砖国家、上海合作组织和亚太经合组织的专利资本分别从 2000 年的 25.69 万件、9.84 万件、3.09 万件和 37.77 万件上升到 2018 年的 52.99 万件、134.88 万件、47.69 万件和 83.67 万件,年均增长率分别为 4.10%、15.66%、16.41%和 4.52%,二十国集团、金砖国家、上海合作组织和亚太经合组织整个时期专利资本的年均值均高于样本国年均水平。从具体国别看,在整个时期,二十国集团专利资本的年均值高于样本国年均水平的国家有 11 个,分别是日本(279.46 万件)、美国(251.73 万件)、中国(187.70 万件)、韩国(89.78 万件)、德国(40.53 万件)、加拿大(25.96 万件)、俄罗斯(23.57 万件)、英国(20.21万件)、澳大利亚(15.49 万件)、印度(14.63 万件)和巴西(13.38 万件),数量占到了 29 个二十国集团的 37.93%;在整个时期,金砖国家专利资本的年均值高于样本国年均水平的有 4 个,分别是中国(187.70 万件)、俄罗斯(23.57 万件)、印度(14.63 万件)和巴西(13.38 万件),数量占到了 5 个金砖国家的 80%;在整个时期,上海合作组织成员国专利资本的年均值高于样本国年均水平的国家有 3 个,分别是中国(187.70 万件)、俄罗斯(23.57 万件)和印度(14.63 万件),数量占到了 14 个上海合作组织成员国的 21.43%;在整个时期,亚太经合组织成员国专利资本的年均值高于样本国年均水平的国家有 7 个,分别是日本(279.46 万件)、美国(251.73 万件)、中国(187.70 万件)、韩国(89.78 万件)、加拿大(25.96 万件)、俄罗斯(23.57 万件)和澳大利亚(15.49 万件),数量占到了 17 个亚太经合组织成员的 41.18%。

就联盟关系而言,美盟、非盟和东盟(中国)的专利资本在整个时期均处于上升的趋势,其数值分别从 2000 年的 13.67 万件、0.51 万件和 4.08 万件上升到 2018 年的 26.02 万件、1.37 万件和 89.33 万件,年均增长率分别为 3.64%、5.60%和 18.70%,而欧盟的专利资本在整个时期则处于逐步下降的趋势,其数值从 2000 年的 4.63 万件下降到 2018 年的 3.39 万件,年均增长率为-1.72%,其中只有美盟和东盟(中国)整个时期专利资本的年均值高于样本国年均水平,而欧盟和非盟则低于样本国年均水平。从具体国别看,在整个时期,欧盟专利资本的年均值高于样本国年均水平的国家有 2 个，分别是德国（40.53 万件）和英国（20.21 万件），数量占到了 28 个欧盟成员国的 7.14％；在整个时期，美盟专利资本的年均值高于样本国年均水平的国家有 3 个，分别是美国（251.73 万件）、加拿大（25.96 万件）和巴西（13.38 万件），数量占到了 16 个美盟成员国的 18.75％；在整个时期，5 个非盟成员国专利资本的年均值都低于样本国年均水平，分别是毛里求斯（0.01 万件）、突尼斯（0.23 万件）、阿尔及利亚（0.30 万件）、埃及（1.06 万件）和南非（3.68 万件）；在整个时期，东盟（中国）专利资本的年均值高于样本国年均水平的只有中国（187.70 万件），数量占到了 7 个东盟（中国）成员国的 14.29％。

就伙伴关系而言，NAFTA 和 RCEP 成员的专利资本在整个时期均处于上升的趋势，其数值分别从 2000 年的 63.49 万件和 39.08 万件上升到 2018 年的 129.76 万件和 54.18 万件，年均增长率分别为 4.05％和 4.83％，而 CPTPP 成员的专利资本在整个时期则处于逐步下降的趋势，其数值从 2000 年的 39.37 万件下降到 2018 年的 30.50 万件，年均增长率为 -1.41％，CPTPP、NAFTA 和 RCEP 成员国整个时期专利资本的年均值均高于样本国年均水平。从具体国别看，在整个时期，CPTPP 成员专利资本的年均值高于样本国年均水平的国家有 3 个，分别是日本（279.46 万件）、加拿大（25.96 万件）和澳大利亚（15.49 万件），数量占到了 10 个 CPTPP 成员的 30％；在整个时期，NAFTA 成员国专利资本的年均值高于样本国年均水平的国家有 2 个，分别是美国（251.73万件）和加拿大（25.96 万件），数量占到了 3 个 NAFTA 成员的 66.67％；在整个时期，RCEP 成员专利资本的年均值高于样本国年均水平的国家有 4 个，分别是日本（279.46 万件）、中国（187.70 万件）、韩国（89.78 万件）和澳大利亚（15.49万件），数量占到了 11 个 RCEP 成员的 36.36％。

就"一带一路"沿线而言，东（南）亚、东南亚、西亚和独联体国家的专利资本在整个时期均处于上升的趋势，其数值分别从 2000 年的 3.76 万件、2.36 万件、0.90 万件和 2.78 万件上升到 2018 年的 125.45 万件、4.32 万件、2.30 万件和 3.24 万件，年均增长率分别为 21.51％、3.41％、5.35％和 0.85％，而中东欧国家的专利资本在整个时期则处于逐步下降的趋势，其数值从 2000 年的 2.34 万件下降到 2018 年的 0.57 万件，年均增长率为 -7.51％，其中只有东（南）亚国家整个时期专利资本的年均值高于样本国年均水平，而其余四类沿线国家均低于样本国年均水平。从具体国别看，在整个时期，东（南）亚国家专利资本的年均值高于样本国年均水平的有 2 个，分别是中国（187.70 万件）和印度（14.63 万件），数量占到了 5 个东(南)亚国家的 40%,其余国家如巴基斯坦(0.80 万件)、斯里兰卡(0.24 万件)和蒙古国(0.13 万件)专利资本的年均值都低于样本国年均水平。在整个时期,6 个东南亚国家专利资本的年均值都低于样本国年均水平,其数值分别为新加坡(5.72 万件)、马来西亚(3.63 万件)、泰国(3.34 万件)、印度尼西亚(3.02 万件)、菲律宾(1.85 万件)和越南(1.41 万件);在整个时期,8 个西亚国家专利资本的年均值都低于样本国年均水平,其数值分别为以色列(4.48 万件)、伊朗(3.86 万件)、土耳其(1.82 万件)、埃及(1.06 万件)、希腊(0.32 万件)、约旦(0.19 万件)、伊拉克(0.16 万件)和塞浦路斯(0.03 万件);在整个时期,13 个中东欧国家专利资本的年均值都低于样本国年均水平,其数值分别为匈牙利(4.51 万件)、波兰(3.84 万件)、捷克(2.88 万件)、斯洛伐克(1.15 万件)、罗马尼亚(0.80 万件)、克罗地亚(0.68 万件)、塞尔维亚(0.60 万件)、保加利亚(0.55 万件)、爱沙尼亚(0.38 万件)、斯洛文尼亚(0.28 万件)、拉脱维亚(0.11 万件)、立陶宛(0.08 万件)和马其顿(0.05 万件);在整个时期,独联体国家专利资本的年均值高于样本国年均水平的只有俄罗斯(23.57 万件),数量占到了 10 个独联体国家的 10%,其余国家如乌克兰(3.82 万件)、哈萨克斯坦(1.15 万件)、白俄罗斯(0.96 万件)、乌兹别克斯坦(0.49 万件)、格鲁吉亚(0.29 万件)、摩尔多瓦(0.16 万件)、阿塞拜疆(0.15 万件)、亚美尼亚(0.10 万件)和吉尔吉斯斯坦(0.07 万件)专利资本的年均值都低于样本国年均水平。

表 3-6　历年专利资本的区域比较　　　　　　单位:万件

| 区域 | 划分 | 2000 年 | 2006 年 | 2012 年 | 2018 年 | 年均值 | 年均增长率 |
|------|------|---------|---------|---------|---------|--------|-----------|
| 经济发展水平 | 发达国家 | 26.04 | 27.66 | 29.54 | 31.84 | 28.71 | 1.12% |
| | 发展中国家 | 2.08 | 3.85 | 8.88 | 21.30 | 7.98 | 13.79% |
| | 转型国家 | 2.43 | 1.98 | 1.80 | 1.67 | 1.95 | −2.08% |
| 合作关系 | 二十国集团 | 25.69 | 29.34 | 36.83 | 52.99 | 35.00 | 4.10% |
| | 金砖国家 | 9.84 | 21.93 | 54.52 | 134.88 | 48.59 | 15.66% |
| | 上海合作组织 | 3.09 | 7.27 | 18.93 | 47.69 | 16.83 | 16.41% |
| | 亚太经合组织 | 37.77 | 44.12 | 56.43 | 83.67 | 53.46 | 4.52% |

续表

| 区域 | 划分 | 2000 年 | 2006 年 | 2012 年 | 2018 年 | 年均值 | 年均增长率 |
|------|------|---------|---------|---------|---------|--------|-----------|
| 联盟关系 | 欧盟 | 4.63 | 3.96 | 3.50 | 3.39 | 3.82 | −1.72% |
| | 美盟 | 13.67 | 17.06 | 21.65 | 26.02 | 19.56 | 3.64% |
| | 非盟 | 0.51 | 0.94 | 1.26 | 1.37 | 1.06 | 5.60% |
| | 东盟（中国） | 4.08 | 11.57 | 32.55 | 89.33 | 29.53 | 18.70% |
| 伙伴关系 | CPTPP | 39.37 | 36.60 | 33.01 | 30.50 | 34.79 | −1.41% |
| | NAFTA | 63.49 | 82.88 | 106.65 | 129.76 | 95.64 | 4.05% |
| | RCEP | 39.08 | 43.41 | 55.59 | 91.27 | 54.18 | 4.83% |
| "一带一路"沿线 | 东（南）亚 | 3.76 | 14.92 | 45.79 | 125.45 | 40.70 | 21.51% |
| | 东南亚 | 2.36 | 2.81 | 3.34 | 4.32 | 3.16 | 3.41% |
| | 西亚 | 0.90 | 1.06 | 1.78 | 2.30 | 1.49 | 5.35% |
| | 中东欧 | 2.34 | 1.42 | 0.81 | 0.57 | 1.22 | −7.51% |
| | 独联体 | 2.78 | 2.89 | 3.26 | 3.24 | 3.08 | 0.85% |
| 样本国平均 | | 9.88 | 10.97 | 13.50 | 19.08 | 12.92 | 3.72% |

数据来源：UNESCO 数据库且根据作者整理计算

# 第四节　国内知识资本

## 一、国内知识资本的测度

在对研发资本、人力资本和专利资本数据进行收集和处理的基础上，本节采用主成分分析法来得到知识资本各方面变量的权重，进而求得各国历年的国内知识资本指数。知识资本指数的计算公式如下：

$$KC_{it}^{d} = W_1 \times rc_{it} + W_2 \times hc_{it} + W_3 \times pc_{it} \tag{3.1}$$

在式(3.1)中，$i$ 和 $t$ 分别代表国家和年份；$KC^d$ 为国内知识资本指数；$rc$、$hc$ 和 $pc$ 分别为研发资本、人力资本和专利资本经过标准化后的数值；$W_1$、$W_2$ 和 $W_3$ 分别为研发资本、人力资本和专利资本的权重值。从公式中看出，要计算各国历年的国内知识资本指数，还需要解决两个问题：

(1)无量纲化方法的确定。由于构成知识资本的各项指标具有不同的量纲和数量级，无法进行直接综合，需要对原始数据进行无量纲化处理。目前，常见的方法主要有极值化法、标准化法、均值化法以及赋值化法等（Nardo et al., 2005）。目前国际上已经建立的相关综合指数中，对原始数据的无量纲化处理大都采用极值化法，该方法通过利用变量取值的最大值和最小值将原始数据转化为介于 0 到 1 之间的数值，从而消除了量纲和数量级的影响，便于数值间的比较。但这种传统的极值化法只是一种静态的无量纲化方法，所有观测值都处于相同的年份，而在实际观察中，不同时间点观测值的最大值和最小值并不相同，所以该方法只适用于对知识资本指数的横截面比较，并不适用于时间序列上的比较。为了解决传统极值化法在时间序列上的不可比较性，本节借鉴易平涛等（2009）提出的"全序列法"思想，将同一指标在各个时点的数据集中到一起，统一进行无量纲化处理，以实现知识资本指数在时间序列上的真正可比较性。"全序列法"的计算公式为：

$$y_{i,t}^t = [x_{i,k}^t - \min_{t \in T} \min_i(x_k^t)]/[\max_{t \in T} \max_i(x_k^t) - \min_{t \in T} \min_i(x_k^t)] \times 100$$

$$(3.2)$$

在式（3.2）中，$y_{i,k}^t$ 为国家 $i$ 的第 $k$ 指标在第 $t$ 年的标准化值，这里 $k=1,2,3$，分别代表研发资本、人力资本和专利资本，$x_{i,k}^t$ 为国家 $i$ 的第 $k$ 指标在第 $t$ 年的原始值，$\min_{t \in T} \min_i(x_k^t)$ 为第 $k$ 指标在所有年份中的最小值，$\max_{t \in T} \max_i(x_k^t)$ 为第 $k$ 指标在所有年份中的最大值。为了便于比较，我们在公式的右边乘以 100，将国内知识资本指数转化为 0 到 100 之间的数值。如果指数值越接近于 0 则表明该国或该区域知识资本的发展水平较低，如果指数值越接近于 100 则表明该国或该区域知识资本的发展水平较高。

（2）权重方法的确定。由于各指标在模型中的重要程度并不相等，因此有必要对每个指标确定一个权数，权重系数的确定是否合理对计算国内知识资本指数至关重要，并直接影响到估计结果的准确性。本书采用客观性更强的主成分分析法来确定研发资本、人力资本和专利资本的权重。具体步骤为：

首先，将经过标准化后的研发资本、人力资本和专利资本作为输入变量进行主成分分析，根据前几个主成分的累积贡献率大于某一特征值（通常为 85%）的标准来确定主成分的个数，同时得到每个主成分相应的特征根、载荷系数和方差贡献率（结果见表 3-7）。

表 3-7    知识资本指数的统计特征

| 指数 | 成分 | 特征根 | 方差贡献率(%) | 累计方差贡献率 |
|---|---|---|---|---|
| 知识资本 | 1 | 2.646 | 88.213 | 88.213 |
| | 2 | 0.216 | 7.190 | 95.403 |
| | 3 | 0.138 | 4.597 | 100.000 |

数据来源:根据 SPSS27.0 运算得出

其次,根据所确定主成分的载荷系数、特征根和方差贡献率计算出每个指标的权重($w_k = \sum_{h=1}^{n}(a_{k,h}/\sqrt{\lambda_h}) \times var_h$),同时进行归一化处理($W_k = w_k/\sum w_k$)。其中,$w_k$ 为第 $k$ 指标未归一化的权重,$W_k$ 为第 $k$ 指标归一化后的权重,$a_{k,h}$ 为第 $h$ 主成分在第 $k$ 指标上的载荷系数,$\lambda_h$ 为第 $h$ 主成分的特征根,$var_h$ 为第 $h$ 主成分的方差贡献率,$n$ 为主成分的个数(结果见表 3-8)。

表 3-8    知识资本各变量的载荷向量与相应权重

| 指数 | 各变量 | 成分 1 系数 | 归一化权重 |
|---|---|---|---|
| 知识资本 | 研发资本 | 0.925 | 0.328247 |
| | 人力资本 | 0.949 | 0.336764 |
| | 专利资本 | 0.944 | 0.334989 |

数据来源:根据作者计算得出

最后,分别将经过标准化后的研发资本、人力资本和专利资本的数值乘以各自归一化后的权重,进行求和就可以得到各国在 2000—2018 年间的国内知识资本指数。

## 二、发展趋势的比较分析

### (一)样本国整体层面比较分析

表 3-9 是世界各国历年知识资本指数的发展变化表,表中可以看出,2000—2018 年,样本国整体层面的知识资本指数一直处于上升的趋势,其数值从 2000 年的 2.202 上升到 2018 年的 4.176,年均增长率为 3.62%。从各国看,在整个时期,国内知识资本指数高于样本国年均水平(3.016)的国家有 13 个,占 84 个样本国数量的 15.48%,分别是美国(62.241)、中国(38.766)、日本(35.805)、德国(13.019)、韩国(11.465)、俄罗斯(8.943)、英国(8.269)、法国(7.953)、巴西

(5.909)、加拿大(5.683)、印度(5.091)、澳大利亚(3.713)和意大利(3.512);低于样本国年均水平的国家有 71 个,占 84 个样本国数量的84.52%,表明样本国家知识资本的发展水平总体低下,数值最低的 10 个国家分别是毛里求斯(0.004)、萨尔瓦多(0.011)、马耳他(0.014)、塞浦路斯(0.015)、巴拉圭(0.018)、危地马拉(0.018)、巴拿马(0.018)、特立尼达和多巴哥(0.020)、蒙古国(0.037)和吉尔吉斯斯坦(0.045)。中国知识资本的年均值为 38.766,在 84 个样本国中位列第 2 位,且知识资本的年均增长率为 10.08%,位列第 7 位。

表 3-9　各国历年知识资本指数

| 国家 | 2000 年 | 2006 年 | 2012 年 | 2018 年 | 平均值 | 年均增长率 |
|---|---|---|---|---|---|---|
| 阿尔及利亚 | 0.091 | 0.162 | 0.438 | 0.751 | 0.335 | 12.43% |
| 阿根廷 | 0.883 | 0.980 | 1.296 | 1.365 | 1.124 | 2.45% |
| 亚美尼亚 | 0.090 | 0.090 | 0.076 | 0.063 | 0.083 | −1.97% |
| 澳大利亚 | 2.535 | 3.315 | 4.277 | 4.622 | 3.713 | 3.39% |
| 奥地利 | 0.772 | 1.037 | 1.378 | 1.707 | 1.217 | 4.51% |
| 阿塞拜疆 | 0.189 | 0.218 | 0.286 | 0.269 | 0.237 | 2.00% |
| 白俄罗斯 | 0.415 | 0.394 | 0.427 | 0.378 | 0.398 | −0.52% |
| 比利时 | 0.951 | 1.097 | 1.394 | 1.780 | 1.277 | 3.55% |
| 巴西 | 3.112 | 4.378 | 6.875 | 9.891 | 5.909 | 6.64% |
| 保加利亚 | 0.233 | 0.228 | 0.233 | 0.329 | 0.252 | 1.94% |
| 加拿大 | 4.780 | 5.582 | 6.001 | 6.134 | 5.683 | 1.39% |
| 智利 | 0.217 | 0.298 | 0.327 | 0.438 | 0.317 | 3.97% |
| 中国 | 14.182 | 28.066 | 43.290 | 79.912 | 38.766 | 10.08% |
| 哥伦比亚 | 0.124 | 0.171 | 0.244 | 0.421 | 0.223 | 7.05% |
| 哥斯达黎加 | 0.028 | 0.070 | 0.092 | 0.099 | 0.072 | 7.36% |
| 克罗地亚 | 0.213 | 0.174 | 0.168 | 0.182 | 0.183 | −0.86% |
| 塞浦路斯 | 0.005 | 0.015 | 0.018 | 0.025 | 0.015 | 9.54% |
| 捷克 | 0.662 | 0.751 | 0.829 | 0.997 | 0.786 | 2.30% |
| 丹麦 | 0.745 | 0.991 | 1.285 | 1.430 | 1.133 | 3.69% |
| 埃及 | 0.762 | 0.935 | 0.930 | 1.410 | 0.979 | 3.48% |

续表

| 国家 | 2000 年 | 2006 年 | 2012 年 | 2018 年 | 平均值 | 年均增长率 |
|---|---|---|---|---|---|---|
| 萨尔瓦多 | 0.004 | 0.006 | 0.014 | 0.021 | 0.011 | 10.06% |
| 爱沙尼亚 | 0.130 | 0.141 | 0.163 | 0.153 | 0.149 | 0.89% |
| 芬兰 | 1.175 | 1.283 | 1.331 | 1.232 | 1.271 | 0.26% |
| 法国 | 6.367 | 7.339 | 8.507 | 9.647 | 7.953 | 2.34% |
| 格鲁吉亚 | 0.213 | 0.148 | 0.075 | 0.206 | 0.157 | −0.19% |
| 德国 | 10.754 | 11.713 | 13.860 | 16.486 | 13.019 | 2.40% |
| 希腊 | 0.327 | 0.447 | 0.557 | 0.800 | 0.525 | 5.10% |
| 危地马拉 | 0.014 | 0.017 | 0.021 | 0.015 | 0.018 | 0.45% |
| 匈牙利 | 0.899 | 0.666 | 0.631 | 0.838 | 0.694 | −0.39% |
| 冰岛 | 0.103 | 0.097 | 0.072 | 0.064 | 0.083 | −2.59% |
| 印度 | 2.568 | 3.897 | 5.919 | 8.563 | 5.091 | 6.92% |
| 印度尼西亚 | 0.922 | 0.674 | 0.787 | 1.406 | 0.859 | 2.37% |
| 伊朗 | 0.819 | 1.081 | 1.355 | 2.876 | 1.403 | 7.23% |
| 伊拉克 | 0.152 | 0.189 | 0.186 | 0.094 | 0.156 | −2.62% |
| 爱尔兰 | 0.260 | 0.361 | 0.596 | 0.641 | 0.460 | 5.15% |
| 以色列 | 1.335 | 1.584 | 2.004 | 2.497 | 1.817 | 3.54% |
| 意大利 | 2.605 | 3.200 | 3.784 | 4.707 | 3.512 | 3.34% |
| 日本 | 37.092 | 37.011 | 34.864 | 34.419 | 35.805 | −0.41% |
| 约旦 | 0.253 | 0.228 | 0.200 | 0.176 | 0.222 | −2.00% |
| 哈萨克斯坦 | 0.227 | 0.295 | 0.322 | 0.386 | 0.309 | 3.00% |
| 韩国 | 5.641 | 9.239 | 13.677 | 17.864 | 11.465 | 6.61% |
| 吉尔吉斯斯坦 | 0.037 | 0.039 | 0.043 | 0.065 | 0.045 | 3.22% |
| 拉脱维亚 | 0.115 | 0.137 | 0.155 | 0.145 | 0.133 | 1.30% |
| 立陶宛 | 0.188 | 0.228 | 0.336 | 0.370 | 0.277 | 3.82% |
| 卢森堡 | 0.068 | 0.081 | 0.090 | 0.108 | 0.089 | 2.61% |
| 马其顿 | 0.047 | 0.040 | 0.040 | 0.062 | 0.048 | 1.56% |
| 马来西亚 | 0.315 | 0.417 | 1.261 | 2.249 | 0.970 | 11.55% |

续表

| 国家 | 2000 年 | 2006 年 | 2012 年 | 2018 年 | 平均值 | 年均增长率 |
|---|---|---|---|---|---|---|
| 马耳他 | 0.003 | 0.019 | 0.019 | 0.018 | 0.014 | 11.01% |
| 毛里求斯 | 0.003 | 0.003 | 0.002 | 0.009 | 0.004 | 7.20% |
| 墨西哥 | 1.002 | 1.343 | 1.326 | 1.583 | 1.381 | 2.57% |
| 摩尔多瓦 | 0.070 | 0.053 | 0.066 | 0.058 | 0.062 | −1.06% |
| 蒙古国 | 0.032 | 0.034 | 0.037 | 0.039 | 0.037 | 1.16% |
| 荷兰 | 1.538 | 1.816 | 2.254 | 2.839 | 2.039 | 3.46% |
| 新西兰 | 0.494 | 0.595 | 0.669 | 0.854 | 0.655 | 3.09% |
| 挪威 | 1.007 | 1.005 | 1.038 | 1.181 | 1.047 | 0.89% |
| 巴基斯坦 | 0.247 | 0.424 | 0.598 | 1.483 | 0.637 | 10.47% |
| 巴拿马 | 0.010 | 0.015 | 0.019 | 0.025 | 0.018 | 5.03% |
| 巴拉圭 | 0.011 | 0.013 | 0.027 | 0.028 | 0.018 | 5.30% |
| 秘鲁 | 0.118 | 0.097 | 0.066 | 0.139 | 0.100 | 0.93% |
| 菲律宾 | 0.179 | 0.226 | 0.360 | 0.382 | 0.276 | 4.31% |
| 波兰 | 1.358 | 1.418 | 1.547 | 2.567 | 1.632 | 3.60% |
| 葡萄牙 | 0.372 | 0.539 | 0.935 | 1.050 | 0.725 | 5.93% |
| 罗马尼亚 | 0.428 | 0.412 | 0.408 | 0.402 | 0.420 | −0.35% |
| 俄罗斯 | 9.207 | 8.819 | 8.928 | 8.664 | 8.943 | −0.34% |
| 塞尔维亚 | 0.180 | 0.204 | 0.250 | 0.295 | 0.236 | 2.79% |
| 新加坡 | 0.689 | 0.939 | 1.234 | 1.456 | 1.088 | 4.25% |
| 斯洛伐克 | 0.336 | 0.302 | 0.332 | 0.352 | 0.318 | 0.27% |
| 斯洛文尼亚 | 0.114 | 0.147 | 0.220 | 0.248 | 0.175 | 4.40% |
| 南非 | 0.387 | 0.632 | 0.757 | 0.974 | 0.690 | 5.26% |
| 西班牙 | 1.990 | 2.881 | 3.327 | 3.607 | 2.985 | 3.36% |
| 斯里兰卡 | 0.053 | 0.044 | 0.056 | 0.059 | 0.054 | 0.54% |
| 瑞典 | 1.825 | 2.070 | 1.967 | 2.515 | 2.079 | 1.80% |
| 瑞士 | 1.219 | 1.383 | 1.783 | 2.205 | 1.624 | 3.35% |
| 泰国 | 0.390 | 0.584 | 1.055 | 2.296 | 0.966 | 10.35% |

**续表**

| 国家 | 2000 年 | 2006 年 | 2012 年 | 2018 年 | 平均值 | 年均增长率 |
|------|---------|---------|---------|---------|--------|------------|
| 特立尼达和多巴哥 | 0.009 | 0.016 | 0.021 | 0.034 | 0.020 | 7.82% |
| 突尼斯 | 0.070 | 0.197 | 0.347 | 0.401 | 0.267 | 10.19% |
| 土耳其 | 0.573 | 0.965 | 1.842 | 2.920 | 1.464 | 9.47% |
| 乌克兰 | 1.919 | 1.731 | 1.499 | 1.259 | 1.598 | −2.32% |
| 英国 | 6.722 | 8.297 | 8.373 | 9.525 | 8.269 | 1.96% |
| 美国 | 47.093 | 56.295 | 66.460 | 80.656 | 62.241 | 3.03% |
| 乌拉圭 | 0.054 | 0.054 | 0.071 | 0.073 | 0.063 | 1.72% |
| 乌兹别克斯坦 | 0.489 | 0.462 | 0.557 | 0.600 | 0.539 | 1.15% |
| 委内瑞拉 | 0.535 | 0.338 | 0.330 | 0.277 | 0.350 | −3.60% |
| 越南 | 0.635 | 0.894 | 1.184 | 1.459 | 1.036 | 4.73% |
| 平均 | 2.202 | 2.676 | 3.222 | 4.176 | 3.016 | 3.62% |

数据来源：UNESCO 数据库且根据作者整理计算

**（二）区域比较分析**

表 3-10 是按各区域类型划分的历年知识资本指数变化表，从表中可以看出：就经济发展水平而言，发达国家、发展中国家与转型国家的知识资本在整个时期总体均处于上升的趋势，其指数值分别从 2000 年的 5.128、0.870 和 0.741 上升到 2018 年的 7.780、3.692 和 0.789，年均增长率分别为 2.34%、8.36% 和 0.34%，其中只有发达国家整个时期知识资本指数的年均值高于样本国年均水平，而发展中国家和转型国家则低于样本国年均水平。从具体国别看，在整个时期，发达国家知识资本指数的年均值高于样本国年均水平（3.016）的国家有 9 个，分别是美国（62.241）、日本（35.805）、德国（13.019）、韩国（11.465）、英国（8.269）、法国（7.953）、加拿大（5.683）、澳大利亚（3.713）和意大利（3.512），数量占到了 27 个发达国家的 33.33%；在整个时期，发展中国家知识资本指数的年均值高于样本国年均水平的国家有 3 个，分别是中国（38.766）、巴西（5.909）和印度（5.091），数量占到了 33 个发展中国家的 0.09%；在整个时期，转型国家知识资本指数的年均值高于样本国年均水平的只有俄罗斯（8.943），数量占到了 24 个转型国家的 4.17%，其余 23 个转型国家知识资本指数的年均值都低于样

本国年均水平。

就合作关系而言,各类型国家的知识资本指数在整个时期均处于上升的趋势,二十国集团、金砖国家、上海合作组织和亚太经合组织的知识资本指数分别从 2000 年的 5.728、5.891、2.080 和 7.382 上升到 2018 年的 10.906、21.601、7.591 和 14.384,年均增长率分别为 3.64%、7.49%、7.46% 和 3.78%,二十国集团、金砖国家、上海合作组织和亚太经合组织整个时期知识资本指数的年均值均高于样本国年均水平。从具体国别看,在整个时期,二十国集团知识资本指数的年均值高于样本国年均水平的国家有 13 个,分别是美国(62.241)、中国(38.766)、日本(35.805)、德国(13.019)、韩国(11.465)、俄罗斯(8.943)、英国(8.269)、法国(7.953)、巴西(5.909)、加拿大(5.683)、印度(5.091)、澳大利亚(3.713)和意大利(3.512),数量占到了 29 个二十国集团的 44.83%;在整个时期,金砖国家知识资本指数的年均值高于样本国年均水平的国家有 4 个,分别是中国(38.766)、俄罗斯(8.943)、巴西(5.909)和印度(5.091),数量占到了 5 个金砖国家的 80%;在整个时期,上海合作组织成员知识资本指数的年均值高于样本国年均水平的国家有 3 个,分别是中国(38.766)、俄罗斯(8.943)和印度(5.091),数量占到了 14 个上海合作组织成员国的 21.43%;在整个时期,亚太经合组织成员知识资本指数的年均值高于样本国年均水平的国家有 7 个,分别是美国(62.241)、中国(38.766)、日本(35.805)、韩国(11.465)、俄罗斯(8.943)、加拿大(5.683)和澳大利亚(3.713),数量占到了 17 个亚太经合组织成员的 41.18%。

就联盟关系而言,欧盟、美盟、非盟和东盟(中国)的知识资本在整个时期均处于上升的趋势,其指数值分别从 2000 年的 1.470、3.624、0.263 和 2.473 上升到 2018 年的 2.311、6.325、0.709 和 12.737,年均增长率分别为 2.55%、3.14%、5.67 和 9.53%,其中只有美盟和东盟(中国)整个时期知识资本指数的年均值高于样本国年均水平,而欧盟和非盟则低于样本国年均水平。从具体国别看,在整个时期,欧盟知识资本指数的年均值高于样本国年均水平的国家有 4 个,分别是德国(13.019)、英国(8.269)、法国(7.953)和意大利(3.512),数量占到了 28 个欧盟成员国的 14.29%;在整个时期,美盟知识资本指数的年均值高于样本国年均水平的国家有 3 个,分别是美国(62.241)、巴西(5.909)和加拿大(5.683),数量占到了 16 个美盟成员国的 18.75%;在整个时期,5 个非盟成员国知识资本指数的年均值均低于样本国年均水平,分别是毛里求斯(0.004)、突尼斯(0.267)、阿尔及利亚(0.335)、南非(0.690)和埃及(0.979);在整个时期,东盟

(中国)知识资本指数的年均值高于样本国年均水平的国家只有中国(38.766),数量占到了7个东盟(中国)成员国的14.29%。

就伙伴关系而言,CPTPP、NAFTA和RCEP成员的知识资本在整个时期均处于上升的趋势,其指数值分别从2000年的4.788、17.625和5.734上升到2018年的5.335、29.457和13.356,年均增长率分别为0.60%、2.89%和4.81%,CPTPP、NAFTA和RCEP成员国整个时期知识资本指数的年均值均高于样本国年均水平。从具体国别看,在整个时期,CPTPP成员国知识资本指数的年均值高于样本国年均水平的国家有3个,分别是日本(35.805)、加拿大(5.683)和澳大利亚(3.713),数量占到了10个CPTPP成员国的30%;在整个时期,NAFTA成员国知识资本指数的年均值高于样本国年均水平的国家有2个,分别是美国(62.241)和加拿大(5.683),数量占到了3个NAFTA成员国的66.67%;在整个时期,RCEP成员国知识资本指数的年均值高于样本国年均水平的国家有4个,分别是中国(38.766)、日本(35.805)、韩国(11.465)和澳大利亚(3.713),数量占到了11个RCEP成员国的36.36%。

就"一带一路"沿线而言,东(南)亚、东南亚、西亚和中东欧国家的知识资本指数在整个时期均处于上升的趋势,其指数值分别从2000年的3.416、0.522、0.528和0.377上升到2018年的18.011、1.541、1.350和0.534,年均增长率分别为9.68%、6.20%、5.35%和1.95%,而独联体国家的知识资本指数在整个时期则处于逐步下降的趋势,其指数值从2000年的1.285下降到2018年的1.217,年均增长率为-0.41%,其中只有东(南)亚国家整个时期知识资本指数的年均值高于样本国年均水平,而其余四类沿线国家均低于样本国年均水平。从具体国别看,在整个时期,东(南)亚国家知识资本指数的年均值高于样本国年均水平的有2个,分别是中国(38.766)和印度(5.091),数量占到了5个东(南)亚国家的40%,其余国家如巴基斯坦(0.637)、斯里兰卡(0.054)和蒙古国(0.037)知识资本指数的年均值都低于样本国年均水平。在整个时期,6个东南亚国家知识资本指数的年均值都低于样本国年均水平,其指数值分别为新加坡(1.088)、越南(1.036)、马来西亚(0.970)、泰国(0.966)、印度尼西亚(0.859)和菲律宾(0.276);在整个时期,8个西亚国家知识资本指数的年均值都低于样本国年均水平,其指数值分别为以色列(1.817)、土耳其(1.164)、伊朗(1.403)、埃及(0.979)、希腊(0.525)、约旦(0.222)、伊拉克(0.156)和塞浦路斯(0.015);在整个时期,13个中东欧国家知识资本指数的年均值都低于样本国年均水平,其指数值分别为波兰(1.632)、捷克(0.786)、匈牙利(0.694)、罗马尼亚(0.420)、斯洛伐克(0.318)、立陶宛(0.277)、保加利亚(0.252)、塞尔维亚(0.236)、克罗地亚(0.183)、斯洛文尼亚(0.175)、爱沙尼亚(0.149)、拉脱维亚(0.133)和马其顿(0.048);在整个时期,独联体国家知识资本指数的年均值高于样本国年均水平的只有俄罗斯(8.943),数量占到了 10 个独联体国家的 10%,其余国家如乌克兰(1.598)、乌兹别克斯坦(0.539)、白俄罗斯(0.398)、哈萨克斯坦(0.309)、阿塞拜疆(0.237)、格鲁吉亚(0.157)、亚美尼亚(0.083)、摩尔多瓦(0.062)和吉尔吉斯斯坦(0.045)知识资本指数的年均值都低于样本国年均水平。

表 3-10　历年知识资本的区域比较

| 区域 | 划分 | 2000 年 | 2006 年 | 2012 年 | 2018 年 | 年均值 | 年均增长率 |
|---|---|---|---|---|---|---|---|
| 经济发展水平 | 发达国家 | 5.128 | 5.934 | 6.731 | 7.780 | 6.363 | 2.34% |
| | 发展中国家 | 0.870 | 1.437 | 2.161 | 3.692 | 1.934 | 8.36% |
| | 转型国家 | 0.741 | 0.714 | 0.734 | 0.789 | 0.738 | 0.34% |
| 合作关系 | 二十国集团 | 5.728 | 7.032 | 8.462 | 10.906 | 7.903 | 3.64% |
| | 金砖国家 | 5.891 | 9.158 | 13.154 | 21.601 | 11.880 | 7.49% |
| | 上海合作组织 | 2.080 | 3.202 | 4.552 | 7.591 | 4.143 | 7.46% |
| | 亚太经合组织 | 7.382 | 9.082 | 10.927 | 14.384 | 10.251 | 3.78% |
| 联盟关系 | 欧盟 | 1.470 | 1.707 | 1.953 | 2.311 | 1.843 | 2.55% |
| | 美盟 | 3.624 | 4.355 | 5.199 | 6.325 | 4.847 | 3.14% |
| | 非盟 | 0.263 | 0.386 | 0.495 | 0.709 | 0.455 | 5.67% |
| | 东盟(中国) | 2.473 | 4.543 | 7.024 | 12.737 | 6.280 | 9.53% |
| 伙伴关系 | CPTPP | 4.788 | 5.049 | 5.121 | 5.335 | 5.075 | 0.60% |
| | NAFTA | 17.625 | 21.073 | 24.595 | 29.457 | 23.102 | 2.89% |
| | RCEP | 5.734 | 7.451 | 9.332 | 13.356 | 8.691 | 4.81% |
| "一带一路"沿线 | 东(南)亚 | 3.416 | 6.493 | 9.980 | 18.011 | 8.917 | 9.68% |
| | 东南亚 | 0.522 | 0.623 | 0.980 | 1.541 | 0.866 | 6.20% |
| | 西亚 | 0.528 | 0.680 | 0.886 | 1.350 | 0.823 | 5.35% |
| | 中东欧 | 0.377 | 0.373 | 0.409 | 0.534 | 0.408 | 1.95% |
| | 独联体 | 1.285 | 1.225 | 1.228 | 1.195 | 1.237 | −0.41% |
| 样本国平均 | | 2.202 | 2.676 | 3.222 | 4.176 | 3.016 | 3.62% |

数据来源:UNESCO 数据库且根据作者整理计算

# 第四章　国际知识资本测度与发展趋势比较分析:基于数字贸易渠道

## 第一节　基于数字贸易渠道溢出的国际知识资本测度

### 一、数字贸易衡量指标的确定

一些相关研究指出,数字贸易是一种以信息通信技术(Information Communications Technology,即 ICT)为载体的贸易模式(Fefer et. al. ,2017)。ICT 产业的发展,为一国数字贸易的发展及其与各产业的融合提供了软硬件支持,它可以有效地反映一国数字贸易发展的进步程度和潜力,是数字贸易发展的重要保障和必要因素。

在具体指标的选取上,王冬等(2016)选择通信设备和计算机贸易作为 ICT 产品贸易的代理指标,Zhang(2021)选择 ICT 服务贸易和 ICT 产品贸易作为一国数字贸易发展水平的代理指标,Rhee 等(2022)选择 ICT 产品进口贸易和 ICT 产品出口贸易作为数字贸易的代理指标。上述这些衡量方法的缺陷在于:首先,根据联合国贸易和发展会议(UNCTAD)的定义,ICT 产品包括如下五类,即计算机及其周边设备、通信设备、消费类电子设备、电子元器件和其他。王冬等(2016)文章中的 ICT 产品贸易只包含了前两类因而不够全面;其次,由于双边 ICT 服务贸易数据的缺失,同时考虑到国际知识资本更多的是通过产品贸易渠道进行溢出的,因而 Zhang(2021)的衡量方法不适用本书对数字贸易溢出渠道的衡量,同时 Zhang(2021)在文章中也没有区分 ICT 贸易的进口和出口;最后,Rhee 等(2022)的方法虽然以 ICT 产品贸易作为数字贸易的衡量指标,同时也区分了 ICT 产品的进口和出口两个方面,但他们仅将这两方面贸易作为单独变量纳入实证模型,没有考虑 ICT 产品进口和出口渠道的溢出效应。

在上述学者的基础上,同时结合本书的研究目的,我们选择 ICT 产品贸易作为数字贸易的衡量指标,并且通过划分 ICT 产品进口贸易和 ICT 产品出口贸易来测度和比较分析各国(各区域)通过这两个渠道溢出的国际知识资本。

## 二、国际知识资本的测度:基于数字贸易渠道

对通过贸易渠道溢出的国际知识资本的衡量,现有文献通常只专注于国外研发资本的溢出上,同时在加权方法的选择上主要集中于 CH 加权法和 LP 加权法。CH 将国际知识资本溢出定义为用双边进口份额加权的贸易伙伴国的国内研发资本存量之和,其计算公式为:

$$RC_{it}^{im-CH} = \sum_{j \neq i} (M_{ijt}/M_{it}) RC_{jt} \qquad (4.1)$$

其中,$RC_{it}^{im-CH}$ 表示运用 CH 加权法测算得到的基于进口渠道溢出的国际研发资本,$M_{ijt}$ 表示国家 $i$ 在时期 $t$ 从国家 $j$ 的进口,$M_{it}$ 表示国家 $i$ 在时期 $t$ 从贸易伙伴国的总进口,$RC_{jt}$ 表示国家 $j$ 在时期 $t$ 的研发资本存量。在该加权法下,溢出接收国 $i$ 的国际研发资本 $RC_{it}^{im-CH}$ 是其贸易伙伴国研发资本的加权平均和,而权重是由该国与各贸易伙伴国的双边进口份额 $M_{ijt}/M_{it}$ 决定的。但 Lichtenberg 和 de la Potterie(1998,即 LP)指出 CH 加权法存在着加总偏误问题,即贸易伙伴国合并通常会增加东道国的国际研发资本。为了纠正这种偏误,他们提出用 LP 加权法来测算基于进口的国际研发资本,其计算公式为:

$$RC_{it}^{im-LP} = \sum_{j \neq i} (M_{ijt}/Y_{it}) RC_{jt} \qquad (4.2)$$

其中,$RC_{it}^{im-LP}$ 是运用 LP 加权法测算得到的基于进口渠道溢出的国际研发资本,$Y_{it}$ 是国家 $j$ 在时期 $t$ 的 GDP,其他变量的含义与式(4.1)相同。LP 认为这样设定从理论上来说偏误性更小,而且从某种程度上也更符合实际情况。但是,Kwark 和 Shyn(2006,即 KS)随后指出 LP 加权法存在着拥挤效应问题,即如果越多国家与第三方国家发生贸易往来,第三方国家的研发资本溢出给每一接收国的数量就会减少,LP 加权法更多的是反映溢出来源国的贸易模式而不是接收国的贸易强度。他们主张用溢出来源国的出口份额作为权重系数来测算基于进口渠道溢出的国际研发资本存量(即 KS 加权法),这样不仅可以解决加总偏误问题,而且还可以不受溢出来源国贸易模式的束缚,其计算公式为:

$$RC_{it}^{im-KS} = \sum_{j \neq i} (X_{ijt}/X_{it}) RC_{jt} \qquad (4.3)$$

其中,$RC_{it}^{im-KS}$ 是运用 KS 加权法测算得到的基于进口渠道溢出的国际研发资本,$X_{jt}$ 为国家 $j$ 在时期 $t$ 对贸易伙伴国的总出口;$X_{jit}$ 为国家 $j$ 在时期 $t$ 对溢出接收国 $i$ 的出口。

基于以上分析,本节利用 KS 加权法的思路以及借鉴程惠芳和陈超(2016)的做法,测度基于数字进口渠道和数字出口渠道溢出的国际知识资本,计算公式可以表示为:

$$RC_{it}^{dim} = \sum (IM_{ijt}/EX_{jt})KC_{jt}^{d}(i \neq j) \tag{4.4}$$

$$RC_{it}^{dex} = \sum (EX_{ijt}/IM_{jt})KC_{jt}^{d}(i \neq j) \tag{4.5}$$

其中,$dim$ 和 $dex$ 分别表示数字进口贸易和数字出口贸易的符号;$KC_{jt}^{d}$ 表示国家 $j$ 第 $t$ 年的国内知识资本;$KC_{it}^{dim}$ 和 $KC_{it}^{dex}$ 分别表示国家 $i$ 第 $t$ 年通过数字进口渠道和数字出口渠道溢出的国际知识资本,$IM_{ijt}$ 表示国家 $i$ 第 $t$ 年从国家 $j$ 的数字产品进口,$RX_{jt}$ 表示国家 $j$ 第 $t$ 年对贸易伙伴国的总数字产品出口,$EX_{ijt}$ 表示国家 $i$ 第 $t$ 年对国家 $j$ 的数字产品出口,$IM_{jt}$ 为国家 $j$ 第 $t$ 年对贸易伙伴国总数字产品进口。

## 第二节　发展趋势的比较分析

在对各国数字进口溢出知识资本和数字出口溢出知识资本进行测算与比较分析之前,本节先对各国历年的数字进口贸易和数字出口贸易进行比较分析,以更好地了解各国数字贸易发展的现状与趋势,加深对下文所分析的基于数字贸易渠道溢出知识资本的认识和理解。

### 一、数字进口贸易

#### (一)样本国整体层面比较分析

表 4-1 是世界各国历年数字进口贸易的发展变化表,表中可以看出,2000—2018 年,样本国家整体层面的数字进口贸易一直处于上升的趋势,其数值从 2000 年的 110.18 亿美元上升到 2018 年的 248.29 亿美元,年均增长率为 4.62%。从各国看,在整个时期,数字进口贸易年均值高于样本国年均水平(173.62亿美元)的国家有 17 个,占 84 个样本国家数量的 20.24%,具体是美国(2643.08 亿美元)、中国(2568.04 亿美元)、德国(873.42 亿美元)、日本(744.27

亿美元)、新加坡(706.44 亿美元)、英国(573.56 亿美元)、荷兰(560.03 亿美元)、墨西哥(498.30 亿美元)、韩国(488.10 亿美元)、马来西亚(426.45 亿美元)、法国(395.92 亿美元)、加拿大(297.84 亿美元)、意大利(250.74 亿美元)、泰国(235.07 亿美元)、印度(203.43 亿美元)、菲律宾(188.29 亿美元)和西班牙(184.31 亿美元);低于样本国年均水平的国家有 67 个,占 84 个样本国家数量的 79.76%,表明样本国家数字进口贸易的发展水平总体低下,数值最低的 10 个国家分别是毛里求斯(2.71 亿美元)、格鲁吉亚(2.65 亿美元)、冰岛(2.58 亿美元)、阿塞拜疆(2.34 亿美元)、特立尼达和多巴哥(2.25 亿美元)、马其顿(2.10 亿美元)、亚美尼亚(1.26 亿美元)、摩尔多瓦(1.22 亿美元)、蒙古国(1.20 亿美元)和吉尔吉斯斯坦(0.94 亿美元)。中国数字进口贸易的年均值为 2568.04 亿美元,在 84 个样本国中位列第 2 位,且数字进口贸易的年均增长率为 14.04%,位列第 9 位。

表 4-1 各国历年数字进口贸易金额　　　　　　单位:亿美元

| 国家 | 2000 年 | 2006 年 | 2012 年 | 2018 年 | 平均值 | 年均增长率 |
|---|---|---|---|---|---|---|
| 阿尔及利亚 | 3.94 | 12.62 | 20.28 | 17.67 | 15.94 | 8.70% |
| 阿根廷 | 34.90 | 39.96 | 56.49 | 49.53 | 41.63 | 1.96% |
| 亚美尼亚 | 0.59 | 1.14 | 1.57 | 2.62 | 1.26 | 8.62% |
| 澳大利亚 | 107.81 | 157.90 | 222.62 | 243.96 | 172.16 | 4.64% |
| 奥地利 | 63.05 | 93.05 | 87.23 | 96.82 | 83.85 | 2.41% |
| 阿塞拜疆 | 0.96 | 2.28 | 3.20 | 5.24 | 2.34 | 9.91% |
| 白俄罗斯 | 1.91 | 5.82 | 11.32 | 13.85 | 7.38 | 11.63% |
| 比利时 | 127.89 | 146.68 | 102.04 | 109.34 | 123.92 | −0.87% |
| 巴西 | 75.83 | 113.12 | 204.55 | 167.03 | 133.81 | 4.48% |
| 保加利亚 | 2.92 | 12.24 | 20.31 | 19.15 | 13.08 | 11.02% |
| 加拿大 | 314.24 | 306.95 | 338.57 | 332.76 | 297.84 | 0.32% |
| 智利 | 16.94 | 32.83 | 57.45 | 60.13 | 38.95 | 7.29% |
| 中国 | 454.54 | 2063.25 | 3555.63 | 4840.95 | 2568.04 | 14.04% |
| 哥伦比亚 | 10.59 | 31.20 | 52.12 | 50.73 | 35.79 | 9.10% |

续表

| 国家 | 2000 年 | 2006 年 | 2012 年 | 2018 年 | 平均值 | 年均增长率 |
|---|---|---|---|---|---|---|
| 哥斯达黎加 | 10.01 | 26.97 | 33.62 | 12.65 | 20.50 | 1.31% |
| 克罗地亚 | 4.10 | 12.93 | 9.06 | 13.52 | 10.66 | 6.85% |
| 塞浦路斯 | 2.66 | 5.26 | 3.03 | 3.78 | 3.66 | 1.97% |
| 捷克 | 31.18 | 126.65 | 205.83 | 302.00 | 161.80 | 13.44% |
| 丹麦 | 55.32 | 79.99 | 73.74 | 71.40 | 69.35 | 1.43% |
| 埃及 | 5.82 | 8.67 | 23.96 | 41.79 | 17.87 | 11.57% |
| 萨尔瓦多 | 1.42 | 3.34 | 5.03 | 6.04 | 3.99 | 8.37% |
| 爱沙尼亚 | 6.59 | 14.44 | 21.16 | 16.81 | 14.05 | 5.34% |
| 芬兰 | 56.35 | 92.61 | 52.57 | 57.47 | 61.49 | 0.11% |
| 法国 | 359.88 | 463.26 | 416.89 | 404.57 | 395.92 | 0.65% |
| 格鲁吉亚 | 0.43 | 2.22 | 3.87 | 4.74 | 2.65 | 14.21% |
| 德国 | 582.83 | 1007.66 | 910.72 | 1105.57 | 873.42 | 3.62% |
| 希腊 | 21.92 | 36.16 | 31.76 | 28.95 | 29.44 | 1.56% |
| 危地马拉 | 4.13 | 8.30 | 9.60 | 12.06 | 8.23 | 6.13% |
| 匈牙利 | 64.82 | 141.59 | 153.38 | 146.52 | 132.95 | 4.63% |
| 冰岛 | 2.34 | 2.92 | 1.95 | 4.44 | 2.58 | 3.64% |
| 印度 | 28.86 | 136.33 | 259.70 | 465.96 | 203.43 | 16.71% |
| 印度尼西亚 | 7.01 | 21.37 | 135.65 | 145.37 | 76.97 | 18.35% |
| 伊朗 | 5.13 | 5.72 | 37.48 | 20.29 | 21.37 | 7.94% |
| 伊拉克 | 0.03 | 6.41 | 38.07 | 54.15 | 15.65 | 50.88% |
| 爱尔兰 | 166.12 | 177.56 | 57.20 | 86.58 | 113.00 | −3.56% |
| 以色列 | 50.49 | 45.78 | 64.75 | 68.05 | 53.40 | 1.67% |
| 意大利 | 208.98 | 276.45 | 253.43 | 248.14 | 250.74 | 0.96% |
| 日本 | 614.85 | 717.04 | 907.31 | 893.77 | 744.27 | 2.10% |
| 约旦 | 2.06 | 7.34 | 7.51 | 9.63 | 6.92 | 8.96% |
| 哈萨克斯坦 | 0.00 | 8.44 | 25.89 | 20.17 | 12.61 | 62.22% |
| 韩国 | 346.44 | 429.25 | 508.74 | 747.82 | 488.10 | 4.37% |

续表

| 国家 | 2000 年 | 2006 年 | 2012 年 | 2018 年 | 平均值 | 年均增长率 |
|---|---|---|---|---|---|---|
| 吉尔吉斯斯坦 | 0.20 | 1.06 | 1.26 | 2.04 | 0.94 | 13.87% |
| 拉脱维亚 | 2.09 | 7.19 | 9.59 | 15.34 | 8.44 | 11.71% |
| 立陶宛 | 2.66 | 11.66 | 11.72 | 17.83 | 10.85 | 11.16% |
| 卢森堡 | 12.17 | 13.68 | 9.90 | 10.07 | 11.08 | −1.05% |
| 马其顿 | 0.71 | 1.50 | 2.61 | 3.26 | 2.10 | 8.82% |
| 马来西亚 | 337.35 | 472.96 | 453.60 | 544.49 | 426.45 | 2.70% |
| 马耳他 | 14.40 | 12.65 | 8.59 | 4.72 | 8.57 | −6.01% |
| 毛里求斯 | 1.10 | 4.26 | 2.95 | 3.45 | 2.71 | 6.56% |
| 墨西哥 | 312.18 | 449.20 | 612.02 | 703.88 | 498.30 | 4.62% |
| 摩尔多瓦 | 0.40 | 0.89 | 1.74 | 2.33 | 1.22 | 10.28% |
| 蒙古国 | 0.31 | 0.78 | 1.77 | 2.55 | 1.20 | 12.51% |
| 荷兰 | 407.61 | 627.16 | 625.42 | 687.14 | 560.03 | 2.94% |
| 新西兰 | 16.44 | 24.01 | 29.34 | 31.87 | 25.13 | 3.75% |
| 挪威 | 33.88 | 54.80 | 61.77 | 58.29 | 51.75 | 3.06% |
| 巴基斯坦 | 3.92 | 25.66 | 19.09 | 23.61 | 16.19 | 10.49% |
| 巴拿马 | 2.58 | 14.21 | 13.21 | 15.69 | 9.98 | 10.56% |
| 巴拉圭 | 2.24 | 15.14 | 22.08 | 20.75 | 14.18 | 13.15% |
| 秘鲁 | 6.59 | 13.26 | 33.04 | 35.86 | 21.70 | 9.87% |
| 菲律宾 | 140.93 | 238.93 | 161.74 | 253.74 | 188.29 | 3.32% |
| 波兰 | 44.99 | 108.56 | 156.89 | 228.03 | 132.35 | 9.44% |
| 葡萄牙 | 30.81 | 60.79 | 36.40 | 53.45 | 44.87 | 3.11% |
| 罗马尼亚 | 12.87 | 33.05 | 47.58 | 69.87 | 41.64 | 9.85% |
| 俄罗斯 | 12.46 | 119.93 | 237.06 | 237.98 | 144.15 | 17.81% |
| 塞尔维亚 | 1.43 | 7.82 | 7.18 | 9.38 | 6.89 | 11.01% |
| 新加坡 | 549.03 | 270.16 | 888.95 | 985.93 | 706.44 | 3.31% |
| 斯洛伐克 | 7.64 | 41.49 | 98.58 | 127.73 | 73.75 | 16.94% |
| 斯洛文尼亚 | 5.59 | 9.95 | 10.15 | 13.32 | 10.02 | 4.94% |

续表

| 国家 | 2000 年 | 2006 年 | 2012 年 | 2018 年 | 平均值 | 年均增长率 |
|---|---|---|---|---|---|---|
| 南非 | 32.91 | 69.16 | 77.81 | 73.29 | 62.28 | 4.55% |
| 西班牙 | 133.78 | 242.23 | 151.53 | 193.86 | 184.31 | 2.08% |
| 斯里兰卡 | 2.77 | 5.06 | 6.65 | 10.21 | 5.46 | 7.52% |
| 瑞典 | 104.71 | 139.21 | 164.01 | 156.45 | 135.66 | 2.26% |
| 瑞士 | 81.25 | 91.04 | 107.82 | 108.85 | 95.80 | 1.64% |
| 泰国 | 145.91 | 225.10 | 292.60 | 333.51 | 235.07 | 4.70% |
| 特立尼达和多巴哥 | 1.19 | 3.43 | 2.60 | 1.77 | 2.25 | 2.25% |
| 突尼斯 | 3.16 | 8.36 | 14.18 | 11.95 | 9.55 | 7.67% |
| 土耳其 | 55.13 | 77.32 | 98.91 | 94.64 | 84.69 | 3.05% |
| 乌克兰 | 3.49 | 14.35 | 31.92 | 33.14 | 16.31 | 13.32% |
| 英国 | 699.70 | 843.13 | 503.13 | 542.76 | 573.56 | −1.40% |
| 美国 | 2150.35 | 2583.71 | 2991.49 | 3552.58 | 2643.08 | 2.83% |
| 乌拉圭 | 2.32 | 2.83 | 6.55 | 6.04 | 4.32 | 5.46% |
| 乌兹别克斯坦 | 0.70 | 2.18 | 4.30 | 5.73 | 2.71 | 12.39% |
| 委内瑞拉 | 12.04 | 34.46 | 36.28 | 2.70 | 20.38 | −7.97% |
| 越南 | 6.88 | 29.19 | 184.15 | 564.02 | 158.49 | 27.74% |
| 平均 | 110.18 | 165.42 | 205.04 | 248.29 | 173.62 | 4.62% |

数据来源:UNCTAD 数据库且根据作者整理计算。

(二)区域比较分析

表 4-2 是按各区域类型划分的历年数字进口贸易变化表,从表中可以看出:就经济发展水平而言,各类型国家的数字进口贸易在整个时期均处于上升的趋势,发达国家、发展中国家和转型国家的数字进口贸易分别从 2000 年的 270.40 亿美元、52.87 亿美元和 8.71 亿美元上升到 2018 年的 403.14 亿美元、262.37 亿美元和 54.71 亿美元,年均增长率分别为 2.24%、9.31% 和 10.75%,其中只有发达国家整个时期数字进口贸易的年均值高于样本国年均水平,而发展中国家和转型国家则低于样本国年均水平。从具体国别看,在整个时期,发达国家数字进口贸易的年均值高于样本国年均水平(173.62 亿美元)的国家有 11 个,分

别是美国(2643.08亿美元)、德国(873.42亿美元)、日本(744.27亿美元)、新加坡(706.44亿美元)、英国(573.56亿美元)、荷兰(560.03亿美元)、韩国(488.10亿美元)、法国(395.92亿美元)、加拿大(297.84亿美元)、意大利(250.74亿美元)和西班牙(184.31亿美元)，数量占到了27个发达国家的40.74%；在整个时期，发展中国家数字进口贸易的年均值高于样本国年均水平的国家有6个，分别是中国(2568.04亿美元)、墨西哥(498.30亿美元)、马来西亚(426.45亿美元)、泰国(235.07亿美元)、印度(203.43亿美元)和菲律宾(188.29亿美元)，数量占到了33个发展中国家的18.18%；在整个时期，24个转型国家数字进口贸易的年均值都低于样本国年均水平，数值最低的5个国家分别是吉尔吉斯斯坦(0.94亿美元)、蒙古国(1.20亿美元)、摩尔多瓦(1.22亿美元)、亚美尼亚(1.26亿美元)和马其顿(2.10亿美元)。

就合作关系而言，各类型国家的数字进口贸易在整个时期均处于上升的趋势，二十国集团、金砖国家、上海合作组织和亚太经合组织的数字进口贸易分别从2000年的261.07亿美元、120.92亿美元、40.53亿美元和325.88亿美元上升到2018年的564.75亿美元、1157.04亿美元、410.42亿美元和853.45亿美元，年均增长率分别为4.38%、13.37%、13.73%和5.49%，二十国集团、金砖国家、上海合作组织和亚太经合组织整个时期数字进口贸易的年均值都高于样本国年均水平。从具体国别看，在整个时期，二十国集团数字进口贸易的年均值高于样本国年均水平的国家有13个，分别是美国(2643.08亿美元)、中国(2568.04亿美元)、德国(873.42亿美元)、日本(744.27亿美元)、英国(573.56亿美元)、荷兰(560.03亿美元)、墨西哥(498.30亿美元)、韩国(488.10亿美元)、法国(395.92亿美元)、加拿大(297.84亿美元)、意大利(250.74亿美元)、印度(203.43亿美元)和西班牙(184.31亿美元)，数量占到了29个二十国集团的44.83%；在整个时期，金砖国家数字进口贸易的年均值高于样本国年均水平的国家有2个，分别是中国(2568.04亿美元)和印度(203.43亿美元)，数量占到了5个金砖国家的40%；在整个时期，上海合作组织成员数字进口贸易的年均值高于样本国年均水平的国家有2个，分别是中国(2568.04亿美元)和印度(203.43亿美元)，数量占到了14个上海合作组织成员的14.29%；在整个时期，亚太经合组织成员数字进口贸易的年均值高于样本国年均水平的国家有10个，分别是美国(2643.08亿美元)、中国(2568.04亿美元)、日本(744.27亿美元)、新加坡(706.44亿美元)、墨西哥(498.30亿美元)、韩国(488.10亿美元)、马来西亚(426.45亿美元)、加拿大(297.84亿美元)、泰国(235.07亿美元)和菲律宾(188.29亿美元)，数量占到了 17 个亚太经合组织成员的 58.82%。

就联盟关系而言,各类型国家的数字进口贸易在整个时期均处于上升的趋势,欧盟、美盟、非盟和东盟(中国)的数字进口贸易分别从 2000 年的 115.49 亿美元、184.85 亿美元、9.39 亿美元和 234.52 亿美元上升到 2018 年的 172.54 亿美元、314.39 亿美元、29.63 亿美元和 1095.43 亿美元,年均增长率分别为 2.26%、2.99%、6.60%和 8.94%,其中只有美盟和东盟(中国)整个时期数字进口贸易的年均值高于样本国年均水平,而欧盟和非盟则低于样本国年均水平。从具体国别看,在整个时期,欧盟数字进口贸易的年均值高于样本国年均水平的国家有 5 个,分别是德国(873.42 亿美元)、英国(573.56 亿美元)、荷兰(560.03 亿美元)、法国(395.92 亿美元)和意大利(250.74 亿美元),数量占到了 28 个欧盟成员国的 17.86%;在整个时期,美盟数字进口贸易的年均值高于样本国年均水平的国家有 3 个,分别是美国(2643.08 亿美元)、墨西哥(498.30 亿美元)和加拿大(297.84 亿美元),数量占到了 16 个美盟成员国的 18.75%;在整个时期,5 个非盟成员国数字进口贸易的年均值都低于样本国年均水平,分别是毛里求斯(2.71亿美元)、突尼斯(9.55 亿美元)、阿尔及利亚(15.94 亿美元)、埃及(17.87 亿美元)和南非(62.28 亿美元);在整个时期,东盟(中国)数字进口贸易的年均值高于样本国年均水平的国家有 5 个,分别是中国(2568.04 亿美元)、新加坡(706.44 亿美元)、马来西亚(426.45 亿美元)、泰国(235.07 亿美元)和菲律宾(188.29 亿美元),数量占到了 7 个东盟(中国)成员国的 71.43%。

就伙伴关系而言,各类型国家的数字进口贸易在整个时期均处于上升的趋势,CPTPP、NAFTA 和 RCEP 成员的数字进口贸易分别从 2000 年的 228.23 亿美元、925.59 亿美元和 247.92 亿美元上升到 2018 年的 439.67 亿美元、1529.74 亿美元和 871.10 亿美元,年均增长率分别为 3.71%、2.83%和7.23%,CPTPP、NAFTA 和 RCEP 成员国整个时期数字进口贸易的年均值均高于样本国年均水平。从具体国别看,在整个时期,CPTPP 成员国数字进口贸易的年均值高于样本国年均水平的国家有 5 个,分别是日本(744.27 亿美元)、新加坡(706.44 亿美元)、墨西哥(498.30 亿美元)、马来西亚(426.45 亿美元)和加拿大(297.84 亿美元),数量占到了 10 个 CPTPP 成员国的 50%;在整个时期,3 个 NAFTA 成员国数字进口贸易的年均值都高于样本国年均水平,其值分别是美国(2643.08 亿美元)、墨西哥(498.30 亿美元)和加拿大(297.84 亿美元),数量占到了 3 个 NAFTA 成员国的 100%;在整个时期,RCEP 成员国数字进口贸易的年均值高于样本国年均水平的国家有 7 个,分别是中国(2568.04 亿美元)、日本（744.27亿美元）、新加坡（706.44亿美元）、韩国（488.10亿美元）、马来西亚（426.45亿美元）、泰国（235.07亿美元）和菲律宾（188.29亿美元），数量占到了11个RECP成员国的63.64%。

就"一带一路"沿线而言，各类型国家的数字进口贸易在整个时期均处于上升的趋势，东（南）亚、东南亚、西亚、中东欧和独联体的数字进口贸易分别从2000年的98.08亿美元、197.85亿美元、17.91亿美元、14.43亿美元和2.11亿美元上升到2018年的1068.66亿美元、471.18亿美元、40.16亿美元、75.60亿美元和32.78亿美元，年均增长率分别为14.19%、4.94%、4.59%、9.64%和16.45%，其中只有东（南）亚和东南亚国家整个时期数字进口贸易的年均值高于样本国年均水平，而西亚、中东欧和独联体均低于样本国年均水平。从具体国别看，在整个时期，东（南）亚国家数字进口贸易的年均值高于样本国年均水平的有2个，分别是中国（2568.04亿美元）和印度（203.43亿美元），数量占到了5个东（南）亚国家的40%，其余国家如巴基斯坦（16.19亿美元）、斯里兰卡（5.46亿美元）和蒙古国（1.20亿美元）数字进口贸易的年均值都低于样本国年均水平；在整个时期，东南亚国家数字进口贸易的年均值高于样本国年均水平的有4个，分别是新加坡（706.44亿美元）、马来西亚（426.45亿美元）、泰国（235.07亿美元）和菲律宾（188.29亿美元），数量占到了6个东南亚国家的66.67%，其余国家如越南（158.49亿美元）和印度尼西亚（76.97亿美元）数字进口贸易的年均值都低于样本国年均水平；在整个时期，8个西亚国家数字进口贸易的年均值都低于样本国年均水平，其数值分别为土耳其（84.69亿美元）、以色列（53.40亿美元）、希腊（29.44亿美元）、伊朗（21.37亿美元）、埃及（17.87亿美元）、伊拉克（15.65亿美元）、约旦（6.92亿美元）和塞浦路斯（3.66亿美元）；在整个时期，13个中东欧国家数字进口贸易的年均值都低于样本国年均水平，其数值分别为捷克（161.80亿美元）、匈牙利（132.95亿美元）、波兰（132.35亿美元）、斯洛伐克（73.75亿美元）、罗马尼亚（41.64亿美元）、爱沙尼亚（14.05亿美元）、保加利亚（13.08亿美元）、立陶宛（10.85亿美元）、克罗地亚（10.66亿美元）、斯洛文尼亚（10.02亿美元）、拉脱维亚（8.44亿美元）、塞尔维亚（6.89亿美元）和马其顿（2.10亿美元）；在整个时期，10个独联体国家数字进口贸易的年均值都低于样本国年均水平，其数值分别为俄罗斯（144.15亿美元）、乌克兰（16.31亿美元）、哈萨克斯坦（12.61亿美元）、白俄罗斯（7.38亿美元）、乌兹别克斯坦（2.71亿美元）、格鲁吉亚（2.65亿美元）、阿塞拜疆（2.34亿美元）、亚美尼亚（1.26亿美元）、摩尔多瓦（1.22亿美元）和吉尔吉斯斯坦（0.95亿美元）。

表 4-2　历年数字进口贸易的区域比较　　　　　　　　单位:亿美元

| 区域 | 划分 | 2000 年 | 2006 年 | 2012 年 | 2018 年 | 年均值 | 年均增长率 |
|---|---|---|---|---|---|---|---|
| 经济发展水平 | 发达国家 | 270.40 | 332.91 | 355.64 | 403.14 | 325.73 | 2.24% |
| | 发展中国家 | 52.87 | 127.84 | 198.28 | 262.37 | 150.85 | 9.31% |
| | 转型国家 | 8.71 | 28.67 | 44.91 | 54.71 | 33.81 | 10.75% |
| 合作关系 | 二十国集团 | 261.07 | 398.64 | 471.01 | 564.75 | 401.67 | 4.38% |
| | 金砖国家 | 120.92 | 500.36 | 866.95 | 1157.04 | 622.34 | 13.37% |
| | 上海合作组织 | 40.53 | 175.35 | 304.56 | 410.42 | 219.41 | 13.73% |
| | 亚太经合组织 | 325.88 | 479.71 | 682.94 | 853.45 | 554.91 | 5.49% |
| 联盟关系 | 欧盟 | 115.49 | 172.76 | 151.14 | 172.54 | 147.59 | 2.26% |
| | 美盟 | 184.85 | 229.93 | 279.67 | 314.39 | 237.18 | 2.99% |
| | 非盟 | 9.39 | 20.61 | 27.84 | 29.63 | 21.67 | 6.60% |
| | 东盟(中国) | 234.52 | 474.42 | 810.33 | 1095.43 | 622.82 | 8.94% |
| 伙伴关系 | CPTPP | 228.23 | 247.35 | 372.71 | 439.67 | 308.97 | 3.71% |
| | NAFTA | 925.59 | 1113.29 | 1314.03 | 1529.74 | 1146.41 | 2.83% |
| | RCEP | 247.92 | 422.65 | 667.30 | 871.40 | 526.31 | 7.23% |
| "一带一路"沿线 | 东(南)亚 | 98.08 | 446.21 | 768.57 | 1068.66 | 558.86 | 14.19% |
| | 东南亚 | 197.85 | 209.62 | 352.78 | 471.18 | 298.62 | 4.94% |
| | 西亚 | 17.91 | 24.08 | 38.18 | 40.16 | 29.12 | 4.59% |
| | 中东欧 | 14.43 | 40.70 | 58.00 | 75.60 | 47.58 | 9.64% |
| | 独联体 | 2.11 | 15.83 | 32.21 | 32.78 | 19.16 | 16.45% |
| 样本国平均 | | 110.18 | 165.42 | 205.04 | 248.29 | 173.62 | 4.62% |

数据来源:UNCTAD 数据库且根据作者整理计算

## 二、数字出口贸易

### (一)样本国整体层面比较分析

表 4-3 是世界各国历年数字出口贸易的发展变化表,表中可以看出,2000—2018 年,样本国家整体层面的数字出口贸易一直处于上升的趋势,其数值从 2000 年的 105.48 亿美元上升到 2018 年的 219.29 亿美元,年均增长率为

4.15％。从各国看,在整个时期,数字出口贸易年均值高于样本国年均水平(157.18亿美元)的国家有 16 个,占 84 个样本国家数量的 19.05％,具体是中国(3845.17 亿美元)、美国(1352.09 亿美元)、新加坡(963.24 亿美元)、韩国(943.68亿美元)、日本(792.65亿美元)、德国(657.14 亿美元)、马来西亚(607.82亿美元)、荷兰(537.47 亿美元)、墨西哥(511.78 亿美元)、英国(326.04 亿美元)、泰国(305.14 亿美元)、法国(241.59 亿美元)、越南(198.74 亿美元)、菲律宾(176.57 亿美元)、爱尔兰(164.92 亿美元)和捷克(160.89 亿美元);低于样本国年均水平的国家有 68 个,占 84 个样本国家数量的 80.95％,表明样本国家数字出口贸易的发展水平总体低下,数值最低的 10 个国家分别是乌兹别克斯坦(0.07亿美元)、亚美尼亚(0.06 亿美元)、乌拉圭(0.06 亿美元)、巴拉圭(0.06 亿美元)、冰岛(0.05 亿美元)、摩尔多瓦(0.05 亿美元)、阿尔及利亚(0.03 亿美元)、吉尔吉斯斯坦(0.03 亿美元)、阿塞拜疆(0.02 亿美元)和蒙古国(0.02 亿美元)。中国数字出口贸易的年均值为 3845.17 亿美元,在 84 个样本国中位列第 1 位,但数字出口贸易的年均增长率为 16.42％,位列第 14 位。

表 4-3　各国历年数字出口贸易金额　　　　　单位:亿美元

| 国家 | 2000 年 | 2006 年 | 2012 年 | 2018 年 | 平均值 | 年均增长率 |
|---|---|---|---|---|---|---|
| 阿尔及利亚 | 0.01 | 0.03 | 0.01 | 0.18 | 0.03 | 15.05％ |
| 阿根廷 | 0.96 | 1.19 | 0.85 | 0.37 | 0.94 | −5.15％ |
| 亚美尼亚 | 0.01 | 0.03 | 0.18 | 0.08 | 0.06 | 11.47％ |
| 澳大利亚 | 18.19 | 17.87 | 22.45 | 25.35 | 20.55 | 1.86％ |
| 奥地利 | 39.20 | 67.10 | 61.77 | 60.39 | 59.09 | 2.43％ |
| 阿塞拜疆 | 0.02 | 0.02 | 0.01 | 0.04 | 0.02 | 3.41％ |
| 白俄罗斯 | 1.01 | 0.94 | 2.91 | 2.52 | 1.53 | 5.21％ |
| 比利时 | 115.14 | 121.81 | 52.68 | 57.15 | 87.00 | −3.82％ |
| 巴西 | 22.32 | 39.69 | 13.28 | 8.44 | 19.66 | −5.26％ |
| 保加利亚 | 0.38 | 2.08 | 5.22 | 10.99 | 4.58 | 20.51％ |
| 加拿大 | 209.57 | 148.78 | 103.10 | 82.51 | 115.50 | −5.05％ |
| 智利 | 0.30 | 3.12 | 3.24 | 2.11 | 2.61 | 11.44％ |
| 中国 | 441.35 | 2976.53 | 5543.10 | 6811.29 | 3845.17 | 16.42％ |
| 哥伦比亚 | 0.15 | 0.62 | 0.73 | 0.89 | 0.61 | 10.24％ |

续表

| 国家 | 2000 年 | 2006 年 | 2012 年 | 2018 年 | 平均值 | 年均增长率 |
|---|---|---|---|---|---|---|
| 哥斯达黎加 | 16.62 | 20.29 | 21.88 | 1.00 | 14.18 | −14.45% |
| 克罗地亚 | 0.88 | 2.79 | 2.34 | 4.01 | 2.70 | 8.79% |
| 塞浦路斯 | 0.16 | 2.04 | 0.64 | 2.27 | 1.19 | 15.95% |
| 捷克 | 13.34 | 123.30 | 227.30 | 305.89 | 160.89 | 19.01% |
| 丹麦 | 35.39 | 41.58 | 34.83 | 40.35 | 38.90 | 0.73% |
| 埃及 | 0.05 | 0.14 | 0.71 | 7.09 | 2.21 | 31.32% |
| 萨尔瓦多 | 0.02 | 0.08 | 0.20 | 0.14 | 0.13 | 13.12% |
| 爱沙尼亚 | 9.67 | 13.10 | 19.80 | 15.20 | 13.06 | 2.54% |
| 芬兰 | 107.11 | 132.42 | 29.03 | 19.56 | 69.58 | −9.01% |
| 法国 | 319.16 | 315.86 | 227.19 | 225.23 | 241.59 | −1.92% |
| 格鲁吉亚 | 0.00 | 0.02 | 0.11 | 0.15 | 0.08 | 23.94% |
| 德国 | 461.69 | 828.09 | 635.53 | 775.43 | 657.14 | 2.92% |
| 希腊 | 4.61 | 6.30 | 5.80 | 12.27 | 6.32 | 5.58% |
| 危地马拉 | 0.01 | 0.14 | 0.33 | 0.23 | 0.24 | 17.91% |
| 匈牙利 | 72.31 | 178.41 | 179.44 | 140.60 | 156.12 | 3.76% |
| 冰岛 | 0.02 | 0.05 | 0.08 | 0.10 | 0.05 | 9.17% |
| 印度 | 7.14 | 13.44 | 57.34 | 38.13 | 27.70 | 9.75% |
| 印度尼西亚 | 75.73 | 61.38 | 77.13 | 51.94 | 63.82 | −2.07% |
| 伊朗 | 0.04 | 0.53 | 0.20 | 0.16 | 0.22 | 8.53% |
| 伊拉克 | 0.01 | 0.02 | 0.05 | 0.08 | 0.09 | 11.00% |
| 爱尔兰 | 276.85 | 241.21 | 66.62 | 112.84 | 164.92 | −4.86% |
| 以色列 | 40.46 | 35.27 | 73.88 | 71.81 | 56.45 | 3.24% |
| 意大利 | 106.75 | 113.76 | 93.52 | 109.46 | 100.20 | 0.14% |
| 日本 | 1088.07 | 1031.39 | 730.48 | 598.49 | 792.65 | −3.27% |
| 约旦 | 0.35 | 1.96 | 1.27 | 1.55 | 1.49 | 8.65% |
| 哈萨克斯坦 | 0.00 | 0.10 | 4.08 | 0.69 | 1.04 | 36.09% |
| 韩国 | 594.26 | 861.67 | 940.36 | 1683.95 | 943.68 | 5.96% |

续表

| 国家 | 2000 年 | 2006 年 | 2012 年 | 2018 年 | 平均值 | 年均增长率 |
|---|---|---|---|---|---|---|
| 吉尔吉斯斯坦 | 0.01 | 0.01 | 0.01 | 0.03 | 0.03 | 6.03% |
| 拉脱维亚 | 0.16 | 1.67 | 7.79 | 12.71 | 5.72 | 27.40% |
| 立陶宛 | 1.82 | 6.61 | 6.72 | 11.60 | 6.59 | 10.85% |
| 卢森堡 | 8.85 | 8.40 | 3.82 | 3.64 | 5.91 | −4.82% |
| 马其顿 | 0.04 | 0.09 | 0.13 | 0.40 | 0.16 | 13.83% |
| 马来西亚 | 517.48 | 686.11 | 634.60 | 819.60 | 607.82 | 2.59% |
| 马耳他 | 15.54 | 13.83 | 11.41 | 6.07 | 10.51 | −5.09% |
| 毛里求斯 | 0.02 | 3.20 | 0.17 | 0.48 | 0.97 | 19.48% |
| 墨西哥 | 347.71 | 469.16 | 624.97 | 678.23 | 511.78 | 3.78% |
| 摩尔多瓦 | 0.03 | 0.03 | 0.06 | 0.06 | 0.05 | 3.65% |
| 蒙古国 | 0.00 | 0.01 | 0.03 | 0.02 | 0.02 | 21.38% |
| 荷兰 | 381.50 | 623.06 | 581.77 | 598.71 | 537.47 | 2.54% |
| 新西兰 | 2.49 | 3.74 | 4.20 | 4.15 | 3.64 | 2.87% |
| 挪威 | 11.05 | 14.71 | 12.78 | 11.31 | 13.35 | 0.13% |
| 巴基斯坦 | 0.07 | 1.04 | 0.59 | 0.37 | 0.49 | 9.63% |
| 巴拿马 | 0.00 | 11.49 | 13.92 | 14.27 | 7.48 | 105.30% |
| 巴拉圭 | 0.02 | 0.07 | 0.07 | 0.06 | 0.06 | 7.72% |
| 秘鲁 | 0.24 | 0.12 | 0.36 | 0.36 | 0.28 | 2.28% |
| 菲律宾 | 147.82 | 226.43 | 153.26 | 258.59 | 176.57 | 3.16% |
| 波兰 | 12.68 | 55.19 | 126.39 | 180.85 | 97.99 | 15.91% |
| 葡萄牙 | 14.89 | 38.19 | 19.99 | 22.43 | 23.19 | 2.30% |
| 罗马尼亚 | 5.17 | 7.93 | 28.87 | 23.42 | 19.10 | 8.75% |
| 俄罗斯 | 4.11 | 7.71 | 16.43 | 21.26 | 12.82 | 9.56% |
| 塞尔维亚 | 0.05 | 0.47 | 2.40 | 1.97 | 1.25 | 23.03% |
| 新加坡 | 757.58 | 395.21 | 1159.85 | 1217.35 | 963.24 | 2.67% |
| 斯洛伐克 | 3.91 | 52.67 | 133.55 | 133.79 | 86.89 | 21.69% |
| 斯洛文尼亚 | 1.69 | 2.91 | 4.85 | 5.94 | 4.21 | 7.22% |

续表

| 国家 | 2000 年 | 2006 年 | 2012 年 | 2018 年 | 平均值 | 年均增长率 |
|------|--------|--------|--------|--------|-------|-----------|
| 南非 | 4.17 | 7.45 | 11.67 | 9.10 | 8.33 | 4.43% |
| 西班牙 | 53.72 | 73.47 | 37.03 | 50.20 | 52.69 | −0.38% |
| 斯里兰卡 | 1.49 | 0.50 | 0.47 | 0.51 | 0.62 | −5.74% |
| 瑞典 | 154.14 | 151.15 | 124.05 | 96.03 | 123.39 | −2.59% |
| 瑞士 | 30.78 | 30.15 | 32.64 | 34.54 | 30.49 | 0.64% |
| 泰国 | 197.43 | 310.01 | 368.09 | 393.64 | 305.14 | 3.91% |
| 特立尼达和多巴哥 | 0.02 | 0.16 | 0.04 | 0.05 | 0.09 | 5.32% |
| 突尼斯 | 0.82 | 4.00 | 11.40 | 6.47 | 6.12 | 12.18% |
| 土耳其 | 10.13 | 31.78 | 26.43 | 21.94 | 23.41 | 4.39% |
| 乌克兰 | 2.22 | 2.62 | 7.53 | 4.66 | 4.08 | 4.20% |
| 英国 | 515.29 | 870.70 | 203.86 | 189.94 | 326.04 | −5.39% |
| 美国 | 1567.42 | 1403.14 | 1395.32 | 1481.59 | 1352.09 | −0.31% |
| 乌拉圭 | 0.03 | 0.05 | 0.08 | 0.08 | 0.06 | 5.46% |
| 乌兹别克斯坦 | 0.06 | 0.12 | 0.06 | 0.12 | 0.07 | 3.82% |
| 委内瑞拉 | 0.08 | 0.04 | 0.01 | 0.06 | 0.10 | −1.31% |
| 越南 | 7.85 | 13.02 | 208.86 | 822.67 | 198.74 | 29.50% |
| 平均 | 105.48 | 153.97 | 181.14 | 219.29 | 157.18 | 4.15% |

数据来源:UNCTAD 数据库且根据作者整理计算。

(二)区域比较分析

表 4-4 是按各区域类型划分的历年数字出口贸易变化表,从表中可以看出:就经济发展水平而言,各类型国家的数字出口贸易在整个时期均处于上升的趋势,发达国家、发展中国家和转型国家的数字出口贸易分别从 2000 年的 256.09 亿美元、55.03 亿美元和 5.40 亿美元上升到 2018 年的 281.00 亿美元、301.70 亿美元和 36.54 亿美元,年均增长率分别为 0.52%、9.91% 和 11.21%,其中只有发达国家和发展中国家整个时期数字出口贸易的年均值高于样本国年均水平,而转型国家则低于样本国年均水平。从具体国别看,在整个时期,发达国家数字出口贸易的年均值高于样本国年均水平(157.18 亿美元)的国家有 9 个,分

表 4-4　历年数字出口贸易的区域比较　　　　　单位：亿美元

| 区域 | 划分 | 2000 年 | 2006 年 | 2012 年 | 2018 年 | 年均值 | 年均增长率 |
|---|---|---|---|---|---|---|---|
| 经济发展水平 | 发达国家 | 256.09 | 280.63 | 246.42 | 281.00 | 251.35 | 0.52% |
| | 发展中国家 | 55.03 | 148.41 | 235.96 | 301.70 | 176.90 | 9.91% |
| | 转型国家 | 5.40 | 19.12 | 32.34 | 36.54 | 24.13 | 11.21% |
| 合作关系 | 二十国集团 | 241.25 | 369.37 | 405.03 | 478.62 | 352.96 | 3.88% |
| | 金砖国家 | 95.82 | 608.96 | 1128.36 | 1377.64 | 782.74 | 15.96% |
| | 上海合作组织 | 33.25 | 216.63 | 403.70 | 492.65 | 279.52 | 16.16% |
| | 亚太经合组织 | 351.62 | 506.79 | 705.05 | 879.59 | 583.30 | 5.23% |
| 联盟关系 | 欧盟 | 97.57 | 146.27 | 104.71 | 115.25 | 109.39 | 0.93% |
| | 美盟 | 135.34 | 131.13 | 136.15 | 141.90 | 126.61 | 0.26% |
| | 非盟 | 1.01 | 2.96 | 4.79 | 4.66 | 3.53 | 8.84% |
| | 东盟（中国） | 306.46 | 666.96 | 1163.56 | 1482.15 | 880.07 | 9.15% |
| 伙伴关系 | CPTPP | 294.95 | 276.85 | 349.21 | 425.08 | 321.68 | 2.05% |
| | NAFTA | 708.23 | 673.69 | 707.79 | 747.45 | 659.79 | 0.30% |
| | RCEP | 349.84 | 598.49 | 894.76 | 1153.36 | 720.09 | 6.85% |
| "一带一路"沿线 | 东（南）亚 | 90.01 | 598.30 | 1120.30 | 1370.06 | 774.80 | 16.33% |
| | 东南亚 | 283.98 | 282.03 | 433.63 | 593.96 | 385.89 | 4.18% |
| | 西亚 | 6.98 | 9.75 | 13.62 | 14.64 | 11.42 | 4.21% |
| | 中东欧 | 9.39 | 34.40 | 57.29 | 65.18 | 43.02 | 11.36% |
| | 独联体 | 0.75 | 1.16 | 3.14 | 2.96 | 1.98 | 7.94% |
| 样本国平均 | | 105.48 | 153.97 | 181.14 | 219.29 | 157.18 | 4.15% |

数据来源：UNCTAD 数据库且根据作者整理计算

别是美国（1352.09 亿美元）、新加坡（963.24 亿美元）、韩国（943.68 亿美元）、日本（792.65 亿美元）、德国（657.14 亿美元）、荷兰（537.47 亿美元）、英国（326.04 亿美元）、法国（241.59 亿美元）和爱尔兰（164.92 亿美元），数量占到了 27 个发达国家的 33.33%；在整个时期，发展中国家数字出口贸易的年均值高于样本国年均水平的国家有 6 个，分别是中国（3845.17 亿美元）、马来西亚（607.82 亿美元）、墨西哥（511.78 亿美元）、泰国（305.14 亿美元）、越南（198.74 亿美元）和菲律宾(176.57亿美元)，数量占到了33个发展中国家的18.18%；在整个时期，转型国家数字出口贸易的年均值高于样本国年均水平的只有捷克(160.89亿美元)，数量占到了24个转型国家的4.17%，其余23个转型国家的数字出口贸易均低于样本国年均水平。

就合作关系而言，各类型国家的数字出口贸易在整个时期均处于上升的趋势，二十国集团、金砖国家、上海合作组织和亚太经合组织的数字出口贸易分别从2000年的241.25亿美元、95.82亿美元、33.25亿美元和351.62亿美元上升到2018年的478.62亿美元、1377.64亿美元、492.65亿美元和879.59亿美元，年均增长率分别为3.88%、15.96%、16.16%和5.23%，二十国集团、金砖国家、上海合作组织和亚太经合组织整个时期数字出口贸易的年均值都高于样本国年均水平。从具体国别看，在整个时期，二十国集团数字出口贸易的年均值高于样本国年均水平的国家有10个，分别是中国(3845.17亿美元)、美国(1352.09亿美元)、韩国(943.68亿美元)、日本(792.65亿美元)、德国(657.14亿美元)、荷兰(537.47亿美元)、墨西哥(511.78亿美元)、英国(326.04亿美元)、法国(241.59亿美元)和爱尔兰(164.92亿美元)，数量占到了29个二十国集团的34.48%；在整个时期，金砖国家数字出口贸易的年均值高于样本国年均水平的国家只有中国(3845.17亿美元)，数量占到了5个金砖国家的20%；在整个时期，上海合作组织成员国数字出口贸易的年均值高于样本国年均水平的国家同样只有中国(3845.17亿美元)，数量占到了14个上海合作组织成员国的7.14%；在整个时期，亚太经合组织成员数字出口贸易的年均值高于样本国年均水平的国家有10个，分别是中国(3845.17亿美元)、美国(1352.09亿美元)、新加坡(963.24亿美元)、韩国(943.68亿美元)、日本(792.65亿美元)、马来西亚(607.82亿美元)、墨西哥(511.78亿美元)、泰国(305.14亿美元)、越南(198.74亿美元)和菲律宾(176.57亿美元)，数量占到了17个亚太经合组织成员的58.82%。

就联盟关系而言，各类型国家的数字出口贸易在整个时期均处于上升的趋势，欧盟、美盟、非盟和东盟(中国)的数字出口贸易分别从2000年的97.57亿美元、135.34亿美元、1.01亿美元和306.46亿美元上升到2018年的115.25亿美元、141.90亿美元、4.66亿美元和1482.15亿美元，年均增长率分别为0.93%、0.26%、8.84%和9.15%，其中只有东盟(中国)整个时期数字出口贸易的年均值高于样本国年均水平，而欧盟、美盟和非盟则低于样本国年均水平。从具体国别看，在整个时期，欧盟数字出口贸易的年均值高于样本国年均水平的国家有6

个,分别是德国(657.14亿美元)、荷兰(537.47亿美元)、英国(326.04亿美元)、法国(241.59亿美元)、爱尔兰(164.92亿美元)和捷克(160.89亿美元),数量占到了28个欧盟成员国的21.43%;在整个时期,美盟数字出口贸易的年均值高于样本国年均水平的国家有2个,分别是美国(1352.09亿美元)和墨西哥(511.78亿美元),数量占到了16个美盟成员国的12.50%;在整个时期,5个非盟成员国数字出口贸易的年均值都低于样本国年均水平,分别是阿尔及利亚(0.03亿美元)、毛里求斯(0.97亿美元)、埃及(2.21亿美元)、突尼斯(6.12亿美元)和南非(8.33亿美元);在整个时期,东盟(中国)数字出口贸易的年均值高于样本国年均水平的国家有6个,分别是中国(3845.17亿美元)、新加坡(963.24亿美元)、马来西亚(607.82亿美元)、泰国(305.14亿美元)、越南(198.74亿美元)和菲律宾(176.57亿美元),数量占到了7个东盟(中国)成员国的85.71%。

就伙伴关系而言,各类型国家的数字出口贸易在整个时期均处于上升的趋势,CPTPP、NAFTA和RCEP成员的数字出口贸易分别从2000年的294.95亿美元、708.23亿美元和349.84亿美元上升到2018年的425.08亿美元、747.45亿美元和1153.36亿美元,年均增长率分别为2.05%、0.30%和6.85%,CPTPP、NAFTA和RCEP成员整个时期数字出口贸易的年均值均高于样本国年均水平。从具体国别看,在整个时期,CPTPP成员数字出口贸易的年均值高于样本国年均水平的国家有5个,分别是新加坡(963.24亿美元)、日本(792.65亿美元)、马来西亚(607.82亿美元)、墨西哥(511.78亿美元)和越南(198.74亿美元),数量占到了10个CPTPP成员国的50%;在整个时期,NAFTA成员数字出口贸易的年均值高于样本国年均水平的国家有2个,分别是美国(1352.09亿美元)和墨西哥(511.78亿美元),数量占到了3个NAFTA成员国的66.67%;在整个时期,RCEP成员数字出口贸易的年均值高于样本国年均水平的国家有8个,分别是中国(3845.17亿美元)、新加坡(963.24亿美元)、韩国(943.68亿美元)、日本(792.65亿美元)、马来西亚(607.82亿美元)、泰国(305.14亿美元)、越南(198.74亿美元)和菲律宾(176.57亿美元),数量占到了11个RECP成员国的72.73%。

就"一带一路"沿线而言,各类型国家的数字出口贸易在整个时期均处于上升的趋势,东(南)亚、东南亚、西亚、中东欧和独联体的数字出口贸易分别从2000年的90.01亿美元、283.98亿美元、6.98亿美元、9.39亿美元和0.75亿美元上升到2018年的1370.06亿美元、593.96亿美元、14.64亿美元、65.18亿美元和2.96亿美元,年均增长率分别为16.33%、4.18%、4.21%、11.36%和

7.94％，其中只有东（南）亚和东南亚国家整个时期数字出口贸易的年均值高于样本国年均水平，而西亚、中东欧和独联体均低于样本国年均水平。从具体国别看，在整个时期，东（南）亚国家数字出口贸易的年均值高于样本国年均水平的只有中国（3845.17亿美元），数量占到了5个东（南）亚国家的20％，其余国家如印度（27.70亿美元）、斯里兰卡（0.62亿美元）、巴基斯坦（0.49亿美元）和蒙古国（0.02亿美元）数字出口贸易的年均值都低于样本国年均水平；在整个时期，东南亚国家数字出口贸易的年均值高于样本国年均水平的有5个，分别是新加坡（963.24亿美元）、马来西亚（607.82亿美元）、泰国（305.14亿美元）、越南（198.74亿美元）和菲律宾（176.57亿美元），数量占到了6个东南亚国家的83.33％，而印度尼西亚（63.82亿美元）数字出口贸易的年均值低于样本国年均水平；在整个时期，8个西亚国家数字出口贸易的年均值都低于样本国年均水平，其数值分别为以色列（56.45亿美元）、土耳其（23.41亿美元）、希腊（6.32亿美元）、埃及（2.21亿美元）、约旦（1.49亿美元）、塞浦路斯（1.19亿美元）、伊朗（0.22亿美元）和伊拉克（0.09亿美元）；在整个时期，中东欧国家数字出口贸易的年均值高于样本国年均水平的只有捷克（160.89亿美元），其余国家如匈牙利（156.12亿美元）、波兰（97.99亿美元）、斯洛伐克（86.89亿美元）、罗马尼亚（19.10亿美元）、爱沙尼亚（13.06亿美元）、立陶宛（6.59亿美元）、拉脱维亚（5.72亿美元）、保加利亚（4.58亿美元）、斯洛文尼亚（4.21亿美元）、克罗地亚（2.70亿美元）、塞尔维亚（1.25亿美元）和马其顿（0.16亿美元）数字出口贸易的年均值都低于样本国年均水平；在整个时期，10个独联体国家数字出口贸易的年均值都低于样本国年均水平，其数值分别为俄罗斯（12.82亿美元）、乌克兰（4.08亿美元）、白俄罗斯（1.53亿美元）、哈萨克斯坦（1.04亿美元）、格鲁吉亚（0.08亿美元）、乌兹别克斯坦（0.07亿美元）、亚美尼亚（0.06亿美元）、摩尔多瓦（0.05亿美元）、吉尔吉斯斯坦（0.03亿美元）和阿塞拜疆（0.02亿美元）。

## 三、数字进口溢出知识资本

### （一）样本国整体层面比较分析

表4-5是世界各国历年基于数字进口渠道溢出的国际知识资本指数的发展变化表，表中可以看出，2000—2018年，样本国整体层面的数字进口溢出知识资本指数一直处于上升的趋势，其指数值从2000年的2.2021上升到2018年的4.1765，年均增长率为3.62％。从各国看，在整个时期，数字进口溢出知识资本

指数的年均值高于样本国年均水平(3.0156)的国家有 19 个,占 84 个样本国数量的 22.62%,分别是中国(32.0626)、美国(30.3134)、德国(17.2795)、荷兰(11.4194)、墨西哥(10.9471)、英国(10.9253)、新加坡(10.1070)、日本(9.7827)、马来西亚(9.3308)、韩国(9.3262)、法国(8.2992)、加拿大(7.1320)、意大利(5.1895)、菲律宾(4.9087)、泰国(4.2937)、西班牙(3.8083)、瑞典(3.2794)、印度(3.1577)和匈牙利(3.1532);低于样本国年均水平的国家有 65 个,占 84 个样本国数量的 77.38%,表明样本国家数字进口溢出知识资本的发展水平总体低下,年均值最低的 10 个国家分别是伊拉克(0.0169)、乌兹别克斯坦(0.0176)、蒙古国(0.0368)、马其顿(0.0537)、冰岛(0.0611)、特立尼达和多巴哥(0.0820)、摩尔多瓦(0.0854)、毛里求斯(0.0878)、吉尔吉斯斯坦(0.1075)和亚美尼亚(0.1164)。中国数字进口溢出知识资本指数的年均值为 32.0626,在 84 个样本国中位列第 1 位,但数字进口溢出知识资本指数的年均增长率为 11.34%,位列第 7 位。

表 4-5　各国历年基于数字进口渠道溢出的国际知识资本指数

| 国家 | 2000 年 | 2006 年 | 2012 年 | 2018 年 | 平均值 |
|---|---|---|---|---|---|
| 阿尔及利亚 | 3.1457 | 0.2678 | 0.5995 | 0.0000 | 0.7321 |
| 阿根廷 | 1.7002 | 1.6318 | 2.7255 | 3.0111 | 2.0615 |
| 亚美尼亚 | 0.1582 | 0.1008 | 0.0593 | 0.1919 | 0.1164 |
| 澳大利亚 | 2.0408 | 2.6976 | 3.3521 | 4.7302 | 3.0006 |
| 奥地利 | 2.1835 | 1.9333 | 1.9690 | 2.4360 | 2.1254 |
| 阿塞拜疆 | 0.0556 | 0.1114 | 0.1552 | 0.6180 | 0.1837 |
| 白俄罗斯 | 2.0114 | 1.1961 | 2.6573 | 2.9279 | 2.0804 |
| 比利时 | 2.6428 | 2.4729 | 1.9000 | 2.3230 | 2.4712 |
| 巴西 | 2.0106 | 1.8480 | 3.4323 | 3.0296 | 2.5487 |
| 保加利亚 | 0.1004 | 0.2507 | 0.4621 | 0.4896 | 0.3389 |
| 加拿大 | 7.3268 | 6.6206 | 7.3561 | 8.4448 | 7.1320 |
| 智利 | 0.5540 | 0.8832 | 1.6357 | 2.0640 | 1.1887 |
| 中国 | 8.3101 | 24.4057 | 39.5358 | 57.4784 | 32.0626 |
| 哥伦比亚 | 0.3436 | 0.8362 | 1.0942 | 1.1750 | 0.8486 |

续表

| 国家 | 2000 年 | 2006 年 | 2012 年 | 2018 年 | 平均值 |
|------|---------|---------|---------|---------|--------|
| 哥斯达黎加 | 0.3226 | 0.9076 | 2.1455 | 0.6338 | 1.0244 |
| 克罗地亚 | 0.0939 | 0.2383 | 0.1637 | 0.2998 | 0.2147 |
| 塞浦路斯 | 0.3476 | 0.1593 | 0.1919 | 0.2060 | 0.1811 |
| 捷克 | 0.7376 | 1.9425 | 2.5238 | 4.8590 | 2.4590 |
| 丹麦 | 1.0415 | 1.2771 | 1.4440 | 2.1181 | 1.4833 |
| 埃及 | 0.1626 | 0.2296 | 0.6954 | 0.7660 | 0.4694 |
| 萨尔瓦多 | 0.0526 | 0.1560 | 0.1289 | 0.1128 | 0.1354 |
| 爱沙尼亚 | 0.1714 | 0.2754 | 0.4789 | 0.4318 | 0.3090 |
| 芬兰 | 1.4170 | 3.1826 | 1.0731 | 1.3323 | 1.6142 |
| 法国 | 8.0486 | 8.7389 | 7.8376 | 9.0946 | 8.2992 |
| 格鲁吉亚 | 0.0946 | 0.2043 | 0.1621 | 0.5364 | 0.2232 |
| 德国 | 12.2964 | 18.3154 | 16.6137 | 22.4910 | 17.2795 |
| 希腊 | 0.5069 | 0.6651 | 0.6270 | 0.6199 | 0.6223 |
| 危地马拉 | 0.1251 | 0.3420 | 0.4739 | 0.7527 | 0.4175 |
| 匈牙利 | 1.4019 | 3.2484 | 3.5067 | 4.9369 | 3.1532 |
| 冰岛 | 0.0536 | 0.0528 | 0.0430 | 0.1304 | 0.0611 |
| 印度 | 0.7061 | 2.1860 | 4.4862 | 5.7925 | 3.1577 |
| 印度尼西亚 | 0.1482 | 0.3358 | 1.8829 | 2.0090 | 1.1683 |
| 伊朗 | 0.2425 | 0.0799 | 0.0000 | 0.4041 | 0.2605 |
| 伊拉克 | 0.0000 | 0.0000 | 0.0000 | 0.0000 | 0.0169 |
| 爱尔兰 | 2.9150 | 3.2284 | 1.7321 | 2.5357 | 2.6174 |
| 以色列 | 1.1044 | 0.9656 | 2.0870 | 1.7859 | 1.5774 |
| 意大利 | 4.5890 | 4.8284 | 4.8723 | 5.8926 | 5.1895 |
| 日本 | 8.4662 | 8.7865 | 10.4606 | 12.4055 | 9.7827 |
| 约旦 | 0.0466 | 0.1456 | 0.2760 | 0.3205 | 0.2256 |
| 哈萨克斯坦 | 0.0006 | 1.2919 | 2.5553 | 2.1695 | 1.6046 |
| 韩国 | 7.4664 | 8.3511 | 9.3272 | 12.6777 | 9.3262 |

续表

| 国家 | 2000 年 | 2006 年 | 2012 年 | 2018 年 | 平均值 |
|---|---|---|---|---|---|
| 吉尔吉斯斯坦 | 0.0560 | 0.1211 | 0.0585 | 0.1852 | 0.1075 |
| 拉脱维亚 | 0.0940 | 0.1858 | 0.2490 | 0.4004 | 0.2379 |
| 立陶宛 | 0.3011 | 0.2253 | 0.2833 | 0.4138 | 0.3319 |
| 卢森堡 | 0.2511 | 0.2692 | 0.2717 | 0.2607 | 0.2565 |
| 马其顿 | 0.0266 | 0.0388 | 0.0643 | 0.0747 | 0.0537 |
| 马来西亚 | 6.8048 | 8.6940 | 9.4278 | 11.4546 | 9.3308 |
| 马耳他 | 0.2636 | 0.3054 | 0.3152 | 0.2048 | 0.2601 |
| 毛里求斯 | 0.0531 | 0.1210 | 0.0789 | 0.1535 | 0.0878 |
| 墨西哥 | 8.6440 | 9.0115 | 12.0269 | 13.8999 | 10.9471 |
| 摩尔多瓦 | 0.0585 | 0.0762 | 0.0812 | 0.1418 | 0.0854 |
| 蒙古国 | 0.0251 | 0.0162 | 0.0000 | 0.0990 | 0.0368 |
| 荷兰 | 7.2241 | 11.6101 | 11.6328 | 15.9669 | 11.4194 |
| 新西兰 | 0.5676 | 0.9183 | 1.0712 | 0.9387 | 0.9301 |
| 挪威 | 0.8310 | 0.9201 | 1.1472 | 1.1203 | 1.0375 |
| 巴基斯坦 | 0.0000 | 0.8041 | 0.4086 | 0.4395 | 0.3445 |
| 巴拿马 | 0.2248 | 0.4550 | 0.3762 | 0.0000 | 0.4116 |
| 巴拉圭 | 0.1455 | 0.3866 | 0.3199 | 0.6872 | 0.3167 |
| 秘鲁 | 0.2819 | 0.3761 | 0.8254 | 1.1378 | 0.5989 |
| 菲律宾 | 3.3401 | 5.6474 | 4.5998 | 5.1591 | 4.9087 |
| 波兰 | 1.1034 | 1.4779 | 2.0957 | 4.1359 | 2.1181 |
| 葡萄牙 | 0.7696 | 1.2558 | 1.6531 | 2.1114 | 1.4723 |
| 罗马尼亚 | 0.4416 | 0.6421 | 0.9448 | 1.6543 | 0.9304 |
| 俄罗斯 | 1.0303 | 1.8602 | 4.5794 | 4.6346 | 2.8429 |
| 塞尔维亚 | 0.0794 | 0.1645 | 0.1545 | 0.1750 | 0.1289 |
| 新加坡 | 9.1595 | 3.5297 | 11.7371 | 13.0404 | 10.1070 |
| 斯洛伐克 | 0.2125 | 0.5350 | 1.1167 | 1.4800 | 0.9274 |
| 斯洛文尼亚 | 0.1583 | 0.2894 | 0.1964 | 0.3793 | 0.2383 |

**续表**

| 国家 | 2000 年 | 2006 年 | 2012 年 | 2018 年 | 平均值 |
|---|---|---|---|---|---|
| 南非 | 0.6776 | 1.1233 | 1.5121 | 1.9817 | 1.2244 |
| 西班牙 | 2.9772 | 4.2286 | 2.9800 | 4.3959 | 3.8083 |
| 斯里兰卡 | 0.0792 | 0.0974 | 0.1206 | 0.0000 | 0.1452 |
| 瑞典 | 2.4897 | 2.7320 | 4.2992 | 4.0513 | 3.2794 |
| 瑞士 | 1.6440 | 1.6188 | 2.2165 | 2.3309 | 1.9742 |
| 泰国 | 2.8839 | 3.8256 | 4.7335 | 6.0168 | 4.2937 |
| 特立尼达和多巴哥 | 0.0321 | 0.1545 | 0.0934 | 0.0000 | 0.0820 |
| 突尼斯 | 0.0955 | 0.1888 | 0.6456 | 0.5636 | 0.3259 |
| 土耳其 | 1.2198 | 1.2957 | 1.3816 | 2.3904 | 1.5436 |
| 乌克兰 | 0.5973 | 0.9518 | 2.5215 | 1.2150 | 1.3351 |
| 英国 | 13.1658 | 13.6978 | 9.1582 | 11.2099 | 10.9253 |
| 美国 | 30.8972 | 27.1939 | 27.9072 | 41.5422 | 30.3134 |
| 乌拉圭 | 0.2523 | 0.1835 | 0.2995 | 0.3774 | 0.2711 |
| 乌兹别克斯坦 | 0.0000 | 0.0000 | 0.0000 | 0.1750 | 0.0176 |
| 委内瑞拉 | 0.5353 | 1.6085 | 1.7815 | 0.0000 | 0.8953 |
| 越南 | 0.1377 | 0.5458 | 2.5812 | 9.9897 | 2.6428 |
| 平均 | 2.2021 | 2.6759 | 3.2223 | 4.1765 | 3.0156 |

数据来源:UNESCO 数据库且根据作者整理计算。

(二)区域比较分析

表 4-6 是按各区域类型划分的历年基于数字进口渠道溢出的国际知识资本指数变化表,表中可以看出:就经济发展水平而言,发达国家、发展中国家与转型国家的数字进口溢出知识资本在整个时期总体均处于上升的趋势,其指数值分别从 2000 年的 4.9046、1.3194 和 0.3754 上升到 2018 年的 6.8960、4.0002 和 1.3594,年均增长率分别为 1.91%、6.36%和 7.41%,其中只有发达国家整个时期数字进口溢出知识资本指数的年均值高于样本国年均水平,而发展中国家和转型国家则低于样本国年均水平。从具体国别看,在整个时期,发达国家数字进

表 4-6　历年基于数字进口渠道溢出的国际知识资本指数的区域比较

| 区域 | 划分 | 2000 年 | 2006 年 | 2012 年 | 2018 年 | 年均值 | 年均增长率 |
|---|---|---|---|---|---|---|---|
| 经济发展水平 | 发达国家 | 4.9046 | 5.1944 | 5.3689 | 6.8960 | 5.4921 | 1.91% |
| | 发展中国家 | 1.3194 | 2.0933 | 3.0497 | 4.0002 | 2.5742 | 6.36% |
| | 转型国家 | 0.3754 | 0.6435 | 1.0446 | 1.3594 | 0.8365 | 7.41% |
| 合作关系 | 二十国集团 | 4.9283 | 6.0491 | 6.8179 | 8.9811 | 6.5384 | 3.39% |
| | 金砖国家 | 2.5470 | 6.2847 | 10.7092 | 14.5834 | 8.3673 | 10.18% |
| | 上海合作组织 | 0.9925 | 2.3976 | 3.9998 | 5.5362 | 3.1789 | 10.02% |
| | 亚太经合组织 | 5.7682 | 6.6872 | 9.0024 | 12.2131 | 8.2692 | 4.26% |
| 联盟关系 | 欧盟 | 2.4266 | 3.1504 | 2.8783 | 3.8118 | 3.0201 | 2.54% |
| | 美盟 | 3.3405 | 3.2872 | 3.9139 | 4.8043 | 3.6996 | 2.04% |
| | 非盟 | 0.8269 | 0.3861 | 0.7063 | 0.6930 | 0.5679 | −0.98% |
| | 东盟(中国) | 4.3978 | 6.7120 | 10.6426 | 15.0211 | 9.2163 | 7.06% |
| 伙伴关系 | CPTPP | 4.3983 | 4.2063 | 6.0474 | 7.8106 | 5.5661 | 3.24% |
| | NAFTA | 15.6227 | 14.2753 | 15.7634 | 21.2956 | 16.1308 | 1.74% |
| | RCEP | 4.4841 | 6.1580 | 8.9736 | 12.3546 | 7.9594 | 5.79% |
| "一带一路"沿线 | 11.41% 东(南)亚 | 1.8241 | 5.5019 | 8.9102 | 12.7619 | 8.3170 | |
| | 东南亚 | 3.7457 | 3.7631 | 5.8271 | 7.9449 | 5.7466 | 4.27% |
| | 西亚 | 0.4538 | 0.4426 | 0.6574 | 0.8116 | 0.6635 | 3.28% |
| | 中东欧 | 0.3786 | 0.7319 | 0.9415 | 1.5177 | 0.9877 | 8.02% |
| | 独联体 | 0.4062 | 0.5914 | 1.2830 | 1.2795 | 0.9551 | 6.58% |
| 样本国平均 | | 2.2021 | 2.6759 | 3.2223 | 4.1765 | 3.0156 | 3.62% |

数据来源:UNESCO 数据库且根据作者整理计算

口溢出知识资本指数的年均值高于样本国年均水平(3.0156)的国家有 12 个,分别是美国(30.3134)、德国(17.2795)、荷兰(11.4194)、英国(10.9253)、新加坡(10.1070)、日本(9.7827)、韩国(9.3262)、法国(8.2992)、加拿大(7.1320)、意大利(5.1895)、西班牙(3.8083)和瑞典(3.2794),数量占到了 27 个发达国家的44.44%;在整个时期,发展中国家数字进口溢出知识资本指数的年均值高于样本国年均水平的国家有 6 个,分别是中国(32.0626)、墨西哥(10.9471)、马来西亚(9.3308)、菲律宾(4.9087)、泰国(4.2937)和印度(3.1577),数量占到了 33 个发展中国家的 18.18%;在整个时期,转型国家数字进口溢出知识资本指数的年均值高于样本国年均水平的只有匈牙利(3.1532),数量占到了 24 个转型国家的 4.17%,其余 23 个转型国家数字进口溢出知识资本指数的年均值均低于样本国的年均水平。

就合作关系而言,各类型国家的数字进口溢出知识资本指数在整个时期均处于上升的趋势,二十国集团、金砖国家、上海合作组织和亚太经合组织的数字进口溢出知识资本指数分别从 2000 年的 4.9283、2.5470、0.9925 和 5.7682 上升到 2018 年的 8.9811、14.5834、5.5362 和 12.2131,年均增长率分别为 3.39%、10.18%、10.02% 和 4.26%,二十国集团、金砖国家、上海合作组织和亚太经合组织整个时期数字进口溢出知识资本指数的年均值均高于样本国年均水平。从具体国别看,在整个时期,二十国集团数字进口溢出知识资本指数的年均值高于样本国年均水平的国家有 14 个,分别是中国(32.0626)、美国(30.3134)、德国(17.2795)、荷兰(11.4194)、墨西哥(10.9471)、英国(10.9253)、日本(9.7827)、韩国(9.3262)、法国(8.2992)、加拿大(7.1320)、意大利(5.1895)、西班牙(3.8083)、瑞典(3.2794)和印度(3.1577),数量占到了 29 个二十国集团的 48.28%;在整个时期,金砖国家数字进口溢出知识资本指数的年均值高于样本国年均水平的国家有 2 个,分别是中国(32.0626)和印度(3.1577),数量占到了 5 个金砖国家的 40%;在整个时期,上海合作组织成员国数字进口溢出知识资本指数的年均值高于样本国年均水平的国家有 2 个,分别是中国(32.0626)和印度(3.1577),数量占到了 14 个上海合作组织成员国的 14.29%;在整个时期,亚太经合组织成员数字进口溢出知识资本指数的年均值高于样本国年均水平的国家有 10 个,分别是中国(32.0626)、美国(30.3134)、墨西哥(10.9471)、新加坡(10.1070)、日本(9.7827)、马来西亚(9.3308)、韩国(9.3262)、加拿大(7.1320)、菲律宾(4.9087)和泰国(4.2937),数量占到了 17 个亚太经合组织成员的 58.82%。

就联盟关系而言,欧盟、美盟和东盟(中国)的数字进口溢出知识资本在整个时期均处于上升的趋势,其指数值分别从 2000 年的 2.4266、3.3405 和 4.3978 上升到 2018 年的 3.8118、4.8043 和 15.0211,年均增长率分别为 2.54%、2.04% 和 7.06%,而非盟的数字进口溢出知识资本在整个时期则处于逐步下降的趋势,其指数值从 2000 年的 0.8269 下降到 2018 年的 0.6930,年均增长率为 -0.98%,其中欧盟、美盟和东盟整个时期数字进口溢出知识资本指数的年均值高于样本国年均水平,而非盟则低于样本国年均水平。从具体国别看,在整个时期,欧盟数字进口溢出知识资本指数的年均值高于样本国年均水平的国家有 8 个,分别是德国(17.2795)、荷兰(11.4194)、英国(10.9253)、法国(8.2992)、意大利(5.1895)、西班牙(3.8083)、瑞典(3.2794)和匈牙利(3.1532),数量占到了 28 个欧盟成员国的 28.57%;在整个时期,美盟数字进口溢出知识资本指数的年均值高于样本国年均水平的国家有 3 个,分别是美国(30.3134)、墨西哥(10.9471)和加拿大(7.1320),数量占到了 16 个美盟成员国的 18.75%;在整个时期,5 个非盟成员国数字进口溢出知识资本指数的年均值均低于样本国年均水平,分别是毛里求斯(0.0878)、突尼斯(0.3259)、埃及(0.4694)、阿尔及利亚(0.7321)和南非(1.2244);在整个时期,东盟(中国)数字进口溢出知识资本指数的年均值高于样本国年均水平的国家有 5 个,分别是中国(32.0626)、新加坡(10.1070)、马来西亚(9.3308)、菲律宾(4.9087)和泰国(4.2937),数量占到了 7 个东盟(中国)成员国的 71.43%。

就伙伴关系而言,CPTPP、NAFTA 和 RCEP 成员的数字进口溢出知识资本在整个时期均处于上升的趋势,其指数值分别从 2000 年的 4.3983、15.6227 和 4.4841 上升到 2018 年的 7.8106、21.2956 和 12.3546,年均增长率分别为 3.24%、1.74% 和 5.79%,CPTPP、NAFTA 和 RCEP 成员整个时期数字进口溢出知识资本指数的年均值均高于样本国年均水平。从具体国别看,在整个时期,CPTPP 成员国数字进口溢出知识资本指数的年均值高于样本国年均水平的国家有 5 个,分别是墨西哥(10.9471)、新加坡(10.1070)、日本(9.7827)、马来西亚(9.3308)和加拿大(7.1320),数量占到了 10 个 CPTPP 国家的 50%;在整个时期,NAFTA 成员数字进口溢出知识资本指数的年均值高于样本国年均水平的国家有 3 个,分别是美国(30.3134)、墨西哥(10.9471)和加拿大(7.1320),数量占到了 3 个 NAFTA 国家的 100%;整个时期,RCEP 成员国数字进口溢出知识资本指数的年均值高于样本国年均水平的国家有 7 个,分别是中国(32.0626)、新加坡(10.1070)、日本(9.7827)、马来西亚(9.3308)、韩国(9.3262)、菲律宾(4.9087)和泰国(4.2937),数量占到了 11 个 RCEP 成员国的 63.64%。

就"一带一路"沿线而言,各类型国家的数字进口溢出知识资本在整个时期均处于上升的趋势,东(南)亚、东南亚、西亚、中东欧和独联体的数字进口溢出知识资本指数分别从 2000 年的 1.8241、3.7457、0.4538、0.3786 和 0.4062 上升到 2018 年的 12.7619、7.9449、0.8116、1.5177 和 1.2795,年均增长率分别为 11.41%、4.27%、3.28%、8.02% 和 6.58%,其中只有东(南)亚和东南亚国家整个时期数字进口溢出知识资本指数的年均值高于样本国年均水平,而西亚、中东欧和独联体均低于样本国年均水平。从具体国别看,在整个时期,东(南)亚国家数字进口溢出知识资本指数的年均值高于样本国年均水平的有 2 个,分别是中国(32.0626)和印度(3.1577),数量占到了 5 个东(南)亚国家的 40%,其余国家如巴基斯坦(0.3445)、斯里兰卡(0.1452)和蒙古国(0.0368)数字进口溢出知识资本指数的年均值都低于样本国年均水平;在整个时期,东南亚国家数字进口溢出知识资本指数的年均值高于样本国年均水平的有 4 个,分别是新加坡(10.1070)、马来西亚(9.3308)、菲律宾(4.9087)和泰国(4.2937),数量占到了 6 个东南亚国家的 66.67%,其余国家如越南(2.6428)和印度尼西亚(1.1683)数字进口溢出知识资本指数的年均值都低于样本国年均水平;在整个时期,8 个西亚国家数字进口溢出知识资本指数的年均值都低于样本国年均水平,其数值分别为以色列(1.5774)、土耳其(1.5436)、希腊(0.6223)、埃及(0.4694)、伊朗(0.2605)、约旦(0.2256)、塞浦路斯(0.1811)和伊拉克(0.0169);在整个时期,中东欧国家数字进口溢出知识资本指数的年均值高于样本国年均水平的只有匈牙利(3.1532),其余国家如捷克(2.4590)、波兰(2.1181)、罗马尼亚(0.9304)、斯洛伐克(0.9274)、保加利亚(0.3389)、立陶宛(0.3319)、爱沙尼亚(0.3090)、斯洛文尼亚(0.2383)、拉脱维亚(0.2379)、克罗地亚(0.2147)、塞尔维亚(0.1289)和马其顿(0.0537)数字进口溢出知识资本指数的年均值都低于样本国年均水平;在整个时期,10 个独联体国家数字进口溢出知识资本指数的年均值都低于样本国年均水平,其数值分别为俄罗斯(2.8429)、白俄罗斯(2.0804)、哈萨克斯坦(1.6046)、乌克兰(1.3351)、格鲁吉亚(0.2232)、阿塞拜疆(0.1837)、亚美尼亚(0.1164)、吉尔吉斯斯坦(0.1075)、摩尔多瓦(0.0854)和乌兹别克斯坦(0.0176)。

## 四、数字出口溢出知识资本

### (一)样本国整体层面比较分析

表 4-7 是世界各国历年基于数字出口渠道溢出的国际知识资本指数的发展变化表,表中可以看出,2000—2018 年,样本国整体层面的数字出口溢出知识资本指数一直处于上升的趋势,其数值从 2000 年的 2.2021 上升到 2018 年的 4.1765,年均增长率为 3.62%。从各国看,在整个时期,数字出口溢出知识资本指数的年均值高于样本国年均水平(3.0156)的国家有 16 个,占 84 个样本国数

量的 19.05％，分别是中国(65.3708)、韩国(23.6150)、美国(22.7669)、新加坡(18.0092)、日本(14.9921)、墨西哥(14.1376)、马来西亚(12.8063)、德国(12.5741)、荷兰(9.9654)、泰国(6.8295)、英国(5.1084)、越南(4.6790)、法国(4.0319)、菲律宾(3.9015)、爱尔兰(3.3595)和加拿大(3.0174)；低于样本国年均水平的国家有 68 个，占 84 个样本国数量的 80.95％，表明样本国家数字出口溢出知识资本的发展水平总体低下，数值最低的 10 个国家分别是伊拉克(0.0000)、蒙古国(0.0005)、阿尔及利亚(0.0005)、乌兹别克斯坦(0.0006)、阿塞拜疆(0.0008)、冰岛(0.0008)、萨尔瓦多(0.0010)、特立尼达和多巴哥(0.0010)、吉尔吉斯斯坦(0.0011)和巴拉圭(0.0013)。中国数字出口溢出知识资本指数的年均值为 65.3708，在 84 个样本国中位列第 1 位，且数字出口溢出知识资本指数的年均增长率为 45.51％，位列第 9 位。

表 4-7　各国历年基于数字出口渠道溢出的国际知识资本指数

| 国家 | 2000 年 | 2006 年 | 2012 年 | 2018 年 | 平均值 |
|---|---|---|---|---|---|
| 阿尔及利亚 | 0.0003 | 0.0004 | 0.0001 | 0.0000 | 0.0005 |
| 阿根廷 | 0.0225 | 0.0223 | 0.0211 | 0.0128 | 0.0248 |
| 亚美尼亚 | 0.0012 | 0.0010 | 0.0011 | 0.0024 | 0.0022 |
| 澳大利亚 | 0.3404 | 0.3494 | 0.4201 | 0.5822 | 0.4430 |
| 奥地利 | 1.0444 | 0.8041 | 0.9024 | 1.1156 | 0.9953 |
| 阿塞拜疆 | 0.0011 | 0.0011 | 0.0001 | 0.0010 | 0.0008 |
| 白俄罗斯 | 0.2679 | 0.0482 | 0.1284 | 0.1243 | 0.1102 |
| 比利时 | 1.9933 | 1.5676 | 0.8792 | 0.9564 | 1.4137 |
| 巴西 | 0.6199 | 0.7198 | 0.2414 | 0.1919 | 0.4611 |
| 保加利亚 | 0.0146 | 0.0345 | 0.0859 | 0.2018 | 0.0831 |
| 加拿大 | 5.3521 | 3.5213 | 2.4894 | 2.0840 | 3.0174 |
| 智利 | 0.0073 | 0.0186 | 0.0275 | 0.0319 | 0.0264 |
| 中国 | 9.4134 | 51.1175 | 86.9638 | 113.2423 | 65.3708 |
| 哥伦比亚 | 0.0024 | 0.0105 | 0.0106 | 0.0155 | 0.0107 |
| 哥斯达黎加 | 0.3580 | 0.3746 | 0.3513 | 0.0213 | 0.2602 |

续表

| 国家 | 2000 年 | 2006 年 | 2012 年 | 2018 年 | 平均值 |
|---|---|---|---|---|---|
| 克罗地亚 | 0.1003 | 0.0523 | 0.0723 | 0.0648 | 0.0663 |
| 塞浦路斯 | 0.0030 | 0.0216 | 0.0095 | 0.0428 | 0.0190 |
| 捷克 | 0.3073 | 1.6440 | 4.1368 | 5.5209 | 2.8246 |
| 丹麦 | 0.7076 | 0.6456 | 0.6240 | 0.8406 | 0.7388 |
| 埃及 | 0.0119 | 0.0007 | 0.0058 | 0.0629 | 0.0138 |
| 萨尔瓦多 | 0.0001 | 0.0008 | 0.0009 | 0.0009 | 0.0010 |
| 爱沙尼亚 | 0.1976 | 0.2696 | 0.3983 | 0.3600 | 0.2793 |
| 芬兰 | 3.2114 | 2.9325 | 0.7302 | 0.5419 | 1.7869 |
| 法国 | 6.1585 | 4.0755 | 3.4692 | 4.1801 | 4.0319 |
| 格鲁吉亚 | 0.0001 | 0.0002 | 0.0051 | 0.0050 | 0.0035 |
| 德国 | 10.7331 | 13.0825 | 11.5265 | 14.8728 | 12.5741 |
| 希腊 | 0.2121 | 0.0854 | 0.0536 | 0.2320 | 0.1233 |
| 危地马拉 | 0.0001 | 0.0009 | 0.0017 | 0.0016 | 0.0022 |
| 匈牙利 | 1.1434 | 3.0485 | 3.2438 | 2.6424 | 2.8732 |
| 冰岛 | 0.0005 | 0.0007 | 0.0008 | 0.0016 | 0.0008 |
| 印度 | 0.1563 | 0.1953 | 0.9434 | 0.6133 | 0.4227 |
| 印度尼西亚 | 1.6059 | 1.0909 | 1.4579 | 0.9062 | 1.2960 |
| 伊朗 | 0.0049 | 0.0054 | 0.0000 | 0.0010 | 0.0037 |
| 伊拉克 | 0.0000 | 0.0000 | 0.0000 | 0.0000 | 0.0000 |
| 爱尔兰 | 5.3081 | 3.8510 | 1.4198 | 3.0362 | 3.3595 |
| 以色列 | 1.0223 | 0.7612 | 1.6028 | 2.1911 | 1.3230 |
| 意大利 | 1.9443 | 1.6343 | 1.8852 | 2.1735 | 1.8790 |
| 日本 | 18.9155 | 17.5285 | 13.8612 | 12.3854 | 14.9921 |
| 约旦 | 0.0033 | 0.0068 | 0.0037 | 0.0017 | 0.0108 |
| 哈萨克斯坦 | 0.0009 | 0.0048 | 0.1873 | 0.0273 | 0.0462 |
| 韩国 | 15.5469 | 19.5959 | 22.2131 | 42.1003 | 23.6150 |
| 吉尔吉斯斯坦 | 0.0006 | 0.0006 | 0.0009 | 0.0005 | 0.0011 |

| 国家 | 2000 年 | 2006 年 | 2012 年 | 2018 年 | 平均值 |
|---|---|---|---|---|---|
| 拉脱维亚 | 0.0196 | 0.0435 | 0.1764 | 0.2441 | 0.1249 |
| 立陶宛 | 0.0983 | 0.1653 | 0.1710 | 0.2806 | 0.1952 |
| 卢森堡 | 0.1288 | 0.1092 | 0.0488 | 0.0618 | 0.0873 |
| 马其顿 | 0.0026 | 0.0015 | 0.0021 | 0.0099 | 0.0030 |
| 马来西亚 | 11.2619 | 13.5914 | 12.9977 | 14.9391 | 12.8063 |
| 马耳他 | 0.3142 | 0.2174 | 0.1392 | 0.0984 | 0.1713 |
| 毛里求斯 | 0.0003 | 0.0048 | 0.0015 | 0.0034 | 0.0037 |
| 墨西哥 | 9.1749 | 11.8072 | 16.3327 | 18.0980 | 14.1376 |
| 摩尔多瓦 | 0.0056 | 0.0006 | 0.0014 | 0.0017 | 0.0017 |
| 蒙古国 | 0.0000 | 0.0004 | 0.0000 | 0.0004 | 0.0005 |
| 荷兰 | 6.5930 | 9.3753 | 10.7781 | 11.8840 | 9.9654 |
| 新西兰 | 0.0636 | 0.0791 | 0.0831 | 0.0791 | 0.0767 |
| 挪威 | 0.2570 | 0.2375 | 0.2252 | 0.2489 | 0.2626 |
| 巴基斯坦 | 0.0000 | 0.0026 | 0.0059 | 0.0025 | 0.0025 |
| 巴拿马 | 0.0000 | 0.0925 | 0.1130 | 0.0000 | 0.0565 |
| 巴拉圭 | 0.0003 | 0.0014 | 0.0012 | 0.0019 | 0.0013 |
| 秘鲁 | 0.0061 | 0.0026 | 0.0068 | 0.0068 | 0.0056 |
| 菲律宾 | 3.4764 | 4.8070 | 3.0222 | 4.7088 | 3.9015 |
| 波兰 | 0.3589 | 0.7734 | 2.3091 | 3.3924 | 1.7557 |
| 葡萄牙 | 0.2399 | 0.5057 | 0.3259 | 0.3789 | 0.3563 |
| 罗马尼亚 | 0.0854 | 0.0854 | 0.4137 | 0.4476 | 0.3247 |
| 俄罗斯 | 0.1968 | 0.2137 | 0.5509 | 0.8341 | 0.4497 |
| 塞尔维亚 | 0.0014 | 0.0062 | 0.0174 | 0.0241 | 0.0137 |
| 新加坡 | 15.8523 | 6.9936 | 19.6445 | 19.5974 | 18.0092 |
| 斯洛伐克 | 0.0821 | 0.5644 | 2.3190 | 2.1256 | 1.3882 |
| 斯洛文尼亚 | 0.1859 | 0.0779 | 0.1136 | 0.1165 | 0.1290 |
| 南非 | 0.0526 | 0.0828 | 0.0565 | 0.0561 | 0.0659 |

续表

| 国家 | 2000 年 | 2006 年 | 2012 年 | 2018 年 | 平均值 |
|---|---|---|---|---|---|
| 西班牙 | 0.8814 | 0.8208 | 0.6397 | 1.0398 | 0.8572 |
| 斯里兰卡 | 0.0350 | 0.0089 | 0.0102 | 0.0000 | 0.0139 |
| 瑞典 | 4.2163 | 3.0660 | 2.7280 | 2.3970 | 2.9926 |
| 瑞士 | 0.6553 | 0.4682 | 0.5866 | 0.7442 | 0.5830 |
| 泰国 | 4.5843 | 7.2614 | 7.5924 | 8.3124 | 6.8295 |
| 特立尼达和多巴哥 | 0.0003 | 0.0009 | 0.0006 | 0.0000 | 0.0010 |
| 突尼斯 | 0.0354 | 0.0506 | 0.2332 | 0.1576 | 0.1291 |
| 土耳其 | 0.2904 | 0.4394 | 0.5072 | 0.5310 | 0.4504 |
| 乌克兰 | 0.1075 | 0.0506 | 0.1634 | 0.0585 | 0.0912 |
| 英国 | 8.9069 | 9.6012 | 3.2162 | 3.3968 | 5.1084 |
| 美国 | 29.9598 | 23.6960 | 20.7598 | 23.0420 | 22.7669 |
| 乌拉圭 | 0.0007 | 0.0007 | 0.0016 | 0.0022 | 0.0013 |
| 乌兹别克斯坦 | 0.0000 | 0.0000 | 0.0000 | 0.0058 | 0.0006 |
| 委内瑞拉 | 0.0013 | 0.0006 | 0.0001 | 0.0000 | 0.0014 |
| 越南 | 0.1071 | 0.3392 | 3.9976 | 22.1033 | 4.6790 |
| 平均 | 2.2021 | 2.6759 | 3.2223 | 4.1765 | 3.0156 |

数据来源:UNESCO 数据库且根据作者整理计算。

(二)区域比较分析

表 4-8 是按各区域类型划分的历年基于数字出口渠道溢出的国际知识资本指数变化表,表中可以看出:就经济发展水平而言,发达国家、发展中国家与转型国家的数字出口溢出知识资本在整个时期总体均处于上升的趋势,其指数值分别从 2000 年的 5.1944、1.2590 和 0.1325 上升到 2018 年的 5.5632、5.5795 和 0.6871,年均增长率分别为 0.38%、8.62% 和 9.58%,其中只有发达国家和发展中国家整个时期数字出口溢出知识资本指数的年均值高于样本国年均水平,而转型国家则低于样本国年均水平。从具体国别看,在整个时期,发达国家数字出口溢出知识资本指数的年均值高于样本国年均水平(3.0156)的国家有 10 个,分

表 4-8　历年基于数字出口溢出的国际知识资本指数的区域比较

| 区域 | 划分 | 2000 年 | 2006 年 | 2012 年 | 2018 年 | 年均值 | 年均增长率 |
|---|---|---|---|---|---|---|---|
| 经济发展水平 | 发达国家 | 5.1944 | 4.6448 | 4.4860 | 5.5632 | 4.8659 | 0.38% |
| | 发展中国家 | 1.2590 | 2.7962 | 4.0924 | 5.5795 | 3.3686 | 8.62% |
| | 转型国家 | 0.1325 | 0.2953 | 0.6041 | 0.6871 | 0.4487 | 9.58% |
| 合作关系 | 二十国集团 | 4.9665 | 6.2989 | 7.1080 | 9.0225 | 6.6838 | 3.37% |
| | 金砖国家 | 2.0878 | 10.4658 | 17.7512 | 22.9875 | 13.3540 | 14.26% |
| | 上海合作组织 | 0.7406 | 3.7171 | 6.3785 | 8.2418 | 4.7768 | 14.32% |
| | 亚太经合组织 | 7.4038 | 9.5302 | 12.4953 | 16.6502 | 11.3190 | 4.61% |
| 联盟关系 | 欧盟 | 1.9711 | 2.1127 | 1.8863 | 2.2373 | 2.0180 | 0.71% |
| | 美盟 | 2.8441 | 2.5169 | 2.5225 | 2.7194 | 2.5485 | −0.25% |
| | 非盟 | 0.0201 | 0.0279 | 0.0594 | 0.0560 | 0.0426 | 5.86% |
| | 东盟（中国） | 6.6145 | 12.1716 | 19.3823 | 26.2585 | 16.1275 | 7.96% |
| 伙伴关系 | CPTPP | 6.1081 | 5.4231 | 6.9861 | 8.9907 | 6.8193 | 2.17% |
| | NAFTA | 14.8289 | 13.0082 | 13.1940 | 14.4080 | 13.3073 | −0.16% |
| | RCEP | 7.3789 | 11.1595 | 15.6594 | 21.7233 | 13.8199 | 6.18% |
| "一带一路"沿线 | 东（南）亚 | 1.9210 | 10.2649 | 17.5847 | 22.7717 | 13.1621 | 14.73% |
| | 东南亚 | 6.1480 | 5.6806 | 8.1187 | 11.7612 | 7.9203 | 3.67% |
| | 西亚 | 0.1935 | 0.1651 | 0.2728 | 0.3828 | 0.2430 | 3.86% |
| | 中东欧 | 0.1998 | 0.5205 | 1.0353 | 1.1870 | 0.7739 | 10.41% |
| | 独联体 | 0.0582 | 0.0321 | 0.1039 | 0.1061 | 0.0707 | 3.39% |
| 样本国平均 | | 2.2021 | 2.6759 | 3.2223 | 4.1765 | 3.0156 | 3.62% |

数据来源：UNESCO 数据库且根据作者整理计算。

别是韩国（23.6150）、美国（22.7669）、新加坡（18.0092）、日本（14.9921）、德国（12.5741）、荷兰（9.9654）、英国（5.1084）、法国（4.0319）、爱尔兰（3.3595）和加拿大（3.0174），数量占到了 27 个发达国家的 37.04%；在整个时期，发展中国家数字出口溢出知识资本指数的年均值高于样本国年均水平的国家有 6 个，分别是中国（65.3708）、墨西哥（14.1376）、马来西亚（12.8063）、泰国（6.8295）、越南（4.6790）和菲律宾（3.9015），数量占到了 33 个发展中国家的 18.18%；在整个时期,24 个转型国家数字出口溢出知识资本指数的年均值均低于样本国年均水平,数值最低的 5 个国家分别是蒙古国(0.0005)、乌兹别克斯坦(0.0006)、阿塞拜疆(0.0008)、吉尔吉斯斯坦(0.0011)和摩尔多瓦(0.0017)。

就合作关系而言,各类型国家的数字出口溢出知识资本指数在整个时期均处于上升的趋势,二十国集团、金砖国家、上海合作组织和亚太经合组织的数字出口溢出知识资本指数分别从 2000 年的 4.9665、2.0878、0.7406 和 7.4038 上升到 2018 年的 9.0225、22.9875、8.2418 和 16.6502,年均增长率分别为3.37%、14.26%、14.32%和 4.61%,二十国集团、金砖国家、上海合作组织和亚太经合组织整个时期数字出口溢出知识资本指数的年均值均高于样本国年均水平。从具体国别看,在整个时期,二十国集团数字出口溢出知识资本指数的年均值高于样本国年均水平的国家有 11 个,分别是、韩国(23.6150)、美国(22.7669)、日本(14.9921)、墨西哥(14.1376)、德国(12.5741)、荷兰(9.9654)、英国(5.1084)、法国(4.0319)、爱尔兰(3.3595)和加拿大(3.0174),数量占到了29 个二十国集团的 37.93%;在整个时期,金砖国家数字出口溢出知识资本指数的年均值高于样本国年均水平的只有中国(65.3708),数量占到了 5 个金砖国家的 20%;整个时期,上海合作组织成员数字出口溢出知识资本指数的年均值高于样本国年均水平的国家只有中国(65.3708),数量占到了 14 个上海合作组织成员的 7.14%;在整个时期,亚太经合组织成员数字出口溢出知识资本指数的年均值高于样本国年均水平的国家有 11 个,分别是中国(65.3708)、韩国(23.6150)、美国(22.7669)、新加坡(18.0092)、日本(14.9921)、墨西哥(14.1376)、马来西亚(12.8063)、泰国(6.8295)、越南(4.6790)、菲律宾(3.9015)和加拿大(3.0174),数量占到了 17 个亚太经合组织成员的 64.71%。

就联盟关系而言,欧盟、非盟和东盟(中国)的数字出口溢出知识资本在整个时期均处于上升的趋势,其指数值分别从 2000 年的 1.9711、0.0201 和 6.6145上升到 2018 年的 2.2373、2.7194 和 26.2585,年均增长率分别为 0.71%、5.86%和 7.96%,而美盟数字出口溢出知识资本在整个时期则处于稳步下降的趋势,其指数值从 2000 年的 2.8441 下降到 2018 年的 2.7194,年均增长率为−0.25%,其中只有东盟整个时期数字出口溢出知识资本指数的年均值高于样本国年均水平,而欧盟、美盟和非盟则低于样本国年均水平。从具体国别看,在整个时期,欧盟数字出口溢出知识资本指数的年均值高于样本国年均水平的国家有 5 个,分别是德国(12.5741)、荷兰(9.9654)、英国(5.1084)、法国(4.0319)和爱尔兰(3.3595),数量占到了 28 个欧盟成员国的 17.86%;在整个时期,美盟数字出口溢出知识资本指数的年均值高于样本国年均水平的国家有 3 个,分别是美国(22.7669)、墨西哥(14.1376)和加拿大(3.0174),数量占到了 16 个美盟成员国的 18.75%;在整个时期,5 个非盟成员国数字出口溢出知识资本指数的年均值均低于样本国年均水平,分别是阿尔及利亚(0.0005)、毛里求斯(0.0037)、埃及(0.0138)、南非(0.0659)和突尼斯(0.1291);在整个时期,东盟(中国)数字出口溢出知识资本指数的年均值高于样本国年均水平的国家有 6 个,分别是中国(65.3708)、新加坡(18.0092)、马来西亚(12.8063)、泰国(6.8295)、越南(4.6790)和菲律宾(3.9015),数量占到了 7 个东盟(中国)成员国的 85.71%。

就伙伴关系而言,CPTPP 和 RCEP 成员国的数字出口溢出知识资本在整个时期均处于上升的趋势,其指数值分别从 2000 年的 6.1081 和 7.3789 上升到 2018 年的 8.9907 和 21.7233,年均增长率分别为 2.17% 和 6.18%,而 NAFTA 成员国的数字出口溢出知识资本在整个时期则处于稳步下降的趋势,其指数值从 2000 年的 14.8289 下降到 2018 年的 14.4080,年均增长率为 -0.16%,CPTPP、NAFTA 和 RCEP 成员国整个时期数字出口溢出知识资本指数的年均值均高于样本国年均水平。从具体国别看,在整个时期,CPTPP 成员国数字出口溢出知识资本指数的年均值高于样本国年均水平的国家有 6 个,分别是新加坡(18.0092)、日本(14.9921)、墨西哥(14.1376)、马来西亚(12.8063)、越南(4.6790)和加拿大(3.0174),数量占到了 10 个 CPTPP 成员国的 60%;在整个时期,NAFTA 成员国数字出口溢出知识资本指数的年均值高于样本国年均水平的国家有 3 个,分别是美国(22.7669)、墨西哥(14.1376)和加拿大(3.0174),数量占到了 3 个 NAFTA 国家的 100%;在整个时期,RCEP 成员国数字出口溢出知识资本指数的年均值高于样本国年均水平的国家有 8 个,分别是中国(65.3708)、韩国(23.6150)、新加坡(18.0092)、日本(14.9921)、马来西亚(12.8063)、泰国(6.8295)、越南(4.6790)和菲律宾(3.9015),数量占到了 11 个 RCEP 成员国的 72.73%。

就"一带一路"沿线而言,各类型国家的数字出口溢出知识资本在整个时期均处于上升的趋势,东(南)亚、东南亚、西亚、中东欧和独联体的数字出口溢出知识资本指数分别从 2000 年的 1.9210、6.1480、0.1935、0.1998 和 0.0582 上升到 2018 年的 22.7717、11.7612、0.3828、1.1870 和 0.1061,年均增长率分别为 14.73%、3.67%、3.86%、10.41% 和 3.39%,其中只有东(南)亚和东南亚国家整个时期数字出口溢出知识资本指数的年均值高于样本国年均水平,而西亚、中东欧和独联体均低于样本国年均水平。从具体国别看,在整个时期,东(南)亚国家数字出口溢出知识资本指数的年均值高于样本国年均水平的只有中国(65.3708),数量占到了5个东(南)亚国家的20%,其余国家如印度(0.4227)、斯里兰卡(0.0139)、巴基斯坦(0.0025)和蒙古国(0.0005)数字出口溢出知识资本指数的年均值都低于样本国年均水平;在整个时期,东南亚国家数字出口溢出知识资本指数的年均值高于样本国年均水平的有5个,分别是新加坡(18.0092)、马来西亚(12.8063)、泰国(6.8295)、越南(4.6790)和菲律宾(3.9015),数量占到了6个东南亚国家的83.33%,其余国家如印度尼西亚(0.9062)数字出口溢出知识资本指数的年均值都低于样本国年均水平;在整个时期,8个西亚国家数字出口溢出知识资本指数的年均值都低于样本国年均水平,分别为以色列(1.3230)、土耳其(0.4504)、希腊(0.1233)、塞浦路斯(0.0190)、埃及(0.0138)、约旦(0.0108)、伊朗(0.0037)和伊拉克(0.0000);在整个时期,13个中东欧国家数字出口溢出知识资本指数的年均值都低于样本国年均水平,分别为匈牙利(2.8732)、捷克(2.8246)、波兰(1.7557)、斯洛伐克(1.3882)、罗马尼亚(0.3247)、爱沙尼亚(0.2793)、立陶宛(0.1952)、斯洛文尼亚(0.1290)、拉脱维亚(0.1249)、保加利亚(0.0831)、克罗地亚(0.0663)、塞尔维亚(0.0137)和马其顿(0.0030);在整个时期,10个独联体国家数字出口溢出知识资本指数的年均值都低于样本国年均水平,分别为俄罗斯(0.4497)、白俄罗斯(0.1102)、乌克兰(0.0912)、哈萨克斯坦(0.0462)、格鲁吉亚(0.0035)、亚美尼亚(0.0022)、摩尔多瓦(0.0017)、吉尔吉斯斯坦(0.0011)、阿塞拜疆(0.0008)和乌兹别克斯坦(0.0006)。

# 第五章　全要素生产率的测度与发展趋势比较分析

## 第一节　全要素生产率测度方法的确定

近年来,国内外关于全要素生产率的文献层出不穷,但在全要素生产率测算方法的选择上,不同学者采用的方法往往不同。因此,本节对近年来发表在国际权威和重要期刊上关于全要素生产率的文献做一综述,以方便研究之用。鉴于本书研究的是国内外知识资本溢出效应的国际比较问题,因此选取的国际权威和重要期刊应符合以下四个要求:

(1)文献中关于全要素生产率的测算必须是基于跨国层面的。目前关于单一国家的全要素生产率测算文献比较多,如 Cameron et al. (2005)、Abdih and Joutz(2006)、Herzer(2012)等学者分别对英国、美国和德国全要素生产率的测算都是基于单一国家层面的,但这些并不属于本书的研究范畴。

(2)文献中关于全要素生产率的测算必须是针对宏观层次的。去掉关于单一国家全要素生产率测算的文献,仅仅研究跨国层面,我们发现还有很多关于宏观之外的其他层次——包括企业、行业等微观和中观层次的文献。如 Frantzen (2002)对 14 个 OECD 国家 22 个制造行业的研究、Gutierrez and Gutierrez (2003)对 47 个国家农业部门的研究、Damijan et al. (2013)对 10 个转型国家近9 万家企业的研究等等,这些学者对全要素生产率的测算都是基于微观或中观层次进行的,也都不属于本书的探讨范围。

(3)文献中关于全要素生产率的测算还必须涉及与知识资本的关系。在去掉与以上两点无关的文献后,我们发现还有不少文献仅仅只是单纯对全要素生产率进行测算,并没有随之考察知识资本与全要素生产率的相关性,如 Arcelus and Arocena(2000)对 14 个 OECD 国家的研究、Miller and Upadhyay(2002)对 83 个国家的研究以及 Aghion and Howitt(2007)对 22 个 OECD 国家的研究等等,这些文献都只是单纯对全要素生产率进行测算,并没有探讨知识资本与全要素生产率间的关系。由于本书研究的是国内外知识资本投入与全要素生产率间的关系问题,为使实证分析更具可行性,不论是在国家数目选择上还是在时间跨度选取上,对全要素生产率的测算必须与知识资本的测度相对应,否则会影响到测算出的全要素生产率指数在实证分析中的适用性。

(4)在用"跨国层面"、"宏观层次"和"涉及知识资本"等三个条件对有关全要素生产率测算的文献做了筛选之后,我们还有必要应用另一个条件进行鉴别,以使我们的研究范围进一步集聚,那就是:本节选择的文献必须有全要素生产率具体的测算方法和测算过程的介绍。由此将另一些直接使用他人全要素生产率测算结果的文献排除在外。

根据这四个条件,我们对本章的研究范围进行了进一步界定。由于开放经济下知识资本与全要素生产率的相关研究主要是从 Coe 和 Helpman(1995)后才开始大量出现,因此我们以 1995 年为基期,将 1995 以来发表在《国际经济学》、《发展经济学》、《欧洲经济评论》和《应用经济学》等国际权威和重要期刊上的 28 篇论文,进行分类编码后列示(见表 5-1)。这些文献都符合上述四个条件的要求,同时在本领域较有影响力,研究方法也具有一定的创新性和代表性。

## 一、现有全要素生产率测度方法总结

关于宏观层面或跨国层面的全要素生产率测算方法有哪些,国内外学者说法不一,通过对相关文献总结(见表 5-1),我们认为全要素生产率的测算方法主要分为以下五种,即收入份额法、生产函数法、指数法、随机前沿分析法和数据包络分析法。其中第一种、第二种和第四种为参数方法,第三种和第五种为非参数方法。

收入份额法(Imcome Share,即 IS 法)测算全要素生产率的基本思路是:以新古典增长模型为基础,在规模报酬不变、利润最大化和完全竞争假设条件下,得出资本和劳动等要素的产出弹性等于它们各自在国民收入中所占的份额,然后根据统计资料数据或是经验方法确定各要素的收入份额,进而测算出全要素生产率。从文献中发现,收入份额法是目前最常见的测算全要素生产率的方法。在 28 篇文章中,该方法总共被 19 篇文章采用,分别是 01-05、08-10、12-14、

16-17、19、21-22、26-28 文。在资本和劳动收入份额的确定上,其中有 10 篇文章是根据统计资料进行计算的,有 14 篇文章是根据经验法进行计算的。

生产函数法(Production Function,即 PF 法)测算全要素生产率的基本思路是:在新古典增长模型的基础上,通过建立某种具体形式的生产函数,利用计量回归方法直接估计出各投入要素的产出弹性,进而测算出全要素生产率。在 28 篇文章中,生产函数法仅被 2 篇文章采用,分别是 06 和 24 文,而函数形式均是利用 C-D 生产函数。

指数法(Index Numbers,即 IN 法)测算全要素生产率的基本思路是:首先通过将一个经济单位在某一时期内的总产出与总投入进行比值得到一个统计指标,然后将两个不同时期的该统计指标再进行比值得到全要素生产率指数,以此来衡量全要素生产率。在 28 篇文章中,指数法被 3 篇文章采用,分别是 07、15 和 18 文。在指数形式选择上,有 1 篇文章使用 Superlative 指数进行测算,有 2 篇文章使用 Törnqvist 指数进行测算。

随机前沿分析法(Stochastic Frontier Analysis,即 SFA 法)测算全要素生产率的基本思路是:首先利用观测样本估计出随机前沿生产函数中的待估计参数,然后根据 Kumbhakar 和 Lovell(2000)提出的方法将全要素生产率进行分解,进而测算出全要素生产率。在 28 篇文章中,随机前沿分析法被 3 篇文章采用,分别是 20、23 和 25 文,在函数形式选择上,3 篇文章均使用超越对数生产函数进行测算。

数据包络分析法(Data Envelopment Analysis,即 DEA 法)是一种能够用于多输入和多输出系统的相对效率评价方法,它在全要素生产率的测算中经常与 Malmquist 指数相结合,形成 DEA-Malmquist 指数,其测算的基本思路是:首先根据各观测单元的投入产出数据,利用 DEA 法的线性规划技术构造出有效生产前沿面,然后将每个观测单元的实际产出与有效生产前沿面进行比较构造出距离函数,最后基于两期的距离函数测算出 Malmquist 生产率变动指数。可以发现,在跨国宏观层面,采用数据包络分析法测算全要素生产率的文章非常少,在 28 篇文章中,该方法只有被 1 篇文章采用,为第 11 文。

表 5-1　1995 年以来国际权威和重要期刊上关于全要素生产率测算的主要论文

| 编码 | 作者 | 测算方法 | 时期 | 经济体数 | 关键步骤 |
|---|---|---|---|---|---|
| 01 | Coe and Helpman (1995) | IS | 1971—1990 | 22 OECD | 根据统计资料并取样本均值 |
| 02 | Coe et al. (1997) | IS | 1971—1990 | 77 LDC | 资本份额 0.4、劳动份额 0.6 |
| 03 | Frantzen(1998) | IS | 1965—1991 | 21 OECD | 根据统计资料并取样本均值 |
| 04 | Xu(2000) | IS | 1966—1994 | 40OECD/LDC | 资本份额 0.35、劳动份额 0.65 |
| 05 | del Barrio-Castro et al. (2002) | IS | 1966—1995 | 21 OECD | 根据统计资料并取样本均值 |
| 06 | Crespo et al. (2004) | PF | 1988—1998 | 28 OECD | C-D 生产函数回归法 |
| 07 | Griffith et al. (2004) | IN | 1971—1990 | 12 OECD | Superlative 指数 |
| 08 | Luintel and Khan (2004) | IS | 1965—1999 | 10 OECD | 资本份额 0.3、劳动份额 0.7 |
| 09 | Ciruelos and Wang (2005) | IS | 1988—2001 | 47OECD/LDC | 资本份额 0.35、劳动份额 0.65 |
| 10 | Lee(2005) | IS | 1971—2000 | 17 OECD | 根据统计资料并取样本均值 |
| 11 | Lee and Park(2005) | DEA | 1994—1998 | 27 OECD/Asia | Malmquist 指数 |
| 12 | Luintel and Khan (2005) | IS | 1981—2000 | 19 OECD | 资本份额 0.3、劳动份额 0.7 |
| 13 | Xu and Chiang(2005) | IS | 1980—2000 | 48 DC/LDC | 资本份额 0.4、劳动份额 0.6 |
| 14 | Lee(2006) | IS | 1981—2000 | 16 OECD | 根据统计资料并取样本均值 |
| 15 | Madsen(2007) | IN | 1987—2004 | 16 OECD | 指数形式：Törnqvist |
| 16 | Mendi(2007) | IS | 1971—1995 | 16 OECD | 根据统计资料并取样本均值 |
| 17 | Lee(2008) | IS | 1981—1999 | 13 OECD | 根据统计资料并取样本均值 |
| 18 | Madsen(2008) | IN | 1883—2004 | 16 OECD | 指数形式：Törnqvist |
| 19 | Coe et al. (2009) | IS | 1971—2004 | 24 OECD | 根据统计资料并取样本均值 |
| 20 | Henry et al. (2009) | SFA | 1970—1998 | 57 LCD | 函数形式：超对数生产函数 |
| 21 | Lee(2009) | IS | 1981—2000 | 17 OECD | 根据统计资料并取样本均值 |
| 22 | Krammer(2010) | IS | 1990—2006 | 47OECD/Trans | 资本份额 0.35、劳动份额 0.65 |
| 23 | Castillo et al. (2011) | SFA | 1996—2006 | 16 LATAM | 超越对数生产函数 |
| 24 | Le(2012) | PF | 1998—2006 | 41 Africa | C-D 生产函数回归法 |

| 编码 | 作者 | 测算方法 | 时期 | 经济体数 | 关键步骤 |
|---|---|---|---|---|---|
| 25 | Wang and Wong (2012) | SFA | 1986—2007 | 77OECD/LDC | 超越对数生产函数 |
| 26 | Ang and Madsen (2013) | IS | 1955—2006 | 26 OECD/Asia | 资本份额0.3、劳动份额0.7 |
| 27 | Schiff and Wang (2013) | IS | 1976—2000 | 50 LDC/Trans | 根据统计资料并取样本均值 |
| 28 | Krammer(2014) | IS | 1990—2009 | 47OECD/Trans | 资本份额0.35、劳动份额0.65 |

资料来源:根据作者整理。注:IS、PF、IN、DEA和SFA等字母分别代表收入份额法、生产函数法、指数法、数据包络分析法和随机前沿分析法;LDC、DC、Trans、Asia、LATAM、Arica和OECD等字母分别代表发展中国家、发达国家、转型国家、亚洲国家、拉美国家、非洲国家和经合组织国家。

## 二、全要素生产率测度方法的确定

### (一)现有测度方法的缺陷

就收入份额法而言,岳书敬和刘朝明(2006)就指出收入份额法在计算全要素生产率时,需要提出行为和制度假设,如完全竞争和利润最大化等,这一点对于发展中国家尤其是处于转型期的国家是不合适的。Ozyurt(2009)也认为在转型经济或中央计划经济中,收入份额法所主张的完全竞争市场和利润最大化假设和现实有些出入,特别是在价格扭曲情况下,如果将要素收入份额作为其产出弹性就不再合适,这样会使相关估计出现偏差。

就生产函数法而言,李宾和曾志雄(2009)指出生产函数法假设要素的产出弹性为常数,较为适用于成熟的市场经济体,对于那些增长较快的发展中国家或转型国家来说,允许系数项随时间可变,将更易于接受。蔡晓陈(2012)对生产函数法估计全要素生产率会出现的问题进行了总结,即所估计的要素报酬份额严重偏离实际值、要素份额固定不变与事实不符以及数据时间增长会改变估计结果等。

就指数法而言,吴军(2009)指出指数法暗含着资本和劳动力可以完全替代、边际生产率不变的严格假设,这显然缺乏合理性,因而它更多的是一种概念化方法,较少用于具体的实证分析。此外,指数法对于价格指标和数量指标的全面性、真实性要求严格,而且还忽视了随机因素对全要素生产率的影响作用(郝然,2011)。

就随机前沿分析法(SFA)而言,郭庆旺等(2005)指出 SFA 法虽然可以很好地处理度量误差,但需要给出生产函数形式和非效率项分布的明确假设,对于样本量较少的经验研究而言,会存在较大问题,而且错误设定函数形式往往会导致结果与实际偏差较大。涂正革和肖耿(2006)也认为 SFA 法的缺点在于模型的函数形式上,如技术是否中性、技术非效率是否存在、规模报酬、动态变化等假设等都可能限制数据与模型的匹配效率。

就数据包络分析法(DEA)而言,蒋萍和谷彬(2009)指出 DEA 法没有考虑随机误差对效率的影响,在研究时期较长和数据规模庞大的经验研究中,随机误差也会相应较多,DEA 法是一种数据驱动方法,对数据敏感性较高,其稳健性易受数据误差的影响。此外,DEA 法建立的不是统计模型,不能做出更多的统计分析(金剑,2007)。

(二)本章测度方法的确定

虽然历年文献中测算全要素生产率的方法多种多样,但从上面的评价中可以发现,各种测算方法都或多或少地存在着一些缺陷,如果直接利用上述某一种方法来测算全要素生产率,可能就会得出不太准确的结果。我们通过对各种方法的仔细分析发现,前沿分析法(即 DEA 法和 SFA 法)实际上只是测算了全要素生产率的变动状况,也就是说,这两种方法的测算结果只能得到全要素生产率的增长率,并不能得到全要素生产率的水平值,这就无法反映出各经济体历年全要素生产率的发展水平。正因为前沿分析法这一缺陷的存在,使得徐盈之和赵玥(2009)在运用 DEA 法测算了 Malmquist 生产率指数后,只能再运用生产函数法重新测算了一遍全要素生产率,以使得到的新数据便于进行随后的趋同性分析。郭庆旺和贾俊雪(2005)还进一步指出 DEA 法和 SFA 法都是建立在产出缺口估算的基础上,无论用何种方法估算产出缺口,都会存在估算误差,从而导致全要素生产率增长率的估算偏差;此外,生产函数法的缺陷也十分明显,就是用该方法测算出的各要素产出弹性只是固定常数,它反映的只是整个研究时期的平均水平,未能反映不同时期各要素收入份额的变化,因此该方法仅适用于估计整个研究时期各要素的平均贡献率,如果用于估计逐期贡献率很可能是有偏甚至是错误的(章上峰和许冰,2009)。

对于收入份额法来说,虽然完全竞争和规模报酬不变假设在某种程度上具有限制性。但由于该方法不使用计量回归,直接根据经济含义和可得数据计算全要素生产率,有效避免了平稳性、多重共线性和虚假回归等问题(王曦等,

2006)。此外,收入份额法还具有以理论模型为基础、测算过程相对简便和实用性强等优点,成为目前国内外学者使用最为广泛的测算全要素生产率的方法。这一点从表 5-1 就可以得到证实。孙琳琳和任若恩(2005)也认为收入份额法要优于其他测算方法,原因在于该方法是国际上普遍接受的全要素生产率测算方法,选用该方法有利于估计结果的国际比较。此外,OECD 在其生产率手册中也推荐使用收入份额法进行全要素生产率的测算[1]。因此,我们认为收入份额法更适合本章对各国(区域)全要素生产率的测算。

## 第二节　全要素生产率的测度

上一节综述了近年来文献中关于全要素生产率的测算方法以及各方法的优缺点,发现收入份额法由于可以有效避免平稳性、多重共线性和虚假回归等问题,以及具有理论模型为基础、测算过程简便、实用性强和有利于国际比较等优势,成为目前国内外学者使用最为广泛的测算全要素生产率的方法。基于此,本章将利用收入份额法测算历年各国(区域)全要素生产率指数,以克服各测算方法的不足之处,从而更真实准确地反映各国全要素生产率发展水平的实际情况。

为了测度世界各国历年的全要素生产率指数,我们根据 Solow(1957)总量生产函数的框架,假定产出只使用资本和劳动两种投入要素,将全要素生产率表示为:

$$TFP_{it} = Y_{it}/L_{it}^{\alpha} K_{it}^{\beta} \tag{5.1}$$

在公式(5.1)中,$i$ 代表国家,$t$ 代表时间;$TFP$ 为全要素生产率,代表除资本和劳动投入之外的所有其他对经济增长有所贡献的因素;$Y$ 为实际产出,$L$ 为劳动力投入,$K$ 为资本存量;$\alpha$ 和 $\beta$ 分别为劳动和资本的产出弹性。在完全竞争和利润最大化的假设条件下,劳动产出弹性 $\alpha$ 和资本产出弹性 $\beta$ 分别等于产出中的资本和劳动收入份额。在规模报酬不变的假设条件下,则有 $\alpha + \beta = 1$,因而公式(5.1)可以进一步转换为:

$$TFP_{it} = Y_{it}/L_{it}^{\alpha} K_{it}^{1-\alpha} \tag{5.2}$$

从公式(5.2)中可以看出,全要素生产率的测度共涉及实际产出($Y$)、劳动

---

[1]　对指数法来说,Carlaw and Lipsey(2003)认为指数法可以被当作是收入份额法的扩展和补充,两种方法是相似的;郭庆旺和贾俊雪(2005)也指出收入份额法的本质也是一种指数法,因而指数法的优势相似于收入份额法。

力投入($L$)、物质资本存量($K$)、劳动收入份额($\alpha$)和资本收入份额($1-\alpha$)等 5 项指标的选择。各项指标的具体测算方法如下:

(1)实际产出。根据绝大多数文献的做法,选取国内生产总值(GDP)作为实际产出的代理指标。为消除物价影响并保持数据可比性,与第三章相同,我们将各国历年 GDP 数据按汇率换算成以 2015 年为基期的美元计价数据(简称 GDP 不变价)。

(2)劳动力投入 $L$。根据 Park(2004)、Acharya 和 Keller(2009)等学者的做法,选择就业人数作为劳动力投入的代理指标。

(3)物质资本存量 $K$。与研发资本的计算过程一样,各国历年物质资本存量的计算也使用永续存盘法(Schiff and Wang,2006;No,2009),具体计算公式为:$K_{it}=(1-\delta)K_{it-1}+I_{it}$。

其中,$i$ 代表国家,$t$ 代表年份,$\delta$ 代表折旧率,$K$ 为物质资本存量,$I$ 为物质资本流量不变价。物质资本存量的计算涉及对物质资本流量不变价的计算、折旧率的选择和初始物质资本存量的确定。

首先是确定物质资本流量不变价 $I$。根据 Keller(2001)和 Lopez-Pueyo 等(2008)等学者的做法,选择固定资本形成总额作为物质资本流量的代理指标,并采用 2015 年为基期的美元价数据(简称物质资本存量不变价);其次是选择折旧率。由于研发资本的折旧率通常要高于物质资本的折旧率,所以根据 Frantzen(2002)和 Xu 和 Chiang(2005)等学者的做法,采用 10% 作为计算物质资本存量的折旧率[①];三是计算基期物质资本存量 $K_0$。由于本书起始数据为 2000 年,故以 2000 年为基期,采用 Easterly 和 Levine(2001)的方法进行计算:$K_{2000}=I_{2000}/(g+\delta)$。其中,$K_{2000}$ 为 2000 年的物质资本存量,$I_{2000}$ 为 2000 年的固定资本形成总额不变价,$g$ 为 2000—2018 年间固定资本形成总额不变价的平均增长率;$\delta$ 为折旧率(这里为 10%)。

(4)劳动收入份额 $\alpha$ 和物质资本收入份额 $1-\alpha$。在完全竞争市场和利润最大化假设条件下,劳动产出弹性等于产出中的劳动收入份额。本书借鉴 Xu(2000)和 Krammer(2010)等学者的做法,选择 0.35 和 0.65 分别作为劳动收入份额和资本收入份额。

---

① 这里选用 10% 作为物质资本存量的折旧率有两方面原因:一是由于本书选取的研发资本存量折旧率为 15%,因此物质资本存量折旧率的选取要小于该数值;二是由于绝大多数学者在文献中倾向于使用 10% 作为计算物质资本存量的折旧率。

## 第三节　发展趋势的比较分析

### 一、国内生产总值(GDP)不变价

(一)样本国整体层面比较分析

表 5-2 是世界各国历年 GDP 不变价的发展变化表,表中可以看出,2000—2018 年,样本国家整体层面的 GDP 不变价一直处于上升的趋势,其数值从 2000 年的 5457 亿美元上升到 2018 年的 9175 亿美元,年均增长率为 2.93%。从各国看,在整个时期,GDP 不变价的年均值高于样本国年均水平(7159 亿美元)的国家有 16 个,占 84 个样本国家数量的 19.05%,具体是美国(165224 亿美元)、中国(72898 亿美元)、日本(42601 亿美元)、德国(31273 亿美元)、英国(27080 亿美元)、法国(23133 亿美元)、意大利(18907 亿美元)、巴西(15690 亿美元)、印度(15450 亿美元)、加拿大(14038 亿美元)、韩国(12043 亿美元)、俄罗斯(11872 亿美元)、西班牙(11575 亿美元)、澳大利亚(10691 亿美元)、墨西哥(10308 亿美元)和荷兰(7271 亿美元);低于样本国年均水平的国家有 68 个,占 84 个样本国家数量的 80.95%,表明样本国家 GDP 不变价的发展水平总体低下,数值最低的 10 个国家分别是塞浦路斯(198 亿美元)、冰岛(157 亿美元)、格鲁吉亚(115 亿美元)、毛里求斯(95 亿美元)、马耳他(88 亿美元)、马其顿(85 亿美元)、亚美尼亚(83 亿美元)、蒙古国(79 亿美元)、摩尔多瓦(63 亿美元)和吉尔吉斯斯坦(53 亿美元)。中国 GDP 不变价的年均值为 72898 亿美元,在 84 个样本国中位列第 2 位,且 GDP 不变价的年均增长率为 9.19%,位列第 1 位。

表 5-2　各国历年 GDP 不变价(2015 年为基期)　　　　单位:亿美元

| 国家 | 2000 年 | 2006 年 | 2012 年 | 2018 年 | 平均值 | 年均增长率 |
|------|---------|---------|---------|---------|--------|------------|
| 阿尔及利亚 | 966 | 1265 | 1500 | 1756 | 1379 | 3.38% |
| 阿根廷 | 4290 | 5100 | 6288 | 6326 | 5468 | 2.18% |
| 亚美尼亚 | 39 | 80 | 96 | 120 | 83 | 6.43% |
| 澳大利亚 | 8010 | 9835 | 11586 | 13424 | 10691 | 2.91% |
| 奥地利 | 3111 | 3512 | 3754 | 4082 | 3591 | 1.52% |
| 阿塞拜疆 | 121 | 302 | 483 | 523 | 372 | 8.47% |

续表

| 国家 | 2000 年 | 2006 年 | 2012 年 | 2018 年 | 平均值 | 年均增长率 |
|------|--------|--------|--------|--------|--------|-----------|
| 白俄罗斯 | 261 | 412 | 572 | 582 | 462 | 4.56% |
| 比利时 | 3656 | 4128 | 4438 | 4842 | 4255 | 1.57% |
| 巴西 | 11933 | 14227 | 18049 | 17977 | 15690 | 2.30% |
| 保加利亚 | 304 | 428 | 489 | 552 | 445 | 3.38% |
| 加拿大 | 11634 | 13561 | 14686 | 16588 | 14038 | 1.99% |
| 智利 | 1345 | 1781 | 2252 | 2604 | 1975 | 3.74% |
| 中国 | 27701 | 49829 | 89264 | 134934 | 72898 | 9.19% |
| 哥伦比亚 | 1572 | 2004 | 2595 | 3115 | 2308 | 3.87% |
| 哥斯达黎加 | 304 | 396 | 513 | 625 | 456 | 4.08% |
| 克罗地亚 | 393 | 516 | 493 | 553 | 492 | 1.91% |
| 塞浦路斯 | 155 | 198 | 209 | 236 | 198 | 2.36% |
| 捷克 | 1263 | 1633 | 1746 | 2093 | 1670 | 2.85% |
| 丹麦 | 2629 | 2919 | 2883 | 3277 | 2888 | 1.23% |
| 埃及 | 1720 | 2203 | 2895 | 3638 | 2584 | 4.25% |
| 萨尔瓦多 | 176 | 198 | 220 | 252 | 209 | 2.00% |
| 爱沙尼亚 | 139 | 217 | 215 | 260 | 205 | 3.54% |
| 芬兰 | 1960 | 2320 | 2362 | 2516 | 2290 | 1.40% |
| 法国 | 20496 | 22829 | 23799 | 25750 | 23133 | 1.28% |
| 格鲁吉亚 | 64 | 99 | 134 | 169 | 115 | 5.56% |
| 德国 | 28343 | 30220 | 32213 | 35613 | 31273 | 1.28% |
| 希腊 | 2014 | 2574 | 2001 | 2001 | 2221 | −0.04% |
| 危地马拉 | 370 | 453 | 552 | 680 | 510 | 3.43% |
| 匈牙利 | 916 | 1183 | 1138 | 1406 | 1152 | 2.41% |
| 冰岛 | 119 | 154 | 158 | 204 | 157 | 3.05% |
| 印度 | 8170 | 12068 | 17396 | 26441 | 15450 | 6.74% |
| 印度尼西亚 | 3958 | 5250 | 7405 | 9992 | 6505 | 5.28% |
| 伊朗 | 2480 | 3389 | 4094 | 4560 | 3699 | 3.44% |

续表

| 国家 | 2000 年 | 2006 年 | 2012 年 | 2018 年 | 平均值 | 年均增长率 |
|---|---|---|---|---|---|---|
| 伊拉克 | 942 | 994 | 1477 | 1912 | 1263 | 4.01% |
| 爱尔兰 | 1583 | 2156 | 2115 | 3533 | 2260 | 4.56% |
| 以色列 | 1808 | 2112 | 2689 | 3402 | 2449 | 3.57% |
| 意大利 | 18414 | 19617 | 18560 | 19082 | 18907 | 0.20% |
| 日本 | 39868 | 42871 | 42779 | 45789 | 42601 | 0.77% |
| 约旦 | 184 | 271 | 355 | 410 | 308 | 4.55% |
| 哈萨克斯坦 | 662 | 1200 | 1650 | 2020 | 1387 | 6.40% |
| 韩国 | 7988 | 10750 | 13391 | 16019 | 12043 | 3.94% |
| 吉尔吉斯斯坦 | 35 | 44 | 56 | 76 | 53 | 4.35% |
| 拉脱维亚 | 159 | 264 | 252 | 300 | 242 | 3.58% |
| 立陶宛 | 225 | 348 | 379 | 460 | 354 | 4.07% |
| 卢森堡 | 404 | 499 | 555 | 651 | 528 | 2.70% |
| 马其顿 | 67 | 77 | 91 | 108 | 85 | 2.71% |
| 马来西亚 | 1483 | 1973 | 2584 | 3489 | 2326 | 4.87% |
| 马耳他 | 67 | 75 | 89 | 136 | 88 | 3.99% |
| 毛里求斯 | 66 | 81 | 105 | 131 | 95 | 3.90% |
| 墨西哥 | 8764 | 9834 | 10883 | 12551 | 10308 | 2.01% |
| 摩尔多瓦 | 39 | 58 | 68 | 88 | 63 | 4.63% |
| 蒙古国 | 39 | 57 | 95 | 134 | 79 | 7.17% |
| 荷兰 | 6440 | 7123 | 7410 | 8238 | 7271 | 1.38% |
| 新西兰 | 1166 | 1455 | 1611 | 2010 | 1546 | 3.07% |
| 挪威 | 3029 | 3458 | 3673 | 4035 | 3540 | 1.61% |
| 巴基斯坦 | 1454 | 1969 | 2333 | 3148 | 2175 | 4.39% |
| 巴拿马 | 211 | 282 | 455 | 621 | 381 | 6.19% |
| 巴拉圭 | 176 | 239 | 308 | 408 | 284 | 4.80% |
| 秘鲁 | 874 | 1159 | 1696 | 2103 | 1439 | 5.00% |
| 菲律宾 | 1428 | 1889 | 2538 | 3734 | 2318 | 5.49% |

续表

| 国家 | 2000 年 | 2006 年 | 2012 年 | 2018 年 | 平均值 | 年均增长率 |
|---|---|---|---|---|---|---|
| 波兰 | 2815 | 3471 | 4385 | 5443 | 3960 | 3.73% |
| 葡萄牙 | 1933 | 2051 | 1961 | 2165 | 2024 | 0.63% |
| 罗马尼亚 | 1021 | 1451 | 1606 | 2086 | 1535 | 4.05% |
| 俄罗斯 | 7829 | 11401 | 13569 | 14301 | 11872 | 3.40% |
| 塞尔维亚 | 301 | 419 | 439 | 509 | 420 | 2.97% |
| 新加坡 | 1405 | 1940 | 2745 | 3443 | 2331 | 5.11% |
| 斯洛伐克 | 480 | 666 | 814 | 965 | 731 | 3.96% |
| 斯洛文尼亚 | 323 | 407 | 414 | 487 | 408 | 2.31% |
| 南非 | 2025 | 2581 | 3005 | 3257 | 2735 | 2.68% |
| 西班牙 | 9707 | 11877 | 11518 | 12970 | 11575 | 1.62% |
| 斯里兰卡 | 360 | 472 | 707 | 901 | 593 | 5.22% |
| 瑞典 | 3648 | 4346 | 4654 | 5391 | 4478 | 2.19% |
| 瑞士 | 5317 | 5940 | 6621 | 7491 | 6297 | 1.92% |
| 泰国 | 2215 | 3030 | 3752 | 4505 | 3335 | 4.02% |
| 特立尼达和多巴哥 | 135 | 227 | 244 | 228 | 216 | 2.94% |
| 突尼斯 | 261 | 333 | 403 | 457 | 366 | 3.16% |
| 土耳其 | 4138 | 5620 | 7157 | 9886 | 6468 | 4.96% |
| 乌克兰 | 695 | 1085 | 1080 | 988 | 981 | 1.98% |
| 英国 | 23103 | 26729 | 27455 | 31390 | 27080 | 1.72% |
| 美国 | 138594 | 161467 | 171225 | 195746 | 165224 | 1.94% |
| 乌拉圭 | 335 | 352 | 505 | 601 | 439 | 3.30% |
| 乌兹别克斯坦 | 291 | 408 | 661 | 956 | 564 | 6.83% |
| 委内瑞拉 | 2518 | 3138 | 3770 | 1936 | 3034 | −1.45% |
| 越南 | 751 | 1142 | 1621 | 2347 | 1425 | 6.53% |
| 平均 | 5457 | 6627 | 7678 | 9175 | 7159 | 2.93% |

数据来源：UNCTAD 数据库且根据作者整理计算。

**（二）区域比较分析**

表 5-3 是按各区域类型划分的历年 GDP 不变价的变化表，从表中可以看出：就经济发展水平而言，各类型国家的 GDP 不变价在整个时期均处于上升的趋势，发达国家、发展中国家与转型国家的 GDP 不变价分别从 2000 年的 12835 亿美元、2829 亿美元和 770 亿美元上升到 2018 年的 17403 亿美元、8050 亿美元

表 5-3　历年 GDP 不变价的区域比较（2015 年为基期）　　单位：亿美元

| 区域 | 划分 | 2000 年 | 2006 年 | 2012 年 | 2018 年 | 年均值 | 年均增长率 |
|---|---|---|---|---|---|---|---|
| 经济发展水平 | 发达国家 | 12835 | 14690 | 15446 | 17403 | 14996 | 1.71% |
|  | 发展中国家 | 2829 | 4055 | 5970 | 8050 | 5113 | 5.98% |
|  | 转型国家 | 770 | 1093 | 1288 | 1466 | 1155 | 3.64% |
| 合作关系 | 二十国集团 | 14152 | 17062 | 19671 | 23547 | 18401 | 2.87% |
|  | 金砖国家 | 11531 | 18021 | 28257 | 39382 | 23729 | 7.06% |
|  | 上海合作组织 | 3827 | 6232 | 9866 | 14185 | 8297 | 7.55% |
|  | 亚太经合组织 | 15589 | 19363 | 23152 | 28446 | 21346 | 3.40% |
| 联盟关系 | 欧盟 | 4846 | 5491 | 5639 | 6303 | 5545 | 1.47% |
|  | 美盟 | 11452 | 13401 | 14640 | 16398 | 13874 | 2.01% |
|  | 非盟 | 1008 | 1293 | 1582 | 1848 | 1432 | 3.43% |
|  | 东盟（中国） | 5563 | 9293 | 15701 | 23206 | 13020 | 8.26% |
| 伙伴关系 | CPTPP | 7530 | 8555 | 9244 | 10435 | 8868 | 1.83% |
|  | NAFTA | 52998 | 61621 | 65598 | 74962 | 63190 | 1.94% |
|  | RCEP | 8725 | 11815 | 16298 | 21790 | 14366 | 5.22% |
| "一带一路"沿线 | 东（南）亚 | 7545 | 12879 | 21959 | 33112 | 18239 | 8.56% |
|  | 东南亚 | 1873 | 2537 | 3441 | 4585 | 3040 | 5.10% |
|  | 西亚 | 1680 | 2170 | 2610 | 3256 | 2399 | 3.74% |
|  | 中东欧 | 647 | 852 | 959 | 1171 | 900 | 3.35% |
|  | 独联体 | 1004 | 1509 | 1837 | 1982 | 1595 | 3.85% |
| 样本国平均 |  | 5457 | 6627 | 7678 | 9175 | 7159 | 2.93% |

数据来源：UNCTAD 数据库且根据作者整理计算

和 1466 亿美元，年均增长率分别为 1.71%、5.98% 和 3.64%，其中只有发达国家整个时期 GDP 不变价的年均值高于样本国年均水平，而发展中国家和转型国家则低于样本国年均水平。从具体国别看，在整个时期，发达国家 GDP 不变价的年均值高于样本国年均水平（7159 亿美元）的国家有 11 个，分别是美国（165224 亿美元）、日本（42601 亿美元）、德国（31273 亿美元）、英国（27080 亿美元）、法国（23133 亿美元）、意大利（18907 亿美元）、加拿大（14038 亿美元）、韩国（12043 亿美元）、西班牙（11575 亿美元）、澳大利亚（10691 亿美元）和荷兰（7271 亿美元），数量占到了 27 个发达国家的 40.74%；在整个时期，发展中国家 GDP 不变价的年均值高于样本国年均水平的国家有 4 个，分别是中国（72898 亿美元）、巴西（15690 亿美元）、印度（15450 亿美元）和墨西哥（10308 亿美元），数量占到了 33 个发展中国家的 12.12%；在整个时期，转型国家 GDP 不变价的年均值高于样本国年均水平的国家只有俄罗斯（11872 亿美元），占到了 24 个转型国家的 4.17%，其余 23 个国家 GDP 不变价的年均值都低于样本国年均水平。

就合作关系而言，各类型国家的 GDP 不变价在整个时期均处于上升的趋势，二十国集团、金砖国家、上海合作组织和亚太经合组织的 GDP 不变价分别从 2000 年的 14152 亿美元、11531 亿美元、3827 亿美元和 15589 亿美元上升到 2018 年的 23547 亿美元、39382 亿美元、14185 亿美元和 28446 亿美元，年均增长率分别为 2.87%、7.06%、7.55% 和 3.40%，二十国集团、金砖国家、上海合作组织和亚太经合组织整个时期 GDP 不变价的年均值都高于样本国年均水平。从具体国别看，在整个时期，二十国集团 GDP 不变价的年均值高于样本国年均水平的国家有 16 个，分别是美国（165224 亿美元）、中国（72898 亿美元）、日本（42601 亿美元）、德国（31273 亿美元）、英国（27080 亿美元）、法国（23133 亿美元）、意大利（18907 亿美元）、巴西（15690 亿美元）、印度（15450 亿美元）、加拿大（14038 亿美元）、韩国（12043 亿美元）、俄罗斯（11872 亿美元）、西班牙（11575 亿美元）、澳大利亚（10691 亿美元）、墨西哥（10308 亿美元）和荷兰（7271 亿美元），数量占到了 29 个二十国集团的 55.17%；在整个时期，金砖国家 GDP 不变价的年均值高于样本国年均水平的国家有 4 个，分别是中国（72898 亿美元）、巴西（15690 亿美元）、印度（15450 亿美元）和俄罗斯（11872 亿美元），数量占到了 5 个金砖国家的 80%；在整个时期，上海合作组织成员 GDP 不变价的年均值高于样本国年均水平的国家有 3 个，分别是中国（72898 亿美元）、印度（15450 亿美元）和俄罗斯（11872 亿美元），数量占到了 14 个上海合作组织成员的 21.43%；在整个时期，亚太经合组织成员 GDP 不变价的年均值高于样本国年均水平的国家有 8 个,分别是美国(165224 亿美元)、中国(72898 亿美元)、日本(42601 亿美元)、加拿大(14038 亿美元)、韩国(12043 亿美元)、俄罗斯(11872 亿美元)、澳大利亚(10691 亿美元)和墨西哥(10308 亿美元),数量占到了 17 个亚太经合组织成员的 47.06%。

就联盟关系而言,各类型国家的 GDP 不变价在整个时期均处于上升的趋势,欧盟、美盟、非盟和东盟(中国)的 GDP 不变价分别从 2000 年的 4846 亿美元、11452 亿美元、1008 亿美元和 5563 亿美元上升到 2018 年的 6303 亿美元、16398 亿美元、1848 亿美元和 23206 亿美元,年均增长率分别为 1.47%、2.01%、3.43%和 8.26%,其中只有美盟和东盟(中国)整个时期 GDP 不变价的年均值高于样本国年均水平,而欧盟和非盟则低于样本国年均水平。从具体国别看,在整个时期,欧盟 GDP 不变价的年均值高于样本国年均水平的国家有 6 个,分别是德国(31273 亿美元)、英国(27080 亿美元)、法国(23133 亿美元)、意大利(18907 亿美元)、西班牙(11575 亿美元)和荷兰(7271 亿美元),数量占到了 28 个欧盟成员国的 21.43%;在整个时期,美盟 GDP 不变价的年均值高于样本国年均水平的国家有 4 个,分别是美国(165224 亿美元)、巴西(15690 亿美元)、加拿大(14038 亿美元)和墨西哥(10308 亿美元),数量占到了 16 个美盟成员国的 25.00%;在整个时期,5 个非盟成员国 GDP 不变价的年均值都低于样本国年均水平,分别是毛里求斯(95 亿美元)、突尼斯(366 亿美元)、阿尔及利亚(1379 亿美元)、埃及(2584 亿美元)和南非(2735 亿美元);在整个时期,东盟(中国) GDP 不变价的年均值高于样本国年均水平的只有中国(72898 亿美元),数量占到了 7 个东盟(中国)成员国的 14.29%。

就伙伴关系而言,各类型国家的 GDP 不变价在整个时期均处于上升的趋势,CPTPP、NAFTA 和 RCEP 成员的 GDP 不变价分别从 2000 年的 7530 亿美元、52998 亿美元和 8725 亿美元上升到 2018 年的 10435 亿美元、74962 亿美元和 21790 亿美元,年均增长率分别为 1.83%、1.94%和 5.22%,CPTPP、NAFTA 和 RCEP 成员整个时期 GDP 不变价的年均值均高于样本国年均水平。从具体国别看,在整个时期,CPTPP 成员 GDP 不变价的年均值高于样本国年均水平的国家有 4 个,分别是日本(42601 亿美元)、加拿大(14038 亿美元)、澳大利亚(10691 亿美元)和墨西哥(10308 亿美元),数量占到了 10 个 CPTPP 成员国的 40%;在整个时期,3 个 NAFTA 成员 GDP 不变价的年均值都高于样本国年均水平,分别是美国(165224 亿美元)、加拿大(14038 亿美元)和墨西哥(10308 亿美元),数量占到了 3 个 NAFTA 成员的 100%;在整个时期,RCEP 成员 GDP

不变价的年均值高于样本国年均水平的国家有 4 个,分别是中国(72898 亿美元)、日本(42601 亿美元)、韩国(12043 亿美元)和澳大利亚(10691 亿美元),数量占到了 11 个 RECP 成员国的 36.36%。

就"一带一路"沿线而言,各类型国家的 GDP 不变价在整个时期均处于上升的趋势,东(南)亚、东南亚、西亚、中东欧和独联体的 GDP 不变价分别从 2000 年的 7545 亿美元、1873 亿美元、1680 亿美元、647 亿美元和 1004 亿美元上升到 2018 年的 33112 亿美元、4585 亿美元、3256 亿美元、1171 亿美元和 1982 亿美元,年均增长率分别为 8.56%、5.10%、3.74%、3.35% 和 3.85%,其中只有东(南)亚国家整个时期 GDP 不变价的年均值高于样本国年均水平,而其余四类沿线国家均低于样本国年均水平。从具体国别看,在整个时期,东(南)亚国家GDP 不变价的年均值高于样本国年均水平的国家有 2 个,分别是中国(72898 亿美元)和印度(15450 亿美元),数量占到了 5 个东(南)亚国家的 40%,其余国家如巴基斯坦(2175 亿美元)、斯里兰卡(593 亿美元)和蒙古国(79 亿美元)GDP 不变价的年均值都低于样本国年均水平。在整个时期,6 个东南亚国家 GDP 不变价的年均值都低于样本国年均水平,分别为印度尼西亚(6505 亿美元)、泰国(3335 亿美元)、新加坡(2331 亿美元)、马来西亚(2326 亿美元)、菲律宾(2318 亿美元)和越南(1425 亿美元);在整个时期,8 个西亚国家 GDP 不变价的年均值都低于样本国年均水平,分别为土耳其(6468 亿美元)、伊朗(3699 亿美元)、埃及(2584 亿美元)、以色列(2449 亿美元)、希腊(2221 亿美元)、伊拉克(1263 亿美元)、约旦(308 亿美元)和塞浦路斯(198 亿美元);在整个时期,13 个中东欧国家GDP 不变价的年均值都低于样本国年均水平,分别为波兰(3960 亿美元)、捷克(1670 亿美元)、罗马尼亚(1535 亿美元)、匈牙利(1152 亿美元)、斯洛伐克(731亿美元)、克罗地亚(492 亿美元)、保加利亚(445 亿美元)、塞尔维亚(420 亿美元)、斯洛文尼亚(408 亿美元)、立陶宛(354 亿美元)、拉脱维亚(242 亿美元)、爱沙尼亚(205 亿美元)和马其顿(85 亿美元);在整个时期,独联体国家 GDP 不变价的年均值高于样本国年均水平的国家只有俄罗斯(11872 亿美元),数量占到了 10 个独联体国家的 10%,其余国家如哈萨克斯坦(1387 亿美元)、乌克兰(981亿美元)、乌兹别克斯坦(564 亿美元)、白俄罗斯(462 亿美元)、阿塞拜疆(372 亿美元)、格鲁吉亚(115 亿美元)、亚美尼亚(83 亿美元)、摩尔多瓦(63 亿美元)和吉尔吉斯斯坦(53 亿美元)GDP 不变价的年均值都低于样本国年均水平。

## 二、物质资本存量不变价

### (一)样本国整体层面比较分析

表 5-4 是世界各国历年物质资本存量不变价的发展变化表,表中可以看出,2000—2018 年,样本国家整体层面的物质资本存量不变价一直处于上升的趋势,其数值从 2000 年的 10053 亿美元上升到 2018 年的 17871 亿美元,年均增长率为 3.25%。从各国看,在整个时期,物质资本存量不变价的年均值高于样本国年均水平(13409 亿美元)的国家有 16 个,占 84 个样本国家数量的 19.05%,具体是美国(289174 亿美元)、中国(151648 亿美元)、日本(115691 亿美元)、德国(59227 亿美元)、法国(45731 亿美元)、英国(39610 亿美元)、意大利(39197 亿美元)、韩国(28355 亿美元)、印度(26620 亿美元)、加拿大(25956 亿美元)、巴西(23495 亿美元)、西班牙(23142 亿美元)、澳大利亚(19901 亿美元)、墨西哥(18728 亿美元)、俄罗斯(16151 亿美元)和瑞士(13574 亿美元);低于样本国年均水平的国家有 68 个,占 84 个样本国家数量的 80.95%,表明样本国家物质资本存量不变价的发展水平总体低下,数值最低的 10 个国家分别是冰岛(284 亿美元)、格鲁吉亚(179 亿美元)、蒙古国(168 亿美元)、毛里求斯(161 亿美元)、特立尼达和多巴哥(148 亿美元)、亚美尼亚(138 亿美元)、马其顿(121 亿美元)、马耳他(120 亿美元)、摩尔多瓦(88 亿美元)和吉尔吉斯斯坦(84 亿美元)。中国物质资本存量不变价的年均值为 151648 亿美元,在 84 个样本国中位列第 2 位,且物质资本存量不变价的年均增长率为 12.51%,位列第 4 位。

表 5-4　各国历年物质资本存量不变价(2015 年为基期)　　　　单位:亿美元

| 国家 | 2000 年 | 2006 年 | 2012 年 | 2018 年 | 平均值 | 年均增长率 |
|------|---------|---------|---------|---------|--------|------------|
| 阿尔及利亚 | 1466 | 2249 | 3556 | 5242 | 3049 | 7.33% |
| 阿根廷 | 3617 | 4435 | 6795 | 8333 | 5712 | 4.75% |
| 亚美尼亚 | 44 | 105 | 187 | 199 | 138 | 8.72% |
| 澳大利亚 | 11477 | 16706 | 23495 | 27749 | 19901 | 5.03% |
| 奥地利 | 7238 | 7666 | 8044 | 8647 | 7878 | 0.99% |
| 阿塞拜疆 | 90 | 254 | 562 | 945 | 451 | 13.93% |
| 白俄罗斯 | 242 | 451 | 1048 | 1317 | 763 | 9.87% |
| 比利时 | 6642 | 7519 | 8564 | 9630 | 8063 | 2.08% |

续表

| 国家 | 2000 年 | 2006 年 | 2012 年 | 2018 年 | 平均值 | 年均增长率 |
|---|---|---|---|---|---|---|
| 巴西 | 18725 | 20226 | 26123 | 28641 | 23495 | 2.39% |
| 保加利亚 | 294 | 534 | 815 | 916 | 655 | 6.52% |
| 加拿大 | 18662 | 23393 | 28782 | 32713 | 25956 | 3.17% |
| 智利 | 1354 | 2062 | 3370 | 4502 | 2788 | 6.90% |
| 中国 | 39727 | 87475 | 187372 | 331567 | 151648 | 12.51% |
| 哥伦比亚 | 1030 | 1873 | 3322 | 4901 | 2726 | 9.05% |
| 哥斯达黎加 | 384 | 504 | 681 | 876 | 607 | 4.69% |
| 克罗地亚 | 585 | 785 | 917 | 953 | 824 | 2.74% |
| 塞浦路斯 | 241 | 313 | 383 | 379 | 333 | 2.55% |
| 捷克 | 2649 | 3270 | 3949 | 4438 | 3587 | 2.91% |
| 丹麦 | 4437 | 4974 | 5282 | 5802 | 5117 | 1.50% |
| 埃及 | 2182 | 2739 | 3722 | 4215 | 3209 | 3.73% |
| 萨尔瓦多 | 325 | 350 | 355 | 368 | 351 | 0.69% |
| 爱沙尼亚 | 161 | 311 | 415 | 510 | 353 | 6.61% |
| 芬兰 | 4002 | 4405 | 4834 | 5097 | 4588 | 1.35% |
| 法国 | 39729 | 43930 | 47951 | 51092 | 45731 | 1.41% |
| 格鲁吉亚 | 99 | 156 | 198 | 276 | 179 | 5.89% |
| 德国 | 56552 | 57249 | 59974 | 64688 | 59227 | 0.75% |
| 希腊 | 5405 | 5113 | 4643 | 3497 | 4750 | −2.39% |
| 危地马拉 | 611 | 705 | 775 | 841 | 737 | 1.79% |
| 匈牙利 | 1550 | 1957 | 2162 | 2486 | 2044 | 2.66% |
| 冰岛 | 216 | 299 | 292 | 330 | 284 | 2.37% |
| 印度 | 9491 | 17714 | 33131 | 50517 | 26620 | 9.73% |
| 印度尼西亚 | 6139 | 9407 | 14715 | 21716 | 12614 | 7.27% |
| 伊朗 | 5446 | 7540 | 10960 | 10737 | 8889 | 3.84% |
| 伊拉克 | 96 | 625 | 1283 | 2272 | 1036 | 19.22% |
| 爱尔兰 | 1977 | 3225 | 3696 | 5768 | 3533 | 6.13% |

续表

| 国家 | 2000 年 | 2006 年 | 2012 年 | 2018 年 | 平均值 | 年均增长率 |
|------|---------|---------|---------|---------|--------|-----------|
| 以色列 | 2906 | 3230 | 3969 | 5072 | 3721 | 3.14% |
| 意大利 | 39900 | 40472 | 39341 | 36172 | 39197 | −0.54% |
| 日本 | 122731 | 118909 | 111233 | 111389 | 115691 | −0.54% |
| 约旦 | 346 | 485 | 715 | 762 | 584 | 4.48% |
| 哈萨克斯坦 | 431 | 1047 | 2104 | 3160 | 1643 | 11.70% |
| 韩国 | 20253 | 25564 | 30897 | 37494 | 28355 | 3.48% |
| 吉尔吉斯斯坦 | 38 | 56 | 97 | 163 | 84 | 8.33% |
| 拉脱维亚 | 224 | 385 | 510 | 559 | 430 | 5.21% |
| 立陶宛 | 211 | 389 | 543 | 694 | 462 | 6.83% |
| 卢森堡 | 559 | 666 | 808 | 943 | 745 | 2.95% |
| 马其顿 | 72 | 95 | 134 | 194 | 121 | 5.70% |
| 马来西亚 | 2432 | 3107 | 4178 | 5976 | 3829 | 5.12% |
| 马耳他 | 80 | 104 | 128 | 187 | 120 | 4.82% |
| 毛里求斯 | 114 | 142 | 184 | 201 | 161 | 3.23% |
| 墨西哥 | 15556 | 17053 | 20022 | 22790 | 18728 | 2.14% |
| 摩尔多瓦 | 33 | 65 | 107 | 150 | 88 | 8.72% |
| 蒙古国 | 81 | 116 | 218 | 272 | 168 | 6.98% |
| 荷兰 | 12096 | 12884 | 13812 | 14676 | 13380 | 1.08% |
| 新西兰 | 1444 | 2132 | 2612 | 3368 | 2378 | 4.82% |
| 挪威 | 4505 | 5525 | 6953 | 8223 | 6296 | 3.40% |
| 巴基斯坦 | 1770 | 2278 | 2768 | 3373 | 2530 | 3.65% |
| 巴拿马 | 229 | 326 | 692 | 1387 | 611 | 10.52% |
| 巴拉圭 | 244 | 310 | 443 | 581 | 388 | 4.93% |
| 秘鲁 | 832 | 1170 | 2291 | 3296 | 1850 | 7.95% |
| 菲律宾 | 1461 | 2129 | 3124 | 5394 | 2849 | 7.52% |
| 波兰 | 3962 | 4529 | 6154 | 7590 | 5493 | 3.68% |
| 葡萄牙 | 5496 | 5030 | 4502 | 3934 | 4743 | −1.84% |

续表

| 国家 | 2000 年 | 2006 年 | 2012 年 | 2018 年 | 平均值 | 年均增长率 |
|---|---|---|---|---|---|---|
| 罗马尼亚 | 986 | 1692 | 2985 | 3630 | 2358 | 7.51% |
| 俄罗斯 | 7558 | 12154 | 20011 | 24626 | 16151 | 6.78% |
| 塞尔维亚 | 227 | 394 | 589 | 720 | 484 | 6.62% |
| 新加坡 | 3131 | 3548 | 4884 | 6544 | 4436 | 4.18% |
| 斯洛伐克 | 835 | 1100 | 1386 | 1638 | 1242 | 3.82% |
| 斯洛文尼亚 | 797 | 884 | 938 | 892 | 892 | 0.63% |
| 南非 | 1939 | 2790 | 4127 | 5133 | 3501 | 5.56% |
| 西班牙 | 20379 | 23480 | 24203 | 23350 | 23142 | 0.76% |
| 斯里兰卡 | 431 | 645 | 1079 | 1629 | 909 | 7.66% |
| 瑞典 | 6146 | 7409 | 8804 | 10454 | 8158 | 2.99% |
| 瑞士 | 11499 | 12750 | 14243 | 16011 | 13574 | 1.86% |
| 泰国 | 3344 | 4934 | 6656 | 8262 | 5759 | 5.15% |
| 特立尼达和多巴哥 | 39 | 103 | 152 | 317 | 148 | 12.28% |
| 突尼斯 | 567 | 642 | 756 | 810 | 698 | 2.01% |
| 土耳其 | 4549 | 7505 | 11802 | 18461 | 10163 | 8.09% |
| 乌克兰 | 1062 | 1613 | 1946 | 1796 | 1664 | 2.96% |
| 英国 | 33389 | 38216 | 40934 | 46095 | 39610 | 1.81% |
| 美国 | 246554 | 280524 | 297293 | 336873 | 289174 | 1.75% |
| 乌拉圭 | 383 | 430 | 635 | 819 | 558 | 4.31% |
| 乌兹别克斯坦 | 165 | 298 | 684 | 1391 | 572 | 12.57% |
| 委内瑞拉 | 8815 | 7733 | 9571 | 7783 | 8651 | −0.69% |
| 越南 | 737 | 1385 | 2451 | 3742 | 2008 | 9.44% |
| 平均 | 10053 | 11892 | 14488 | 17871 | 13409 | 3.25% |

数据来源：UNCTAD 数据库且根据作者整理计算。

（二）区域比较分析

表 5-5 是按各区域类型划分的历年物质资本存量不变价的变化表，从表中可以看出：就经济发展水平而言，各类型国家的物质资本存量不变价在整个时期均处于上升的趋势，发达国家、发展中国家与转型国家的物质资本存量不变价分别从 2000 年的 25465 亿美元、4075 亿美元和 933 亿美元上升到 2018 年的 32444 亿美元、17140 亿美元和 2480 亿美元，年均增长率分别为 1.35％、8.31％和 5.58％，其中只有发达国家整个时期物质资本存量不变价的年均值高于样本国年均水平，而发展中国家和转型国家则低于样本国年均水平。从具体国别看，在整个时期，发达国家物质资本存量不变价的年均值高于样本国年均水平（13409 亿美元）的国家有 11 个，分别是美国（289174 亿美元）、日本（115691 亿美元）、德国（59227 亿美元）、法国（45731 亿美元）、英国（39610 亿美元）、意大利（39197 亿美元）、韩国（28355 亿美元）、加拿大（25956 亿美元）、西班牙（23142 亿美元）、澳大利亚（19901 亿美元）和瑞士（13574 亿美元），数量占到了 27 个发达国家的 40.74％；在整个时期，发展中国家物质资本存量不变价的年均值高于样本国年均水平的国家有 4 个，分别是中国（151648 亿美元）、印度（26620 亿美元）、巴西（23495 亿美元）和墨西哥（18728 亿美元），数量占到了 33 个发展中国家的 12.12％；在整个时期，转型国家物质资本存量不变价的年均值高于样本国年均水平的国家只有俄罗斯（16151 亿美元），占到了 24 个转型国家的 4.17％，其余 23 个国家物质资本存量不变价的年均值都低于样本国年均水平。

表 5-5　历年物质资本存量不变价的区域比较（2015 年为基期）　单位：亿美元

| 区域 | 划分 | 2000 年 | 2006 年 | 2012 年 | 2018 年 | 年均值 | 年均增长率 |
|---|---|---|---|---|---|---|---|
| 经济发展水平 | 发达国家 | 25465 | 27968 | 29646 | 32444 | 28813 | 1.35％ |
| | 发展中国家 | 4075 | 6399 | 11150 | 17140 | 9319 | 8.31％ |
| | 转型国家 | 933 | 1360 | 2027 | 2480 | 1702 | 5.58％ |
| 合作关系 | 二十国集团 | 26400 | 31072 | 37472 | 46363 | 34860 | 3.18％ |
| | 金砖国家 | 15488 | 28072 | 54153 | 88097 | 44283 | 10.14％ |
| | 上海合作组织 | 5005 | 9831 | 19430 | 32025 | 15766 | 10.86％ |
| | 亚太经合组织 | 29611 | 35979 | 44905 | 58118 | 41419 | 3.82％ |

续表

| 区域 | 划分 | 2000 年 | 2006 年 | 2012 年 | 2018 年 | 年均值 | 年均增长率 |
|------|------|---------|---------|---------|---------|--------|-----------|
| 联盟关系 | 欧盟 | 9162 | 9946 | 10596 | 11240 | 10238 | 1.14% |
| | 美盟 | 19835 | 22575 | 25081 | 28439 | 23905 | 2.02% |
| | 非盟 | 1253 | 1712 | 2469 | 3121 | 2123 | 5.20% |
| | 东盟(中国) | 8139 | 15998 | 31912 | 54743 | 26163 | 11.17% |
| 伙伴关系 | CPTPP | 17836 | 18946 | 20332 | 22207 | 19756 | 1.23% |
| | NAFTA | 93591 | 106990 | 115366 | 130792 | 111286 | 1.88% |
| | RCEP | 19353 | 25027 | 35602 | 51200 | 31770 | 5.55% |
| "一带一路"沿线 | 东(南)亚 | 10300 | 21646 | 44914 | 77472 | 36375 | 11.86% |
| | 东南亚 | 2874 | 4085 | 6001 | 8606 | 5249 | 6.28% |
| | 西亚 | 2646 | 3444 | 4685 | 5675 | 4086 | 4.33% |
| | 中东欧 | 966 | 1256 | 1654 | 1940 | 1457 | 3.95% |
| | 独联体 | 976 | 1620 | 2694 | 3402 | 2173 | 7.18% |
| 样本国平均 | | 10053 | 11892 | 14488 | 17871 | 13409 | 3.25% |

数据来源:UNCTAD 数据库且根据作者整理计算.

就合作关系而言,各类型国家的物质资本存量不变价在整个时期均处于上升的趋势,二十国集团、金砖国家、上海合作组织和亚太经合组织的物质资本存量不变价分别从 2000 年的 26400 亿美元、15488 亿美元、5005 亿美元和 29611亿美元上升到 2018 年的 46363 亿美元、88097 亿美元、32025 亿美元和 58118 亿美元,年均增长率分别为 3.18%、10.14%、10.86%和 3.82%,二十国集团、金砖国家、上海合作组织和亚太经合组织整个时期物质资本存量不变价的年均值都高于样本国年均水平。从具体国别看,在整个时期,二十国集团物质资本存量不变价的年均值高于样本国年均水平的国家有 15 个,分别是美国(289174 亿美元)、中国(151648 亿美元)、日本(115691 亿美元)、德国(59227 亿美元)、法国(45731 亿美元)、英国(39610 亿美元)、意大利(39197 亿美元)、韩国(28355 亿美元)、印度(26620 亿美元)、加拿大(25956 亿美元)、巴西(23495 亿美元)、西班牙(23142 亿美元)、澳大利亚(19901 亿美元)、墨西哥(18728 亿美元)和俄罗斯(16151 亿美元),数量占到了 29 个二十国集团的 51.72%;在整个时期,金砖国家物质资本存量不变价的年均值高于样本国年均水平的国家只有 4 个,分别是中国（151648 亿美元）、印度（26620 亿美元）、巴西（23495 亿美元）和俄罗斯（16151 亿美元），数量占到了 5 个金砖国家的 80%；在整个时期，上海合作组织成员物质资本存量不变价的年均值高于样本国年均水平的国家有 3 个，分别是中国（151648 亿美元）、印度（26620 亿美元）和俄罗斯（16151 亿美元），数量占到了 14 个上海合作组织成员的 21.43%；在整个时期，亚太经合组织成员物质资本存量不变价的年均值高于样本国年均水平的国家有 8 个，分别是美国（289174 亿美元）、中国（151648 亿美元）、日本（115691 亿美元）、韩国（28355 亿美元）、加拿大（25956 亿美元）、澳大利亚（19901 亿美元）、墨西哥（18728 亿美元）和俄罗斯（16151 亿美元），数量占到了 17 个亚太经合组织成员的 47.06%。

就联盟关系而言，各类型国家的物质资本存量不变价在整个时期均处于上升的趋势，欧盟、美盟、非盟和东盟（中国）的物质资本存量不变价分别从 2000 年的 9162 亿美元、19835 亿美元、1253 亿美元和 8139 亿美元上升到 2018 年的 11240 亿美元、28439 亿美元、3121 亿美元和 54743 亿美元，年均增长率分别为 1.14%、2.02%、5.20% 和 11.17%，其中只有美盟和东盟（中国）整个时期物质资本存量不变价的年均值高于样本国年均水平，而欧盟和非盟则低于样本国年均水平。从具体国别看，在整个时期，欧盟物质资本存量不变价的年均值高于样本国年均水平的国家有 5 个，分别是德国（59227 亿美元）、法国（45731 亿美元）、英国（39610 亿美元）、意大利（39197 亿美元）和西班牙（23142 亿美元），数量占到了 28 个欧盟成员国的 17.86%；在整个时期，美盟物质资本存量不变价的年均值高于样本国年均水平的国家有 4 个，分别是美国（289174 亿美元）、加拿大（25956 亿美元）、巴西（23495 亿美元）和墨西哥（18728 亿美元），数量占到了 16 个美盟成员国的 25%；在整个时期，5 个非盟成员国物质资本存量不变价的年均值都低于样本国年均水平，分别是毛里求斯（161 亿美元）、突尼斯（698 亿美元）、阿尔及利亚（3049 亿美元）、埃及（3209 亿美元）和南非（3501 亿美元）；在整个时期，东盟（中国）物质资本存量不变价的年均值高于样本国年均水平的只有中国（151648 亿美元），数量占到了 7 个东盟（中国）成员国的 14.29%。

就伙伴关系而言，各类型国家的物质资本存量不变价在整个时期均处于上升的趋势，CPTPP、NAFTA 和 RCEP 成员的物质资本存量不变价分别从 2000 年的 17836 亿美元、93591 亿美元和 19353 亿美元上升到 2018 年的 22207 亿美元、130792 亿美元和 51200 亿美元，年均增长率分别为 1.23%、1.88% 和 5.55%，CPTPP、NAFTA 和 RCEP 成员整个时期物质资本存量不变价的年均值均高于样本国年均水平。从具体国别看，在整个时期，CPTPP 成员物质资本存量不变价的年均值高于样本国年均水平的国家有 4 个,分别是日本(115691 亿美元)、加拿大(25956 亿美元)、澳大利亚(19901 亿美元)和墨西哥(18728 亿美元),数量占到了 10 个 CPTPP 成员国的 40%;在整个时期,3 个 NAFTA 成员国物质资本存量不变价的年均值都高于样本国年均水平,分别是美国(289174 亿美元)、加拿大(25956 亿美元)和墨西哥(18728 亿美元),数量占到了 3 个 NAFTA 成员国的 100%;在整个时期,RCEP 成员国物质资本存量不变价的年均值高于样本国年均水平的国家有 4 个,分别是中国(151648 亿美元)、日本(115691 亿美元)、韩国(28355 亿美元)和澳大利亚(19901 亿美元),数量占到了 11 个 RECP 成员的 36.36%。

就"一带一路"沿线而言,各类型国家的物质资本存量不变价在整个时期均处于上升的趋势,东(南)亚、东南亚、西亚、中东欧和独联体的物质资本存量不变价分别从 2000 年的 10300 亿美元、2874 亿美元、2646 亿美元、966 亿美元和 976 亿美元上升到 2018 年的 77472 亿美元、8606 亿美元、5675 亿美元、1940 亿美元和 3402 亿美元,年均增长率分别为 11.86%、6.28%、4.33%、3.95%和 7.18%,其中只有东(南)亚国家整个时期物质资本存量不变价的年均值高于样本国年均水平,而其余四类沿线国家均低于样本国年均水平。从具体国别看,在整个时期,东(南)亚国家物质资本存量不变价的年均值高于样本国年均水平的国家有 2 个,分别是中国(151648 亿美元)和印度(26620 亿美元),数量占到了 5 个东(南)亚国家的 40%,其余国家如巴基斯坦(2530 亿美元)、斯里兰卡(909 亿美元)和蒙古国(168 亿美元)物质资本存量不变价的年均值都低于样本国年均水平。在整个时期,6 个东南亚国家物质资本存量不变价的年均值都低于样本国年均水平,分别为印度尼西亚(12614 亿美元)、泰国(5759 亿美元)、新加坡(4436 亿美元)、马来西亚(3829 亿美元)、菲律宾(2849 亿美元)和越南(2008 亿美元);在整个时期,8 个西亚国家物质资本存量不变价的年均值都低于样本国年均水平,分别为土耳其(10163 亿美元)、伊朗(8889 亿美元)、希腊(4750 亿美元)、以色列(3721 亿美元)、埃及(3209 亿美元)、伊拉克(1036 亿美元)、约旦(584 亿美元)和塞浦路斯(333 亿美元);在整个时期,13 个中东欧国家物质资本存量不变价的年均值都低于样本国年均水平,分别为波兰(5493 亿美元)、捷克(3587 亿美元)、罗马尼亚(2358 亿美元)、匈牙利(2044 亿美元)、斯洛伐克(1242 亿美元)、斯洛文尼亚(892 亿美元)、克罗地亚(824 亿美元)、保加利亚(655 亿美元)、塞尔维亚(484 亿美元)、立陶宛(462 亿美元)、拉脱维亚(430 亿美元)、爱沙尼亚(353 亿美元)和马其顿(121 亿美元);在整个时期,独联体国家物质资本存量不变价的年均值高于样本国年均水平的国家只有俄罗斯（16151 亿美元），数量占到了 10 个独联体国家的 10%，其余国家如乌克兰（1664 亿美元）、哈萨克斯坦（1643 亿美元）、白俄罗斯（763 亿美元）、乌兹别克斯坦（572 亿美元）、阿塞拜疆（451 亿美元）、格鲁吉亚（179 亿美元）、亚美尼亚（138 亿美元）、摩尔多瓦（88 亿美元）和吉尔吉斯斯坦（84 亿美元）物质资本存量不变价的年均值都低于样本国年均水平。

### 三、就业人数

#### （一）样本国整体层面比较分析

表 5-6 是世界各国历年就业人数的发展变化表，表中可以看出，2000—2018 年，样本国整体层面的就业人数一直处于上升的趋势，其数值从 2000 年的 2663.74 万人上升到 2018 年的 3185 万人，年均增长率为 1.00%。从各国看，在整个时期，国内就业人数的年均值高于样本国年均水平（2948.49 万人）的国家有 14 个，占 84 个样本国家数量的 16.67%，具体是中国（77513.11 万人）、印度（46190.06 万人）、美国（14481.43 万人）、印度尼西亚（10622.32 万人）、巴西（8300.00 万人）、俄罗斯（6978.99 万人）、日本（6637.74 万人）、巴基斯坦（4989.79万人）、越南（4698.03 万人）、墨西哥（4563.71 万人）、德国（4084.26 万人）、泰国（3620.61 万人）、菲律宾（3504.57 万人）和英国（2967.18 万人）；低于样本国年均水平的国家有 70 个，占 84 个样本国家数量的 84.33%，表明样本国家就业人数的发展水平总体低下，数值最低的 10 个国家分别是斯洛文尼亚（95.54万人）、拉脱维亚（93.53 万人）、马其顿（67.94 万人）、爱沙尼亚（62.28 万人）、特立尼达和多巴哥（58.49 万人）、毛里求斯（51.41 万人）、卢森堡（34.87 万人）、塞浦路斯（31.87 万人）、冰岛（17.06 万人）、马耳他（16.84 万人）。中国就业人数的年均值为 77513.11 万人，在 84 个样本国中位列第 1 位，但就业人数的年均增长率为 0.46%，位列第 70 位。

表 5-6  各国历年就业人数  单位:万人

| 国家 | 2000 年 | 2006 年 | 2012 年 | 2018 年 | 平均值 | 年均增长率 |
|---|---|---|---|---|---|---|
| 阿尔及利亚 | 634.79 | 896.33 | 1021.57 | 1109.36 | 914.25 | 3.15% |
| 阿根廷 | 1359.84 | 1629.81 | 1879.13 | 2013.51 | 1721.76 | 2.20% |
| 亚美尼亚 | 141.89 | 117.61 | 115.29 | 92.61 | 116.18 | −2.34% |
| 澳大利亚 | 890.26 | 1016.46 | 1144.92 | 1261.94 | 1075.14 | 1.96% |
| 奥地利 | 375.99 | 392.56 | 421.64 | 448.85 | 407.09 | 0.99% |
| 阿塞拜疆 | 385.38 | 414.21 | 451.70 | 503.15 | 436.97 | 1.49% |
| 白俄罗斯 | 437.21 | 435.68 | 450.34 | 430.36 | 439.60 | −0.09% |
| 比利时 | 412.12 | 434.99 | 456.26 | 483.94 | 445.41 | 0.90% |
| 巴西 | 6813.05 | 8087.91 | 8950.63 | 9209.09 | 8300.00 | 1.69% |
| 保加利亚 | 303.88 | 329.02 | 310.40 | 333.54 | 320.03 | 0.52% |
| 加拿大 | 1495.28 | 1659.42 | 1779.37 | 1896.62 | 1710.42 | 1.33% |
| 智利 | 553.66 | 645.06 | 737.89 | 799.38 | 682.49 | 2.06% |
| 中国 | 73572.31 | 76720.94 | 78829.28 | 79930.66 | 77513.11 | 0.46% |
| 哥伦比亚 | 1423.71 | 1705.72 | 1997.62 | 2139.82 | 1824.05 | 2.29% |
| 哥斯达黎加 | 149.45 | 176.37 | 197.12 | 219.62 | 187.16 | 2.16% |
| 克罗地亚 | 167.03 | 181.40 | 168.00 | 179.19 | 175.16 | 0.39% |
| 塞浦路斯 | 26.77 | 31.77 | 33.43 | 35.70 | 31.87 | 1.61% |
| 捷克 | 488.69 | 502.97 | 511.04 | 544.89 | 509.74 | 0.61% |
| 丹麦 | 275.60 | 284.96 | 277.64 | 294.21 | 282.44 | 0.36% |
| 埃及 | 1706.58 | 1973.44 | 2359.31 | 2598.48 | 2170.84 | 2.36% |
| 萨尔瓦多 | 219.89 | 233.71 | 264.69 | 291.06 | 250.58 | 1.57% |
| 爱沙尼亚 | 59.98 | 65.84 | 60.75 | 66.51 | 62.28 | 0.58% |
| 芬兰 | 230.50 | 246.97 | 255.65 | 262.95 | 248.38 | 0.73% |
| 法国 | 2562.52 | 2660.96 | 2720.87 | 2818.21 | 2687.56 | 0.53% |
| 格鲁吉亚 | 166.44 | 140.46 | 136.33 | 137.78 | 144.46 | −1.04% |
| 德国 | 3960.31 | 3918.63 | 4167.79 | 4430.60 | 4084.26 | 0.63% |
| 希腊 | 445.24 | 483.40 | 403.37 | 416.14 | 443.59 | −0.37% |

续表

| 国家 | 2000 年 | 2006 年 | 2012 年 | 2018 年 | 平均值 | 年均增长率 |
|---|---|---|---|---|---|---|
| 危地马拉 | 394.71 | 467.08 | 602.33 | 688.59 | 523.88 | 3.14% |
| 匈牙利 | 412.05 | 414.98 | 396.32 | 463.51 | 415.86 | 0.66% |
| 冰岛 | 15.71 | 16.85 | 17.08 | 19.43 | 17.06 | 1.19% |
| 印度 | 40924.86 | 45797.37 | 46983.11 | 49107.72 | 46190.06 | 1.02% |
| 印度尼西亚 | 9154.85 | 9686.59 | 11328.34 | 12706.78 | 10622.32 | 1.84% |
| 伊朗 | 1687.52 | 2137.72 | 2108.93 | 2429.67 | 2099.37 | 2.05% |
| 伊拉克 | 496.65 | 589.44 | 703.94 | 849.30 | 658.37 | 3.03% |
| 爱尔兰 | 168.87 | 203.54 | 183.83 | 219.35 | 193.50 | 1.46% |
| 以色列 | 262.79 | 291.73 | 361.42 | 415.64 | 330.00 | 2.58% |
| 意大利 | 2291.80 | 2515.53 | 2491.36 | 2541.79 | 2461.22 | 0.58% |
| 日本 | 6591.55 | 6628.52 | 6583.45 | 6936.46 | 6637.74 | 0.28% |
| 约旦 | 122.63 | 141.72 | 196.72 | 240.04 | 173.65 | 3.80% |
| 哈萨克斯坦 | 603.44 | 723.25 | 831.99 | 869.32 | 765.05 | 2.05% |
| 韩国 | 2144.11 | 2339.99 | 2488.55 | 2658.14 | 2414.50 | 1.20% |
| 吉尔吉斯斯坦 | 180.26 | 210.78 | 239.17 | 262.62 | 223.73 | 2.11% |
| 拉脱维亚 | 93.00 | 102.79 | 88.33 | 90.07 | 93.53 | −0.18% |
| 立陶宛 | 140.12 | 143.19 | 130.46 | 138.16 | 137.14 | −0.08% |
| 卢森堡 | 26.32 | 31.38 | 37.80 | 44.47 | 34.87 | 2.96% |
| 马其顿 | 59.79 | 61.50 | 70.03 | 81.84 | 67.94 | 1.76% |
| 马来西亚 | 937.50 | 1040.64 | 1298.39 | 1481.39 | 1179.61 | 2.57% |
| 马耳他 | 14.69 | 15.31 | 17.31 | 21.24 | 16.84 | 2.07% |
| 毛里求斯 | 46.49 | 48.43 | 52.87 | 57.50 | 51.41 | 1.19% |
| 墨西哥 | 3787.93 | 4337.85 | 4870.67 | 5372.12 | 4563.71 | 1.96% |
| 摩尔多瓦 | 151.62 | 132.99 | 127.26 | 146.90 | 137.39 | −0.18% |
| 蒙古国 | 82.28 | 100.99 | 120.05 | 136.01 | 109.78 | 2.83% |
| 荷兰 | 820.33 | 857.00 | 885.65 | 930.22 | 870.68 | 0.70% |
| 新西兰 | 181.84 | 215.05 | 223.80 | 251.88 | 218.45 | 1.83% |

续表

| 国家 | 2000 年 | 2006 年 | 2012 年 | 2018 年 | 平均值 | 年均增长率 |
|---|---|---|---|---|---|---|
| 挪威 | 232.40 | 239.80 | 263.41 | 280.53 | 252.77 | 1.05% |
| 巴基斯坦 | 3632.00 | 4691.65 | 5501.68 | 6170.38 | 4989.79 | 2.99% |
| 巴拿马 | 94.01 | 121.07 | 161.69 | 186.75 | 141.32 | 3.89% |
| 巴拉圭 | 201.19 | 243.14 | 294.92 | 330.69 | 265.29 | 2.80% |
| 秘鲁 | 1132.05 | 1290.00 | 1494.20 | 1664.99 | 1390.53 | 2.17% |
| 菲律宾 | 2834.72 | 3258.93 | 3771.28 | 4115.30 | 3504.57 | 2.09% |
| 波兰 | 1447.87 | 1443.44 | 1538.11 | 1621.17 | 1503.52 | 0.63% |
| 葡萄牙 | 507.62 | 510.17 | 461.44 | 493.12 | 491.64 | −0.16% |
| 罗马尼亚 | 1089.76 | 929.12 | 860.51 | 868.85 | 914.99 | −1.25% |
| 俄罗斯 | 6505.94 | 6961.44 | 7205.07 | 7216.41 | 6978.99 | 0.58% |
| 塞尔维亚 | 308.48 | 263.10 | 222.42 | 283.37 | 269.26 | −0.47% |
| 新加坡 | 208.47 | 254.75 | 335.94 | 371.48 | 295.02 | 3.26% |
| 斯洛伐克 | 204.29 | 215.74 | 222.78 | 243.95 | 220.31 | 0.99% |
| 斯洛文尼亚 | 91.74 | 94.57 | 94.19 | 102.62 | 95.54 | 0.62% |
| 南非 | 1383.48 | 1564.88 | 1651.80 | 1868.64 | 1588.27 | 1.68% |
| 西班牙 | 1660.57 | 2041.15 | 1813.57 | 1952.94 | 1884.59 | 0.91% |
| 斯里兰卡 | 630.46 | 709.90 | 748.90 | 801.50 | 739.43 | 1.34% |
| 瑞典 | 430.53 | 442.87 | 463.86 | 499.56 | 457.16 | 0.83% |
| 瑞士 | 392.83 | 414.55 | 459.78 | 497.15 | 439.96 | 1.32% |
| 泰国 | 3147.39 | 3562.00 | 3827.88 | 3779.17 | 3620.61 | 1.02% |
| 特立尼达和多巴哥 | 50.31 | 58.62 | 62.05 | 61.55 | 58.49 | 1.13% |
| 突尼斯 | 300.04 | 336.16 | 349.39 | 364.58 | 340.12 | 1.09% |
| 土耳其 | 2009.26 | 2044.69 | 2479.82 | 2874.10 | 2298.05 | 2.01% |
| 乌克兰 | 1988.60 | 2066.09 | 2027.43 | 1638.07 | 1934.65 | −1.07% |
| 英国 | 2738.03 | 2900.11 | 2995.31 | 3263.17 | 2967.18 | 0.98% |
| 美国 | 13863.61 | 14509.41 | 14458.85 | 15667.59 | 14481.43 | 0.68% |

续表

| 国家 | 2000 年 | 2006 年 | 2012 年 | 2018 年 | 平均值 | 年均增长率 |
|------|---------|---------|---------|---------|--------|-----------|
| 乌拉圭 | 139.33 | 145.71 | 163.61 | 162.89 | 153.02 | 0.87% |
| 乌兹别克斯坦 | 888.55 | 1046.46 | 1267.82 | 1435.74 | 1162.57 | 2.70% |
| 委内瑞拉 | 883.52 | 1101.67 | 1241.83 | 1208.69 | 1143.81 | 1.76% |
| 越南 | 3705.18 | 4396.46 | 5142.24 | 5406.91 | 4698.03 | 2.12% |
| 平均 | 2663.74 | 2886.86 | 3037.18 | 3185.00 | 2948.49 | 1.00% |

数据来源：佩恩表（Penn World Table）。

## （二）区域比较分析

表 5-7 是按各区域类型划分的历年就业人数变化表，从表中可以看出：就经济发展水平而言，各类型国家的就业人数在整个时期均处于上升的趋势，发达国家、发展中国家与转型国家的就业人数分别从 2000 年的 1600.44 万人、4974.06 万人和 683.26 万人上升到 2018 年的 1829.34 万人、6068.53 万人和 745.28 万人，年均增长率分别为 0.75%、1.11% 和 0.48%，其中只有发展中国家整个时期就业人数的年均值高于样本国年均水平，而发达国家和转型国家则低于样本国年均水平。从具体国别看，在整个时期，发达国家就业人数的年均值高于样本国年均水平（2948.49 万人）的国家有 4 个，分别是美国（14481.43 万人）、日本（6637.74 万人）、德国（4084.26 万人）和英国（2967.18 万人），数量占到了 27 个发达国家的 14.81%；在整个时期，发展中国家就业人数的年均值高于样本国年均水平的国家有 9 个，分别是中国（77513.11 万人）、印度（46190.06 万人）、印度尼西亚（10622.32 万人）、巴西（8300.00 万人）、巴基斯坦（4989.79 万人）、越南（4698.03 万人）、墨西哥（4563.71 万人）、泰国（3620.61 万人）和菲律宾（3504.57万人），数量占到了 33 个发展中国家的 27.27%；在整个时期，转型国家就业人数的年均值高于样本国年均水平的只有俄罗斯（6978.99 万人），数量占到了 24 个转型国家的 4.17%，其余 23 个转型国家就业人数的年均值都低于样本国的年均水平。

表 5-7　历年就业人数的区域比较　　　　　　　单位:万人

| 区域 | 划分 | 2000 年 | 2006 年 | 2012 年 | 2018 年 | 年均值 | 年均增长率 |
|---|---|---|---|---|---|---|---|
| 经济发展水平 | 发达国家 | 1600.44 | 1686.76 | 1710.59 | 1829.34 | 1698.66 | 0.75% |
| | 发展中国家 | 4974.06 | 5450.19 | 5796.70 | 6068.53 | 5593.18 | 1.11% |
| | 转型国家 | 683.26 | 712.40 | 735.24 | 745.28 | 718.11 | 0.48% |
| 合作关系 | 二十国集团 | 6447.31 | 6911.77 | 7182.17 | 7497.39 | 7021.67 | 0.84% |
| | 金砖国家 | 25839.93 | 27826.51 | 28723.98 | 29466.50 | 28114.09 | 0.73% |
| | 上海合作组织 | 9405.81 | 10150.91 | 10523.80 | 10875.73 | 10290.19 | 0.81% |
| | 亚太经合组织 | 7688.63 | 8148.44 | 8560.01 | 8912.78 | 8328.63 | 0.82% |
| 联盟关系 | 欧盟 | 765.94 | 799.80 | 802.42 | 850.32 | 802.01 | 0.58% |
| | 美盟 | 2035.10 | 2275.78 | 2447.29 | 2619.56 | 2337.37 | 1.41% |
| | 非盟 | 814.28 | 963.85 | 1086.99 | 1199.71 | 1012.98 | 2.18% |
| | 东盟(中国) | 13365.77 | 14131.47 | 14933.34 | 15398.81 | 14490.47 | 0.79% |
| 伙伴关系 | CPTPP | 1948.37 | 2148.42 | 2361.09 | 2544.32 | 2245.11 | 1.49% |
| | NAFTA | 6382.27 | 6835.56 | 7036.30 | 7645.44 | 6918.52 | 1.01% |
| | RCEP | 9397.11 | 9920.03 | 10452.19 | 10809.10 | 10161.74 | 0.78% |
| "一带一路"沿线 | 东(南)亚 | 23768.38 | 25604.17 | 26436.60 | 27229.25 | 25908.43 | 0.76% |
| | 东南亚 | 3331.35 | 3699.90 | 4284.01 | 4643.51 | 3986.69 | 1.86% |
| | 西亚 | 844.68 | 961.74 | 1080.87 | 1232.38 | 1025.72 | 2.12% |
| | 中东欧 | 374.36 | 365.20 | 359.49 | 385.97 | 368.10 | 0.17% |
| | 独联体 | 1144.93 | 1224.90 | 1285.24 | 1273.30 | 1233.96 | 0.59% |
| 样本国平均 | | 2663.74 | 2886.86 | 3037.18 | 3185.00 | 2948.49 | 1.00% |

数据来源:佩恩表(Penn World Table)。

就合作关系而言,各类型国家的就业人数在整个时期均处于上升的趋势,二十国集团、金砖国家、上海合作组织和亚太经合组织的就业人数分别从 2000 年的 6447.31 万人、25839.93 万人、9405.81 万人和 7688.63 万人上升到 2018 年的 7497.39 万人、29466.50 万人、10875.73 万人和 8912.78 万人,年均增长率分别为 0.84%、0.73%、0.81% 和 0.82%。二十国集团、金砖国家、上海合作组织和亚太经合组织整个时期就业人数的年均值均高于样本国年均水平。从具体国别看,在整个时期,二十国集团就业人数的年均值高于样本国年均水平的国家有10个,分别是中国(77513.11万人)、印度(46190.06万人)、美国(14481.43万人)、印度尼西亚(10622.32万人)、巴西(8300.00万人)、俄罗斯(6978.99万人)、日本(6637.74万人)、墨西哥(4563.71万人)、德国(4084.26万人)和英国(2967.18万人),数量占到了29个二十国集团的34.48%;在整个时期,金砖国家就业人数的年均值高于样本国年均水平的国家有4个,分别是中国(77513.11万人)、印度(46190.06万人)、巴西(8300.00万人)和俄罗斯(6978.99万人),数量占到了5个金砖国家的80%;在整个时期,上海合作组织成员就业人数的年均值高于样本国年均水平的国家有4个,分别是中国(77513.11万人)、印度(46190.06万人)、俄罗斯(6978.99万人)和巴基斯坦(4989.79万人),数量占到了14个上海合作组织成员国的28.57%;在整个时期,亚太经合组织成员就业人数的年均值高于样本国年均水平的国家有9个,分别是中国(77513.11万人)、美国(14481.43万人)、印度尼西亚(10622.32万人)、俄罗斯(6978.99万人)、日本(6637.74万人)、越南(4698.03万人)、墨西哥(4563.71万人)、泰国(3620.61万人)和菲律宾(3504.57万人),数量占到了17个亚太经合组织成员的52.94%。

就联盟关系而言,各类型国家的就业人数在整个时期均处于上升的趋势,欧盟、美盟、非盟和东盟(中国)的就业人数分别从2000年的765.94万人、2035.10万人、814.28万人和13365.77万人上升到2018年的850.32万人、2619.56万人、1199.71万人和15398.81万人,年均增长率分别为0.58%、1.41%、2.18%和0.79%,其中只有东盟(中国)整个时期就业人数的年均值高于样本国年均水平,而欧盟、美盟和非盟则低于样本国年均水平。从具体国别看,在整个时期,欧盟就业人数的年均值高于样本国年均水平的国家有2个,分别是德国(4084.26万人)和英国(2967.18万人),数量占到了28个欧盟成员国的7.14%;在整个时期,美盟就业人数的年均值高于样本国年均水平的国家有3个,分别是美国(14481.43万人)、巴西(8300.00万人)和墨西哥(4563.71万人),数量占到了16个美盟成员国的18.75%;在整个时期,5个非盟成员国就业人数的年均值均低于样本国年均水平,分别是毛里求斯(51.41万人)、突尼斯(340.12万人)、阿尔及利亚(914.25万人)、南非(1588.27万人)和埃及(2170.84万人);在整个时期,东盟(中国)就业人数的年均值高于样本国年均水平的国家有5个,分别中国(77513.11万人)、印度(46190.06万人)、越南(4698.03万人)、泰国(3620.61万人)和菲律宾(3504.57万人),数量占到了7个东盟(中国)成员国的71.43%。

就伙伴关系而言，各类型国家的就业人数在整个时期均处于上升的趋势，CPTPP、NAFTA 和 RCEP 成员的就业人数分别从 2000 年的 1948.37 万人、6382.27 万人和 9397.11 万人上升到 2018 年的 2544.32 万人、7645.44 万人和 10809.10 万人，年均增长率分别为 1.49%、1.01% 和 0.78%，CPTPP、NAFTA 和 RCEP 成员整个时期就业人数的年均值都高于样本国年均水平。从具体国别看，在整个时期，CPTPP 成员就业人数的年均值高于样本国年均水平的国家有 3 个，分别是日本（6637.74 万人）、越南（4698.03 万人）和墨西哥（4563.71 万人），数量占到了 10 个 CPTPP 成员国的 30%；在整个时期，NAFTA 成员国就业人数的年均值高于样本国年均水平的国家有 2 个，分别是美国（14481.43 万人）和墨西哥（4563.71 万人），数量占到了 3 个 NAFTA 成员国的 66.67%；在整个时期，RCEP 成员就业人数的年均值高于样本国年均水平的国家有 6 个，分别是中国（77513.11 万人）、印度尼西亚（10622.32 万人）、日本（6637.74 万人）、越南（4698.03 万人）、泰国（3620.61 万人）和菲律宾（3504.57 万人），数量占到了 11 个 RCEP 成员的 54.55%。

就"一带一路"沿线而言，各类型国家的就业人数在整个时期均处于上升的趋势，东（南）亚、东南亚、西亚、中东欧和独联体国家的就业人数分别从 2000 年的 23768.38 万人、3331.35 万人、844.68 万人、374.36 万人和 1144.93 万人上升到 2018 年的 27229.25 万人、4643.51 万人、1232.38 万人、385.97 万人和 1273.30 万人，年均增长率分别为 0.76%、1.86%、2.12%、0.17% 和 0.59%，其中只有东（南）亚和东南亚国家整个时期就业人数的年均值高于样本国年均水平，西亚、中东欧和独联体则低于样本国年均水平。从具体国别看，在整个时期，东（南）亚国家就业人数的年均值高于样本国年均水平的有 3 个，分别是中国（77513.11 万人）、印度（46190.06 万人）和巴基斯坦（4989.79 万人），数量占到了 5 个东（南）亚国家的 60%，其余国家如斯里兰卡（739.43 万人）和蒙古国（109.78 万人）就业人数的年均值都低于样本国年均水平。在整个时期，东南亚国家就业人数的年均值高于样本国年均水平的有 4 个，分别是印度尼西亚（10622.32 万人）、越南（4698.03 万人）、泰国（3620.61 万人）和菲律宾（3504.57 万人），其余国家如马来西亚（1179.61 万人）和新加坡（295.02 万人）就业人数的年均值都低于样本国年均水平；在整个时期，8 个西亚国家就业人数的年均值都低于样本国年均水平，分别是土耳其（2298.05 万人）、埃及（2170.84 万人）、伊朗（2099.37 万人）、伊拉克（658.37 万人）、希腊（443.59 万人）、以色列（330.00 万人）、约旦（173.65 万人）和塞浦路斯（31.87 万人）；在整个时期，13 个中东欧国家就业人数的年均值都低于样本国年均水平,分别是波兰(1503.52 万人)、罗马尼亚(914.99 万人)、捷克(509.74 万人)、匈牙利(415.86 万人)、保加利亚(320.03万人)、塞尔维亚(269.26 万人)、斯洛伐克(220.31 万人)、克罗地亚(175.16 万人)、立陶宛(137.14 万人)、斯洛文尼亚(95.54 万人)、拉脱维亚(93.53万人)、马其顿(67.94 万人)和爱沙尼亚(62.28 万人);在整个时期,独联体国家就业人数的年均值高于样本国年均水平的只有俄罗斯(6978.99 万人),数量占到了 10 个独联体国家的 10%,其余国家如乌克兰(1934.65 万人)、乌兹别克斯坦(1162.57 万人)、哈萨克斯坦(765.05 万人)、白俄罗斯(439.60 万人)、阿塞拜疆(436.97 万人)、吉尔吉斯斯坦(223.73 万人)、格鲁吉亚(144.46 万人)、摩尔多瓦(137.39 万人)和亚美尼亚(116.18 万人)就业人数的年均值都低于样本国年均水平。

## 四、全要素生产率

### (一)样本国整体层面比较分析

表 5-8 是世界各国历年全要素生产率指数的发展变化表,表中可以看出,2000—2018 年,样本国整体层面的全要素生产率一直处于上升的趋势,其指数值从 2000 年的 1.7670 上升到 2018 年的 1.9781,年均增长率为 0.63%。从各国看,在整个时期,全要素生产率指数的年均值高于样本国年均水平(1.8736)的国家有 30 个,占 84 个样本国家数量的 35.71%,分别是卢森堡(5.2021)、挪威(4.5694)、瑞士(4.3024)、爱尔兰(4.2104)、美国(3.9926)、丹麦(3.7082)、英国(3.6808)、澳大利亚(3.6014)、瑞典(3.5697)、比利时(3.4656)、冰岛(3.4244)、芬兰(3.3204)、荷兰(3.2064)、法国(3.1904)、加拿大(3.1754)、以色列(3.1534)、奥地利(3.1239)、新西兰(3.0754)、新加坡(3.0112)、德国(2.9995)、意大利(2.9165)、特立尼达和多巴哥(2.8082)、塞浦路斯(2.7321)、马耳他(2.6117)、西班牙(2.5532)、日本(2.3613)、希腊(2.1845)、阿根廷(2.1001)、韩国(2.0875)和斯洛文尼亚(1.9478);低于样本国年均水平的国家有 54 个,占 84 个样本国家数量的 64.29%,表明样本国家全要素生产率的发展水平总体低下,数值最低的 10 个国家分别是吉尔吉斯斯坦(0.3368)、印度(0.4026)、越南(0.4056)、乌克兰(0.5366)、摩尔多瓦(0.5472)、巴基斯坦(0.5477)、印度尼西亚(0.5717)、蒙古国(0.5985)、乌兹别克斯坦(0.6274)和亚美尼亚(0.6884);中国全要素生产率指数的年均值为 0.7318,在 84 个样本国中仅位列第 73 位,但全

要素生产率指数的年均增长率为 4.47%，位列第 2 位。

表 5-8　各国历年全要素生产率指数

| 国家 | 2000 年 | 2006 年 | 2012 年 | 2018 年 | 平均值 | 年均增长率 |
|------|---------|---------|---------|---------|--------|-----------|
| 阿尔及利亚 | 1.1350 | 1.0228 | 0.9489 | 0.9192 | 1.0133 | −1.17% |
| 阿根廷 | 2.2401 | 2.2043 | 2.1339 | 1.9112 | 2.1001 | −0.88% |
| 亚美尼亚 | 0.4135 | 0.7048 | 0.6996 | 0.9885 | 0.6884 | 4.96% |
| 澳大利亚 | 3.6771 | 3.6321 | 3.5147 | 3.6063 | 3.6014 | −0.11% |
| 奥地利 | 2.9385 | 3.1621 | 3.1723 | 3.2290 | 3.1239 | 0.53% |
| 阿塞拜疆 | 0.5222 | 0.8642 | 0.9904 | 0.8338 | 0.8423 | 2.63% |
| 白俄罗斯 | 0.7345 | 0.9341 | 0.9442 | 0.9151 | 0.8893 | 1.23% |
| 比利时 | 3.3529 | 3.5001 | 3.4857 | 3.5130 | 3.4656 | 0.26% |
| 巴西 | 1.2295 | 1.2763 | 1.3861 | 1.3123 | 1.3095 | 0.36% |
| 保加利亚 | 1.0112 | 1.0979 | 1.1240 | 1.1622 | 1.0931 | 0.78% |
| 加拿大 | 3.2161 | 3.2371 | 3.1156 | 3.2282 | 3.1754 | 0.02% |
| 智利 | 1.7759 | 1.8380 | 1.7933 | 1.7786 | 1.7848 | 0.01% |
| 中国 | 0.4671 | 0.6203 | 0.8363 | 1.0260 | 0.7318 | 4.47% |
| 哥伦比亚 | 1.2364 | 1.1369 | 1.0870 | 1.0891 | 1.1237 | −0.70% |
| 哥斯达黎加 | 1.4630 | 1.5538 | 1.6868 | 1.7543 | 1.6001 | 1.01% |
| 克罗地亚 | 1.5186 | 1.7020 | 1.6193 | 1.7185 | 1.6370 | 0.69% |
| 塞浦路斯 | 2.6886 | 2.8014 | 2.6634 | 2.8941 | 2.7321 | 0.41% |
| 捷克 | 1.4300 | 1.6861 | 1.6698 | 1.8431 | 1.6495 | 1.42% |
| 丹麦 | 3.6073 | 3.7652 | 3.7039 | 3.9229 | 3.7082 | 0.47% |
| 埃及 | 0.9250 | 0.9954 | 1.0460 | 1.1819 | 1.0279 | 1.37% |
| 萨尔瓦多 | 0.6986 | 0.7364 | 0.7504 | 0.7962 | 0.7389 | 0.73% |
| 爱沙尼亚 | 1.6405 | 1.9181 | 1.8057 | 1.9165 | 1.8057 | 0.87% |
| 芬兰 | 3.1315 | 3.4269 | 3.3017 | 3.3897 | 3.3204 | 0.44% |
| 法国 | 3.0644 | 3.2155 | 3.2042 | 3.3142 | 3.1904 | 0.44% |
| 格鲁吉亚 | 0.4610 | 0.6821 | 0.8637 | 0.9627 | 0.7396 | 4.18% |
| 德国 | 2.8221 | 3.0167 | 3.0395 | 3.1450 | 2.9995 | 0.60% |

续表

| 国家 | 2000 年 | 2006 年 | 2012 年 | 2018 年 | 平均值 | 年均增长率 |
|---|---|---|---|---|---|---|
| 希腊 | 1.8877 | 2.3325 | 2.1093 | 2.2822 | 2.1845 | 1.06% |
| 危地马拉 | 0.8051 | 0.8397 | 0.8383 | 0.9207 | 0.8595 | 0.75% |
| 匈牙利 | 1.3983 | 1.6566 | 1.5856 | 1.6848 | 1.5852 | 1.04% |
| 冰岛 | 3.0142 | 3.3440 | 3.4185 | 3.8863 | 3.4244 | 1.42% |
| 印度 | 0.3329 | 0.3674 | 0.4184 | 0.5331 | 0.4026 | 2.65% |
| 印度尼西亚 | 0.4973 | 0.5476 | 0.5965 | 0.6518 | 0.5717 | 1.51% |
| 伊朗 | 0.9753 | 1.0198 | 1.0903 | 1.1157 | 1.0599 | 0.75% |
| 伊拉克 | 3.3706 | 1.6516 | 1.7005 | 1.5954 | 1.8325 | −4.07% |
| 爱尔兰 | 3.9631 | 4.0270 | 4.0247 | 5.1285 | 4.2104 | 1.44% |
| 以色列 | 2.9667 | 3.1204 | 3.2165 | 3.4102 | 3.1534 | 0.78% |
| 意大利 | 2.9559 | 2.9493 | 2.8359 | 2.9638 | 2.9165 | 0.01% |
| 日本 | 2.1734 | 2.3546 | 2.4158 | 2.4982 | 2.3613 | 0.78% |
| 约旦 | 1.0423 | 1.2412 | 1.1482 | 1.1387 | 1.1605 | 0.49% |
| 哈萨克斯坦 | 1.2334 | 1.4576 | 1.4330 | 1.4793 | 1.4087 | 1.02% |
| 韩国 | 1.6976 | 1.9894 | 2.2283 | 2.3866 | 2.0875 | 1.91% |
| 吉尔吉斯斯坦 | 0.3351 | 0.3294 | 0.3192 | 0.3410 | 0.3368 | 0.10% |
| 拉脱维亚 | 1.2579 | 1.6165 | 1.5465 | 1.7562 | 1.5265 | 1.87% |
| 立陶宛 | 1.3888 | 1.7143 | 1.7620 | 1.8943 | 1.6973 | 1.74% |
| 卢森堡 | 5.2621 | 5.4584 | 5.0225 | 5.0302 | 5.2021 | −0.25% |
| 马其顿 | 1.0444 | 1.0750 | 1.0334 | 0.9715 | 1.0314 | −0.40% |
| 马来西亚 | 1.1328 | 1.2932 | 1.3219 | 1.4457 | 1.2920 | 1.36% |
| 马耳他 | 2.5218 | 2.5031 | 2.5536 | 2.9821 | 2.6117 | 0.94% |
| 毛里求斯 | 1.0336 | 1.1518 | 1.2878 | 1.4669 | 1.2262 | 1.96% |
| 墨西哥 | 1.4112 | 1.4040 | 1.3624 | 1.4088 | 1.3775 | −0.01% |
| 摩尔多瓦 | 0.4388 | 0.5576 | 0.5676 | 0.5972 | 0.5472 | 1.73% |
| 蒙古国 | 0.4722 | 0.5403 | 0.6444 | 0.7748 | 0.5985 | 2.79% |
| 荷兰 | 3.0612 | 3.2188 | 3.1989 | 3.3723 | 3.2064 | 0.54% |

续表

| 国家 | 2000 年 | 2006 年 | 2012 年 | 2018 年 | 平均值 | 年均增长率 |
|---|---|---|---|---|---|---|
| 新西兰 | 3.1057 | 3.0315 | 3.0461 | 3.2199 | 3.0754 | 0.20％ |
| 挪威 | 4.6174 | 4.8091 | 4.4340 | 4.4091 | 4.5694 | −0.26％ |
| 巴基斯坦 | 0.5147 | 0.5405 | 0.5394 | 0.6303 | 0.5477 | 1.13％ |
| 巴拿马 | 1.6413 | 1.6492 | 1.6931 | 1.6483 | 1.6335 | 0.02％ |
| 巴拉圭 | 0.8151 | 0.9044 | 0.9068 | 1.0140 | 0.9299 | 1.22％ |
| 秘鲁 | 0.8602 | 0.9295 | 0.9775 | 0.9946 | 0.9389 | 0.81％ |
| 菲律宾 | 0.6352 | 0.6728 | 0.7189 | 0.8253 | 0.7044 | 1.47％ |
| 波兰 | 1.3667 | 1.6116 | 1.7547 | 1.9559 | 1.6622 | 2.01％ |
| 葡萄牙 | 1.6545 | 1.8048 | 1.9145 | 2.1221 | 1.8721 | 1.39％ |
| 罗马尼亚 | 0.9701 | 1.2659 | 1.2073 | 1.4558 | 1.2261 | 2.28％ |
| 俄罗斯 | 1.1418 | 1.3476 | 1.3172 | 1.2897 | 1.2808 | 0.68％ |
| 塞尔维亚 | 1.0857 | 1.3840 | 1.4049 | 1.2968 | 1.2928 | 0.99％ |
| 新加坡 | 2.6106 | 3.0295 | 3.2012 | 3.3954 | 3.0112 | 1.47％ |
| 斯洛伐克 | 1.4363 | 1.7448 | 1.9280 | 2.0318 | 1.7979 | 1.95％ |
| 斯洛文尼亚 | 1.6515 | 1.9674 | 1.9685 | 2.2248 | 1.9478 | 1.67％ |
| 南非 | 1.3005 | 1.3470 | 1.3204 | 1.2239 | 1.3192 | −0.34％ |
| 西班牙 | 2.4306 | 2.4749 | 2.5643 | 2.7867 | 2.5532 | 0.76％ |
| 斯里兰卡 | 0.6527 | 0.6882 | 0.8312 | 0.8769 | 0.7406 | 1.65％ |
| 瑞典 | 3.3415 | 3.6612 | 3.5810 | 3.7227 | 3.5697 | 0.60％ |
| 瑞士 | 4.1517 | 4.3194 | 4.3304 | 4.4697 | 4.3024 | 0.41％ |
| 泰国 | 0.6888 | 0.7589 | 0.8077 | 0.9067 | 0.7802 | 1.54％ |
| 特立尼达和多巴哥 | 2.9275 | 3.1716 | 2.8782 | 2.0872 | 2.8082 | −1.86％ |
| 突尼斯 | 0.6974 | 0.7901 | 0.8812 | 0.9486 | 0.8315 | 1.72％ |
| 土耳其 | 1.5473 | 1.7436 | 1.6717 | 1.7940 | 1.6735 | 0.83％ |
| 乌克兰 | 0.4351 | 0.5726 | 0.5404 | 0.5841 | 0.5366 | 1.65％ |
| 英国 | 3.5162 | 3.7378 | 3.6703 | 3.8076 | 3.6808 | 0.44％ |

| 国家 | 2000 年 | 2006 年 | 2012 年 | 2018 年 | 平均值 | 年均增长率 |
|------|---------|---------|---------|---------|--------|-----------|
| 美国 | 3.6505 | 3.9466 | 4.1102 | 4.2690 | 3.9926 | 0.87% |
| 乌拉圭 | 1.6866 | 1.6521 | 1.9203 | 2.0968 | 1.8068 | 1.22% |
| 乌兹别克斯坦 | 0.5903 | 0.6045 | 0.6467 | 0.6736 | 0.6274 | 0.74% |
| 委内瑞拉 | 1.2740 | 1.4402 | 1.4855 | 0.8348 | 1.3039 | −2.32% |
| 越南 | 0.3567 | 0.3891 | 0.4086 | 0.4938 | 0.4056 | 1.82% |
| 平均 | 1.7670 | 1.8867 | 1.8920 | 1.9781 | 1.8736 | 0.63% |

数据来源：UNCTAD 与佩恩表（Penn World Table）且根据作者整理计算。

（二）区域比较分析

表 5-9 是按各区域类型划分的历年全要素生产率指数变化表，从表中可以看出：就经济发展水平而言，发达国家、发展中国家与转型国家的全要素生产率在整个时期总体均处于上升的趋势，其指数值分别从 2000 年的 3.1318、1.2088 和 0.9991 上升到 2018 年的 3.4594、1.2546 和 1.3063，年均增长率分别为 0.55%、0.21% 和 1.50%，其中只有发达国家整个时期全要素生产率指数的年均值高于样本国年均水平，而发展中国家和转型国家则低于样本国年均水平。从具体国别看，在整个时期，发达国家全要素生产率指数的年均值高于样本国年均水平（1.8736）的国家有 26 个，分别是卢森堡（5.2021）、挪威（4.5694）、瑞士（4.3024）、爱尔兰（4.2104）、美国（3.9926）、丹麦（3.7082）、英国（3.6808）、澳大利亚（3.6014）、瑞典（3.5697）、比利时（3.4656）、冰岛（3.4244）、芬兰（3.3204）、荷兰（3.2064）、法国（3.1904）、加拿大（3.1754）、以色列（3.1534）、奥地利（3.1239）、新西兰（3.0754）、新加坡（3.0112）、德国（2.9995）、意大利（2.9165）、塞浦路斯（2.7321）、西班牙（2.5532）、日本（2.3613）、希腊（2.1845）和韩国（2.0875），数量占到了 27 个发达国家的 78.79%；在整个时期，发展中国家全要素生产率指数的年均值高于样本国年均水平的有 3 个，分别是特立尼达和多巴哥（2.8082）、马耳他（2.6117）和阿根廷（2.1001），数量占到了 33 个发展中国家的 9.09%；在整个时期，转型国家全要素生产率指数的年均值高于样本国年均水平的只有斯洛文尼亚（1.9478），数量占到了 24 个转型国家的 4.17%，其余 23 个转型国家全要素生产率指数的年均值均低于样本国的年均水平。

表 5-9　历年全要素生产率指数的区域比较

| 区域 | 划分 | 2000 年 | 2006 年 | 2012 年 | 2018 年 | 年均值 | 年均增长率 |
|---|---|---|---|---|---|---|---|
| 经济发展水平 | 发达国家 | 3.1318 | 3.3099 | 3.2787 | 3.4594 | 3.2848 | 0.55% |
| | 发展中国家 | 1.2088 | 1.2146 | 1.2432 | 1.2546 | 1.2196 | 0.21% |
| | 转型国家 | 0.9991 | 1.2098 | 1.2240 | 1.3063 | 1.1853 | 1.50% |
| 合作关系 | 二十国集团 | 2.4899 | 2.6186 | 2.6104 | 2.7438 | 2.6074 | 0.54% |
| | 金砖国家 | 0.8944 | 0.9917 | 1.0557 | 1.0770 | 1.0088 | 1.04% |
| | 上海合作组织 | 0.7095 | 0.8402 | 0.8844 | 0.9480 | 0.8449 | 1.62% |
| | 亚太经合组织 | 1.7117 | 1.8248 | 1.8690 | 1.9662 | 1.8337 | 0.77% |
| 联盟关系 | 欧盟 | 2.4025 | 2.6085 | 2.5720 | 2.7589 | 2.5777 | 0.77% |
| | 美盟 | 1.6832 | 1.7450 | 1.7578 | 1.6965 | 1.7177 | 0.04% |
| | 非盟 | 1.0183 | 1.0614 | 1.0969 | 1.1481 | 1.0836 | 0.67% |
| | 东盟（中国） | 0.9127 | 1.0445 | 1.1273 | 1.2493 | 1.0710 | 1.76% |
| 伙伴关系 | CPTPP | 2.0320 | 2.1139 | 2.1157 | 2.2070 | 2.1023 | 0.46% |
| | NAFTA | 2.7593 | 2.8626 | 2.8627 | 2.9687 | 2.8485 | 0.41% |
| | RCEP | 1.5493 | 1.6654 | 1.7360 | 1.8596 | 1.6930 | 1.02% |
| "一带一路"沿线 | 东（南）亚 | 0.4879 | 0.5514 | 0.6539 | 0.7682 | 0.6042 | 2.55% |
| | 东南亚 | 0.9869 | 1.1152 | 1.1758 | 1.2865 | 1.1275 | 1.48% |
| | 西亚 | 1.9254 | 1.8633 | 1.8307 | 1.9265 | 1.8530 | 0.003% |
| | 中东欧 | 1.3231 | 1.5723 | 1.5700 | 1.6856 | 1.5348 | 1.35% |
| | 独联体 | 0.6306 | 0.8055 | 0.8322 | 0.8665 | 0.7897 | 1.78% |
| 样本国平均 | | 1.7670 | 1.8867 | 1.8920 | 1.9781 | 1.8736 | 0.63% |

数据来源：UNCTAD 与佩恩表（Penn World Table)且根据作者整理计算。

就合作关系而言，各类型国家的全要素生产率指数在整个时期均处于上升的趋势，二十国集团、金砖国家、上海合作组织和亚太经合组织的全要素生产率指数分别从 2000 年的 2.4899、0.8944、0.7095 和 1.7117 上升到 2018 年的 2.7438、1.0770、0.9480 和 1.9662，年均增长率分别为 0.54%、1.04%、1.62% 和 0.77%，其中只有二十国集团在整个时期全要素生产率指数的年均值高于样本国年均水平，而金砖国家、上海合作组织和亚太经合组织整个时期全要素生产率指数的年均值均低于样本国年均水平。从具体国别看,在整个时期,二十国集团全要素生产率指数的年均值高于样本国年均水平的国家有 20 个,分别是卢森堡(5.2021)、爱尔兰(4.2104)、美国(3.9926)、丹麦(3.7082)、英国(3.6808)、澳大利亚(3.6014)、瑞典(3.5697)、比利时(3.4656)、芬兰(3.3204)、荷兰(3.2064)、法国(3.1904)、加拿大(3.1754)、奥地利(3.1239)、德国(2.9995)、意大利(2.9165)、马耳他(2.6117)、西班牙(2.5532)、日本(2.3613)、阿根廷(2.1001)和韩国(2.0875),数量占到了 29 个二十国集团的 68.97%;在整个时期,5 个金砖国家全要素生产率指数的年均值均低于样本国年均水平,分别是印度(0.4026)、中国(0.7318)、俄罗斯(1.2808)、巴西(1.3095)和南非(1.3192);在整个时期,14 个上海合作组织成员国全要素生产率指数的年均值均低于样本国年均水平,分别是吉尔吉斯斯坦(0.3368)、印度(0.4026)、巴基斯坦(0.5477)、蒙古国(0.5985)、乌兹别克斯坦(0.6274)、亚美尼亚(0.6884)、中国(0.7318)、斯里兰卡(0.7406)、阿塞拜疆(0.8423)、白俄罗斯(0.8893)、伊朗(1.0599)、俄罗斯(1.2808)、哈萨克斯坦(1.4087)和土耳其(1.6735);在整个时期,亚太经合组织成员全要素生产率指数的年均值高于样本国年均水平的国家有 7 个,分别是美国(3.9926)、澳大利亚(3.6014)、加拿大(3.1754)、新西兰(3.0754)、新加坡(3.0112)、日本(2.3613)和韩国(2.0875),数量占到了 17 个亚太经合组织成员的 41.18%。

就联盟关系而言,欧盟、美盟、非盟和东盟(中国)的全要素生产率在整个时期均处于上升的趋势,其指数值分别从 2000 年的 2.4025、1.6832、1.0183 和 0.9127 上升到 2018 年的 2.7589、1.6965、1.1481 和 1.2493,年均增长率分别为 0.77%、0.04%、0.67% 和 1.76%,其中欧盟整个时期全要素生产率指数的年均值高于样本国年均水平,而美盟、非盟和东盟(中国)则低于样本国年均水平。从具体国别看,在整个时期,欧盟全要素生产率指数的年均值高于样本国年均水平的国家有 17 个,分别是卢森堡(5.2021)、爱尔兰(4.2104)、丹麦(3.7082)、英国(3.6808)、瑞典(3.5697)、比利时(3.4656)、芬兰(3.3204)、荷兰(3.2064)、法国(3.1904)、奥地利(3.1239)、德国(2.9995)、意大利(2.9165)、塞浦路斯(2.7321)、马耳他(2.6117)、西班牙(2.5532)、希腊(2.1845)和斯洛文尼亚(1.9478),数量占到了 28 个欧盟国家的 60.71%;在整个时期,美盟国全要素生产率指数的年均值高于样本国年均水平的国家有 4 个,分别是美国(3.9926)、加拿大(3.1754)、特立尼达和多巴哥(2.8082)与阿根廷(2.1001),数量占到了 16 个美盟国家的 25%;在整个时期,5 个非盟成员国全要素生产率指数的年均值均低于样本国年均水平，分别是突尼斯（0.8315）、阿尔及利亚（1.0133）、埃及（1.0279）、毛里求斯（1.2262）和南非（1.3192）；在整个时期，东盟（中国）全要素生产率指数的年均值高于样本国年均水平的国家只有新加坡（3.0112），数量占到了7个东盟（中国）成员国的14.29%。

就伙伴关系而言，CPTPP、NAFTA和RCEP成员的全要素生产率在整个时期均处于上升的趋势，其指数值分别从2000年的2.0320、2.7593和1.5493上升到2018年的2.2070、2.9687和1.8596，年均增长率分别为0.46%、0.41%和1.02%，其中CPTPP和NAFTA成员国整个时期全要素生产率指数的年均值均高于样本国年均水平，而RCEP成员整个时期全要素生产率指数的年均值低于样本国年均水平。从具体国别看，在整个时期，CPTPP成员全要素生产率指数的年均值高于样本国年均水平的国家有5个，分别是澳大利亚（3.6014）、加拿大（3.1754）、新西兰（3.0754）、新加坡（3.0112）和日本（2.3613），数量占到了10个CPTPP成员国的50%；在整个时期，NAFTA成员国全要素生产率指数的年均值高于样本国年均水平的国家有2个，分别是美国（3.9926）和加拿大（3.1754），数量占到了3个NAFTA成员国的66.67%；在整个时期，RCEP成员全要素生产率指数的年均值高于样本国年均水平的国家有5个，分别是澳大利亚（3.6014）、新西兰（3.0754）、新加坡（3.0112）、日本（2.3613）和韩国（2.0875），数量占到了11个RCEP成员的45.45%。

就"一带一路"沿线而言，东（南）亚、东南亚、西亚、中东欧和独联体国家的全要素生产率指数在整个时期均处于上升的趋势，其指数值分别从2000年的0.4879、0.9869、1.9254、1.3231和0.6306上升到2018年的0.7682、1.2865、1.9265、1.6856和0.8665，年均增长率分别为2.55%、1.48%、0.003%、1.35%和1.78%，东（南）亚、东南亚、西亚、中东欧和独联体国家全要素生产率指数的年均值均低于样本国年均水平。从具体国别看，在整个时期，5个东（南）亚国家全要素生产率指数的年均值均低于样本国年均水平，分别是斯里兰卡（0.7406）、中国（0.7318）、蒙古国（0.5985）、巴基斯坦（0.5477）和印度（0.4026）；在整个时期，东南亚国家全要素生产率指数的年均值高于样本国年均水平的只有新加坡（3.0112），数量占到了6个东南亚国家的16.67%，其余国家如马来西亚（1.2920）、泰国（0.7802）、菲律宾（0.7044）、印度尼西亚（0.5717）和越南（0.4056）全要素生产率指数的年均值都低于样本国年均水平；在整个时期，西亚国家全要素生产率指数的年均值高于样本国年均水平的国家有3个，分别是以色列（3.1534）、塞浦路斯（2.7321）和希腊（2.1845），数量占到了8个西亚国家的

37.50%,其余国家如伊拉克(1.8325)、土耳其(1.6735)、约旦(1.1605)、伊朗(1.0599)和埃及(1.0279)全要素生产率指数的年均值都低于样本国年均水平;在整个时期,中东欧国家全要素生产率指数的年均值高于样本国年均水平的国家只有斯洛文尼亚(1.9478),数量占到了13个中东欧国家的7.69%,其余国家如爱沙尼亚(1.8057)、斯洛伐克(1.7979)、立陶宛(1.6973)、波兰(1.6622)、捷克(1.6495)、克罗地亚(1.6370)、匈牙利(1.5852)、拉脱维亚(1.5265)、塞尔维亚(1.2928)、罗马尼亚(1.2261)、保加利亚(1.0931)和马其顿(1.0314)全要素生产率指数的年均值都低于样本国年均水平;在整个时期,10个独联体国家全要素生产率指数的年均值均低于样本国年均水平,分别是哈萨克斯坦(1.4087)、俄罗斯(1.2808)、白俄罗斯(0.8893)、阿塞拜疆(0.8423)、格鲁吉亚(0.7396)、亚美尼亚(0.6884)、乌兹别克斯坦(0.6274)、摩尔多瓦(0.5472)、乌克兰(0.5366)和吉尔吉斯斯坦(0.3368)。

# 第六章 国内知识资本、数字贸易溢出与全要素生产率：整体层面的实证分析

## 第一节 模型设定

根据第三章到第五章的测度，我们已经分别得到各国历年国内知识资本三方面投入指标（研发资本、人力资本和专利资本）、基于数字贸易渠道溢出的国际知识资本（数字进口溢出知识资本和数字出口溢出知识资本）以及全要素生产率指数。本章将进一步利用跨国面板数据检验国内知识资本不同方面、数字贸易不同溢出渠道对全要素生产率的影响效应。我们以创新驱动的内生增长模型为基础，借鉴 Coe 和 Helpman(1995，简称 CH)、Xu 和 Wang(1999)等学者提出的国际研发溢出回归框架，通过对此进行相应的修正和扩展来检验国内外知识资本的溢出效应。考虑一个产出 $Y$ 由劳动投入 $L$、物质资本投入 $K$ 和知识资本投入 $KC$ 形成的总量生产函数，假设该总量生产函数具有如下柯布-道格拉斯的形式：

$$Y = AL^{\alpha}K^{\beta}(KC)^{\gamma} \tag{6.1}$$

如果将全要素生产率定义为：$TFP = Y/L^{\alpha}K^{\beta}$，则全要素生产率可表示为：

$$TFP = A(KC)^{\gamma} \tag{6.2}$$

其中，$TFP$ 为全要素生产率；$A$ 为常数；$KC$ 表示知识资本。在开放经济体系中，$KC$ 不仅取决于国内知识资本投入 $KC^d$，而且还依赖于国际知识资本溢出 $KC^{if}$。在这种情形下，一国拥有的知识资本存量就可以分为国内投入和国外溢出两部分，即：$KC = (KC^d)^{\delta}(KC^f)^{\eta}$。

为更好地分析知识资本不同要素投入对全要素生产率的影响效应，本书将

$KC^d$ 进一步划分为研发资本 $RC^d$、人力资本 $HC^d$ 和专利资本 $PC^d$，即：$KC^d =$
$(RC^d)^\phi (HC^d)^\varphi (PC^d)^\lambda$。

同时，由于数字贸易可以分为数字进口贸易和数字出口贸易，因此我们进一步将知识资本的国际溢出部分细分为通过数字进口渠道溢出的国际知识资本 $KC^{dim}$ 和通过数字出口渠道溢出的国际知识资本 $KC^{dex}$，那么 $KC^f$ 就可以进一步表示为：$KC^f = (KC^{dim})^\mu (KC^{dex})^\rho$。

为此，知识资本 $KC$ 就可以扩展为：

$$KC = (RC^d)^{\theta_1} (HC^d)^{\theta_2} (PC^d)^{\theta_3} (KC^{dim})^{\theta_4} (CK^{dex})^{\theta_5} \qquad (6.3)$$

将方程（6.3）代入到方程（6.2），同时两边取自然对数，可以建立如下回归方程：

$$\ln TFP_{it} = \beta_{0i} + \beta_1 \ln RC^d_{it} + \beta_2 \ln HC^d_{it} + \beta_3 \ln PC^d_{it} + \beta_4 \ln KC^{dim}_{it} \beta_4 \ln KC^{dex}_{it} + \varepsilon$$

$$(6.4)$$

其中，$i$ 和 $t$ 分别代表国家和年份，$TFP$ 代表全要素生产率；$KC^{dim}$ 表示通过数字进口渠道溢出的国际知识资本，$KC^{dex}$ 表示通过数字出口渠道溢出的国际知识资本，$dim$ 和 $dex$ 分别表示数字贸易进口和数字贸易出口；$d$ 表示国内，$RC^d$、$HC^d$ 和 $PC^d$ 分别表示研发资本、人力资本和专利资本；$\beta_1 - \beta_5$ 为各变量的产出弹性；$\beta_{0i}$ 为特定国家的常数项，$\varepsilon$ 为随机误差项，$\ln$ 表示自然对数。

# 第二节　数据来源与处理

在介绍各变量的数据来源与处理方法之前，有三点需要说明：第一，为体现全球性、数据可得性与可比较性，本书最终选择了 84 个国家作为实证分析的研究样本，时间跨度为 2000—2018 年；第二，由于第三章到第五章已经介绍了实证分析所涉及的各变量及其相应的测度方法，因而本章对各变量的选择原因与测度不再赘述；第三，鉴于很多变量（特别是双边数字贸易变量）中存在 0 值而无法进行对数的情形，本书采用对每个变量的数值进行加 1 后再取对数处理。各变量具体的数据来源与处理方法如下：

## 一、全要素生产率

全要素生产率 $TFP$ 的数据来源于第五章测算得到的全要素生产率指数。其中，各国历年以 2015 年为基期的 GDP 不变价数据和固定资本形成总额不变价数据来自联合国贸发会议(UNCTAD)统计数据库;各国历年就业人员的数据来自佩恩表(Penn World Table)。

## 二、国内知识资本各投入变量

国内知识资本各投入变量的数据,即研发资本 $RC^d$、人力资本 $HC^d$ 和专利资本 $PC^d$,以第三章测算得到的研发资本、人力资本和专利资本为基础,考虑到数据的可比较性和口径的一致性,本章将三个变量分别用"全序列法"进行标准化处理以转换成指数形式,并将各指数转化为 0 到 100 的数值;测度研发资本所用到的各国历年研发支出不变价数据根据各国以 2015 年为基期的 GDP 美元价数据乘以各国相应年份研发支出强度数据而得;各国历年研发支出强度数据、各国历年研究人员数据主要来自联合国教科文组织(UNESCO)统计数据库、OECD 统计数据库和独联体统计数据库;测度专利资本所用到的各国历年发明专利申请数据来自世界知识产权组织(WIPO)统计数据库。此外,对于个别国家在某些年份数据缺失的情形,本章运用 Ulku(2007)提出的插值法进行估算。

## 三、国际知识资本各溢出变量

通过数字进口渠道溢出的国际知识资本 $KC^{dim}$ 和通过数字出口渠道溢出的国际知识资本 $KC^{dex}$ 根据双边信息通信技术(ICT)产品贸易与相应各国知识资本指数加权和计算得到。其中,各国历年双边 ICT 进口贸易和双边 ICT 出口贸易数据来自联合国贸发会议统计数据库,各国历年国内知识资本指数根据第三章计算结果得到,各国历年数字贸易总进口与总出口数据分别根据其余 83 个贸易伙伴国对该国数字进口贸易和数字出口贸易数据加总得到。

## 第三节　实证分析与结果

### 一、模型的预检验

在估计模型之前,需要分别对面板单位根、面板协整、面板模型形式、截面相关、面板异方差和面板稳健估计方法选择等进行预检验,因为它们会影响到估计结果的准确性。

（一）面板单位根检验

由于本章使用的是 84 个国家 2000—2018 年的面板数据,模型所选用的解释变量和被解释变量可能会存在非平稳性。为避免模型出现虚假回归问题,需要利用面板单位根对各变量的平稳性进行预检验。为提高检验结果的可信度,我们同时运用目前使用较为广泛的 LLC 检验法（Levin et al.,2002）、IPS 检验法（Im et al.,2003）和 Fisher-ADF 检验法（Maddala and Wu,1999）对各变量进行面板单位根检验。表 6-1 显示了整体层面回归模型的三种面板单位根检验结果。可以看出:当对各变量对数的水平值进行检验时,LLC 检验法在 1% 显著性水平上均拒绝"存在单位根"的原假设（为平稳序列）;Fisher-ADF 检验法除人力资本 $HC^d$ 对数的水平值在 10% 显著性水平上拒绝"存在单位根"的原假设（为平稳序列）外,其余变量对数的水平值均在 1% 显著性水平上拒绝"存在单位根"的原假设（为平稳序列）;对于 IPS 检验法,除研发资本 $RC^d$、人力资本 $HC^d$ 和专利资本 $PC^d$ 对数的水平值不能拒绝"存在单位根"的原假设（为非平稳序列）以及全要素生产率 $TFP$ 对数的水平值需要在 5% 显著性水平上拒绝"存在单位根"的原假设（为平稳序列）外,其余变量对数的水平值均在 10% 显著性水平上拒绝"存在单位根"的原假设（为平稳序列）。综合以上面板单位根检验结果,可以判断:模型中使用的所有变量的对数都是水平平稳的,均为 $I(0)$ 过程,因而无需进行下一步的面板协整检验。

**表 6-1 面板单位根检验:整体层面**

| 变量 | LLC | IPS | Fisher-ADF | 判断 |
|---|---|---|---|---|
| $\ln TFP$ | $-2.94966^{***}$ | $-1.71507^{**}$ | $208.870^{***}$ | 平稳 |
| $\ln RC^d$ | $-3.59860^{***}$ | $2.02130$ | $225.828^{***}$ | 平稳 |
| $\ln HC^d$ | $-2.32600^{***}$ | $-0.18474$ | $196.476^{*}$ | 平稳 |
| $\ln PC^d$ | $-7.36978^{***}$ | $-0.22359$ | $228.983^{***}$ | 平稳 |
| $\ln KC^{dim}$ | $-6.83343^{***}$ | $-5.43582^{***}$ | $281.970^{***}$ | 平稳 |
| $\ln KC^{dex}$ | $-5.76731^{***}$ | $-4.6728^{***}$ | $274.325^{***}$ | 平稳 |

注:面板单位根检验包含截距项和趋势项;各检验法原假设都为存在单位根;*** 、** 、* 分别表示参数在 1%、5%、10% 水平上显著;表中数值为各方法的检验统计值;滞后阶数依据 SIC 准则自动确定。

（二）面板模型形式选择

一般而言,面板数据模型可以分为混合效应、固定效应和随机效应三种形式。而固定效应模型和随机效应模型依据是否存在时期和截面上的差异,又分为截面固定(随机)效应模型、时期固定(随机)效应模型和截面时期双固定(随机)效应模型。对于面板模型形式的选择,通常遵循如下两个步骤:首先采用似然比(Likelihood Ratio,简称 LR)F 检验以决定选用混合效应模型还是固定效应模型,然后用豪斯曼(Hausman)检验以确定选用随机效应模型还是固定效应模型。表 6-2 是整体层面的面板模型形式选择的检验结果,从表中可以看出,F检验的结果表明,不论是截面项还是时期项,模型(6.1)~(6.4)均拒绝"选择混合效应模型"的原假设;而 Hausman 检验结果表明,不论是截面项还是时期项,模型(6.1)~(6.4)均拒绝"选择随机效应模型"的原假设。综合以上面板模型形式选择的检验结果,可以判断:模型(6.1)~(6.4)均应选择截面时期双固定形式的面板模型。

**表 6-2  面板模型形式选择:整体层面**

| 模型 | 检验方法 | 原假设 | 效应类型 | 判断统计值 | 判断结果 | 最终选择 |
|---|---|---|---|---|---|---|
| 模型 (6.1) | F:混合效应 VS 固定效应 | 选择混合效应 | 截面 | 959.37*** | 拒绝原假设 | 截面固定 时期固定 |
| | | | 时期 | 16.82*** | 拒绝原假设 | |
| | | | 截面和时期 | 789.76*** | 拒绝原假设 | |
| | Hausman:固定效应 VS 随机效应 | 选择随机效应 | 截面 | 57.39*** | 拒绝原假设 | |
| | | | 时期 | 69.13*** | 拒绝原假设 | |
| | | | 截面和时期 | — | — | |
| 模型 (6.2) | F:混合效应 VS 固定效应 | 选择混合效应 | 截面 | 966.03*** | 拒绝原假设 | 截面固定 时期固定 |
| | | | 时期 | 12.98*** | 拒绝原假设 | |
| | | | 截面和时期 | 794.85*** | 拒绝原假设 | |
| | Hausman:固定效应 VS 随机效应 | 选择随机效应 | 截面 | 56.65*** | 拒绝原假设 | |
| | | | 时期 | 105.01*** | 拒绝原假设 | |
| | | | 截面和时期 | — | — | |
| 模型 (6.3) | F:混合效应 VS 固定效应 | 选择混合效应 | 截面 | 973.66*** | 拒绝原假设 | 截面固定 时期固定 |
| | | | 时期 | 17.01*** | 拒绝原假设 | |
| | | | 截面和时期 | 801.54*** | 拒绝原假设 | |
| | Hausman:固定效应 VS 随机效应 | 选择随机效应 | 截面 | 57.39*** | 拒绝原假设 | |
| | | | 时期 | 72.49*** | 拒绝原假设 | |
| | | | 截面和时期 | — | — | |

续表

| 模型 | 检验方法 | 原假设 | 效应类型 | 判断统计值 | 判断结果 | 最终选择 |
|---|---|---|---|---|---|---|
| 模型<br>(6.4) | F：混合效应<br>VS 固定效应 | 选择混合<br>效应 | 截面 | 969.18*** | 拒绝原假设 | 截面固定<br>时期固定 |
| | | | 时期 | 13.46*** | 拒绝原假设 | |
| | | | 截面和时期 | 797.32*** | 拒绝原假设 | |
| | Hausman：固定<br>效应 VS 随机<br>效应 | 选择随机<br>效应 | 截面 | 56.89*** | 拒绝原假设 | |
| | | | 时期 | 140.97*** | 拒绝原假设 | |
| | | | 截面和时期 | —— | —— | |

注：*** 表示参数在 1% 水平上显著。F 检验结果是在选择截面时期双固定环境下运行得到的；Hausman 检验由于在截面时期双随机环境下运行无效，因而其统计值是对截面随机和时期随机分别进行运行后得到，表中"——"表示无效或无法检验。

（三）截面相关、面板异方差和稳健估计方法选择

在对面板数据模型的形式进行选择后，还需要分别采用 Pesaran CD 法和 LR 法对面板数据模型的截面相关性和异方差性进行检验，并据此确定面板数据模型的稳健性估计方法。表 6-3 是整体层面的截面相关、面板异方差和稳健性估计方法确定的结果。表中可以看出，Pesaran CD 检验结果发现，模型 (6.1)～(6.4) 均接受无截面相关的原假设，表明各个模型均不存在截面相关；同时 LR 检验的结果发现，模型 (6.1)～(6.4) 均接受"时期同方差"、拒绝"截面同方差"的原假设，表明各个模型均存在截面异方差和时期同方差。综合上述截面相关和面板异方差的检验结果，可以判断：模型 (6.1)～(6.4) 均应选择 Cross-section weights(PCSE) 作为稳健性估计方法。

**表 6-3 截面相关、面板异方差和稳健性估计方法选择：整体层面**

| 模型 | 检验 | 统计量 | 原假设 | 统计值 | 判断结果 | 稳健估计方法 |
|---|---|---|---|---|---|---|
| 模型<br>(6.1) | 截面相关 | Pesaran CD | 无截面相关 | −0.47 | 无截面相关 | Cross-section weights<br>(PCSE) |
| | 截面异方差 | LR | 截面同方差 | 1500.39*** | 截面异方差 | |
| | 时期异方差 | LR | 时期同方差 | 18.77 | 时期同方差 | |
| 模型<br>(6.2) | 截面相关 | Pesaran CD | 无截面相关 | −1.4414 | 无截面相关 | Cross-section weights<br>(PCSE) |
| | 截面异方差 | LR | 截面同方差 | 1488.478*** | 截面异方差 | |
| | 时期异方差 | LR | 时期同方差 | 17.5357 | 时期同方差 | |

**续表**

| 模型 | 检验 | 统计量 | 原假设 | 统计值 | 判断结果 | 稳健估计方法 |
|------|------|--------|--------|--------|----------|--------------|
| 模型<br>(6.3) | 截面相关 | Pesaran CD | 无截面相关 | −0.8583 | 无截面相关 | Cross-section weights<br>(PCSE) |
| | 截面异方差 | LR | 截面同方差 | 1502.345*** | 截面异方差 | |
| | 时期异方差 | LR | 时期同方差 | 19.4739 | 时期同方差 | |
| 模型<br>(6.4) | 截面相关 | Pesaran CD | 无截面相关 | −1.28 | 无截面相关 | Cross-section weights<br>(PCSE) |
| | 截面异方差 | LR | 截面同方差 | 1486.96*** | 截面异方差 | |
| | 时期异方差 | LR | 时期同方差 | 16.55 | 时期同方差 | |

注:*** 表示参数在1%水平上显著。

## 二、回归结果解释

表 6-4 是整体层面面板数据模型的估计结果。我们对模型估计的进程如下:首先,在模型(6.1)中,我们仅使用研发资本 $RC^d$、人力资本 $HC^d$ 和专利资本 $PC^d$ 作为解释变量来考察国内知识资本不同变量对全要素生产率的影响程度和显著性;其次,在模型(6.2)～(6.3)中,除国内知识资本三个投入变量外,还分别通过增加数字进口贸易和数字出口贸易等溢出渠道作为解释变量来考察国际知识资本各变量对全要素生产率的影响程度和显著性;最后,同时将国内知识资本三个投入变量以及国际知识资本两个溢出变量纳入到模型(6.4)中,以考察国内外知识资本不同变量对全要素生产率的影响程度和显著性。回归结果显示,模型的拟合效果很好,可决系数 $R^2$ 介于 0.9901～0.9904 之间,说明在 2000—2018 年间,整体层面全要素生产率变化的 99.01%～99.04% 可以用各解释变量的变化来解释。下面将具体介绍各解释变量的影响。

首先,国内知识资本的三个投入变量对全要素生产率的影响在所有模型中都具有稳定性。其中,研发资本 $RC^d$ 的系数均显著为正,其值处于 0.0349～0.0476之间,表明研发资本指数每增长 1%,会促进东道国全要素生产率指数增长 0.0349%～0.0476%;人力资本 $HC^d$ 的系数为负,但均不显著,表明人力资本对东道国全要素生产率的影响并不明显;专利资本 $PC^d$ 的系数为显著的正值,其值处于 0.0292～0.0375 之间,表明专利资本指数每增长 1%,会促使东道国全要素生产率指数增长 0.0292%～0.0375%。

其次,国际知识资本两个溢出变量均对全要素生产率具有显著的正向影响。在模型(6.2)中,数字进口溢出知识资本 $KC^{dim}$ 的系数显著为正,其值为 0.0339,

表 6-4　回归结果：整体层面

| 解释变量 | 模型(6.1) | 模型(6.2) | 模型(6.3) | 模型(6.4) |
|---|---|---|---|---|
| C | 0.9457*** <br> (119.6702) | 0.9252*** <br> (103.1368) | 0.9354*** <br> (117.3653) | 0.9264*** <br> (101.6335) |
| $\ln RC^d$ | 0.0476*** <br> (3.6461) | 0.0384*** <br> (2.9850) | 0.0363*** <br> (2.7907) | 0.0349*** <br> (2.6898) |
| $\ln HC^d$ | −0.0100 <br> (−1.1007) | −0.0120 <br> (−1.3305) | −0.0100*** <br> (−1.0940) | −0.0112 <br> (−1.2456) |
| $\ln PC^d$ | 0.0375*** <br> (4.3823) | 0.0301*** <br> (3.6996) | 0.0315*** <br> (3.7581) | 0.0292*** <br> (3.5755) |
| $\ln KC^{dim}$ | | 0.0339*** <br> (5.7738) | | 0.0215*** <br> (2.5867) |
| $\ln KC^{dex}$ | | | 0.0295*** <br> (7.5122) | 0.0180*** <br> (3.0786) |
| 可决系数 $R^2$ | 0.9901 | 0.9904 | 0.9904 | 0.9904 |
| 样本容量 | 1596 | 1596 | 1596 | 1596 |
| 模型形式 | 截面固定 <br> 时期固定 | 截面固定 <br> 时期固定 | 截面固定 <br> 时期固定 | 截面固定 <br> 时期固定 |
| 稳健估计 <br> 方法 | Cross-section weights <br> (PCSE) | Cross-section weights <br> (PCSE) | Cross-section weights <br> (PCSE) | Cross-section weights <br> (PCSE) |

注：表 6-4 采用逐步回归法对(6-4)式进行估计，其中模型(6.1)是(6-4)式中国内知识资本三个投入变量的回归结果；模型(6.2)和(6.3)分别在模型(6.1)基础上增加数字进口溢出变量和数字出口溢出变量；模型(6.4)包括(6-4)式中的所有变量；*** 表示有关变量的系数在1%水平上显著；各解释变量括号中的数值为 t 统计值。

也就是说全要素生产率对数字进口溢出渠道的弹性为 0.015，即基于数字进口渠道溢出的国际知识资本指数每增长 1%，会促进东道国全要素生产率指数增长 0.0339%；在模型(6.3)中，数字出口溢出知识资本 $KC^{dex}$ 的系数为 0.0295，而且非常显著，也就是说全要素生产率对数字出口溢出渠道的弹性为 0.0295，即基于数字出口渠道溢出的国际知识资本指数每增长 1%，会导致东道国全要素生产率指数增长 0.0295%；模型(6.4)是同时包含国内知识资本三个投入变量以及国际知识资本两个溢出变量的回归结果。我们发现，虽然数字出口溢出和数字进口溢出变量的影响系数相较于它们各自进行估计时有些许变化，但两个溢出变量对全要素生产率的影响方向并未发生改变，系数分别为 0.0215 和 0.0180，也就是说全要素生产率对两种溢出变量的弹性分别为 0.0215 和 0.0180，即基于数字进口渠道溢出的国际知识资本指数每增长 1%，会促进东道国全要素生产率指数增长 0.0215%,基于数字出口渠道溢出的国际知识资本指数每增长 1%,会导致全要素生产率指数增长 0.0180%。在接下来的分析中,我们选择模型(6.4)作为基准模型来对实证结果作进一步分析。

### 三、实证结果的进一步分析与结论

(1)就国内知识资本三个投入变量而言:从影响方向上看,研发资本和专利资本对东道国全要素生产率都具有显著的促进作用,表明样本国整体层面的研发资本和专利资本水平的低下并没有成为技术进步的阻碍,反而有利于技术水平的提升。但同时也发现人力资本对东道国全要素生产率的影响为负且不显著,可能的原因一方面是由于样本国整体层面的人力资本发展水平较低(其中有83.33%国家人力资本的年均值低于样本国年均水平)。另一方面是由于与研发资本和专利资本相比,处于较低人力资本水平的国家占了相对较大比例的人力资本份额(其中低研发资本和低专利资本水平的国家分别占了各自研发资本和专利资本数量的 11.27% 和 11.33%,而低人力资本水平的国家则占了相应人力资本数量的 20.89%),如此多的低人力资本水平国家占相对较多的人力资本数量,因而造成了人力资本对全要素生产率影响的不显著;从影响程度上看,国内知识资本三个投入变量的技术进步效应存在差异性,其中研发资本对全要素生产率的促进效果(0.0349)要大于专利资本(0.0292)和人力资本(−0.0112)。

(2)就数字贸易溢出渠道而言:从影响方向上看,数字进口溢出渠道和数字出口溢出渠道对东道国全要素生产率均具有显著的促进作用,表明样本国整体层面数字进口溢出知识资本和数字出口溢出知识资本水平的低下并没有成为技术进步的阻碍,反而有利于技术水平的提升;从影响程度上看,数字贸易溢出两个渠道的技术进步效应存在差异性,数字进口溢出渠道对全要素生产率的促进效果(0.0215)要大于数字出口溢出渠道(0.0180)。

(3)结合国内知识资本各投入变量与国际知识资本各贸易渠道溢出变量的影响程度,它们的影响效果顺序为:研发资本(0.0349)>专利资本(0.0292)>数字进口溢出知识资本(0.0215)>数字出口溢出知识资本(0.0180)>人力资本(−0.0112)。表明就整体层面来说,国内知识资本是促进全要素生产率提升的最主要推动力,但其中起促进作用的只是研发资本和专利资本,人力资本的促进作用并不明显;此外,数字贸易渠道也已经成为整体层面全要素生产率提升的重要来源,且数字进口溢出渠道和数字出口溢出渠道均具有显著的促进效果。

# 第七章 基于区域差异的实证分析:按经济发展水平划分

第六章实证结果发现,国内知识资本与国际知识资本对东道国全要素生产率的影响效应存在差异,且国内知识资本三个投入变量之间以及国际知识资本两种数字贸易溢出渠道之间的生产率影响效应也存在明显差异,那么同一类型知识资本对不同区域、不同类型知识资本对同一区域以及不同类型知识资本对不同区域的全要素生产率是否也存在明显的差异性? 从本章开始,我们将选取的样本国家进行相应划分,以检验国内外知识资本对全要素生产率影响的区域差异性。

## 第一节 模型设定、变量选取与数据来源

### 一、模型设定

按照国际货币基金组织《世界经济展望》(World Economic Outlook)的划分标准,本节将 84 个样本国家划分为发达国家、发展中国家和转型国家,以对不同经济发展水平国家的国内知识资本各投入变量和国际知识资本各数字贸易溢出渠道对全要素生产率的影响差异进行比较分析,具体划分方法见表 7-1。基于上章讨论,本节以模型(6.4)为基础,设定出如下形式的模型:

$$\ln TFP_{At} = \beta_{0A} + \beta_1 \ln RC_{At}^d + \beta_2 \ln HC_{At}^d + \beta_3 \ln PC_{At}^d + \beta_4 \ln KC_{At}^{dim} + \beta_5 \ln KC_{At}^{dex} + \varepsilon$$

$$(7.1)$$

$$\ln TFP_{Dt} = \beta_{0D} + \beta_1 \ln RC_{Dt}^d + \beta_2 \ln HC_{Dt}^d + \beta_3 \ln PC_{Dt}^d + \beta_4 \ln KC_{Dt}^{dim} + \beta_5 \ln KC_{Dt}^{dex} + \varepsilon$$

$$(7.2)$$

$$\ln TFP_{Tt} = \beta_{0T} + \beta_1 \ln RC_{Tt}^d + \beta_2 \ln HC_{Tt}^d + \beta_3 \ln PC_{Tt}^d + \beta_4 \ln KC_{Tt}^{dim} + \beta_4 \ln KC_{Dt}^{dex} + \varepsilon$$

$$(7.3)$$

其中，$A$、$D$ 和 $T$ 分别代表发达国家（Advanced）、发展中国家（Developing）和转型国家（Transition）；发达国家包括 27 个国家，发展中国家包括 33 个国家，转型国家包括 24 个国家。其余变量和符号的含义都与模型(6.4)相同。

表 7-1　样本国家按经济发展水平划分

| 发达国家<br>（27 个） | 澳大利亚、奥地利、比利时、加拿大、塞浦路斯、丹麦、芬兰、法国、德国、希腊、冰岛、爱尔兰、以色列、意大利、日本、韩国、卢森堡、荷兰、新西兰、挪威、葡萄牙、新加坡、西班牙、瑞典、瑞士、英国、美国 |
|---|---|
| 发展中国家<br>（33 个） | 阿尔及利亚、阿根廷、巴西、智利、中国、哥伦比亚、哥斯达黎加、埃及、萨尔瓦多、危地马拉、印度、印度尼西亚、伊朗、伊拉克、约旦、马来西亚、马耳他、毛里求斯、墨西哥、巴基斯坦、巴拿马、巴拉圭、秘鲁、菲律宾、南非、斯里兰卡、泰国、特立尼达和多巴哥、突尼斯、土耳其、乌拉圭、委内瑞拉、越南 |
| 转型国家<br>（24 个） | 亚美尼亚、阿塞拜疆、白俄罗斯、保加利亚、克罗地亚、捷克、爱沙尼亚、格鲁吉亚、匈牙利、哈萨克斯坦、吉尔吉斯斯坦、拉脱维亚、立陶宛、马其顿、摩尔多瓦、蒙古国、波兰、罗马尼亚、俄罗斯、塞尔维亚、斯洛伐克、斯洛文尼亚、乌克兰、乌兹别克斯坦 |

数据来源：世界货币基金组织《世界经济展望》，表中排名不分先后。

## 二、变量选取与数据来源

在各变量的选取上，本节的实证模型都与上一章相同，即被解释变量为全要素生产率指数 $TFP$。解释变量包括研发资本指数 $RC^d$、人力资本指数 $HC^d$ 和专利资本指数 $PC^d$ 三个国内知识资本投入变量，以及基于数字进口渠道溢出的国际知识资本 $KC^{dim}$ 和基于数字出口渠道溢出的国际知识资本 $KC^{dex}$ 变量。来源也与上一章相同，所不同的是，模型(7.1)、模型(7.2)和模型(7.3)使用的分别是 27 个发达国家、33 个发展中国家和 24 个转型国家的样本数据。

# 第二节　模型的预检验

## 一、面板单位根检验

对模型(7.1)～(7.3)中各变量面板数据的单位根检验，仍然使用目前主流

的 LLC、IPS 和 Fisher-ADF 三种检验方法。表 7-2 显示了发达国家模型的三种
面板单位根检验结果。可以看出:当对各变量对数的水平值进行检验时,IPS 法
和 Fisher-ADF 法的结果均不能拒绝"存在单位根"的原假设,表明各变量对数
的水平值存在单位根,为非平稳序列。而对于 LLC 检验法来说,除全要素生产
率 $TFP$ 变量在 5% 显著性水平上拒绝"存在单位根"的原假设(为平稳序列)以
及人力资本 $HC^d$、专利资本 $PC^d$ 和数字出口溢出知识资本 $KC^{dex}$ 对数的水平值
在 1% 显著性水平上拒绝"存在单位根"的原假设(为平稳序列)外,其余变量对
数的水平值经检验均存在单位根,为非平稳序列;当对各变量对数的一阶差分进
行检验时,LLC 检验法在 1% 显著性水平上拒绝"存在单位根"的原假设,表明各
变量对数的一阶差分不存在单位根,为平稳序列;IPS 检验法除研发资本 $RC^d$ 和
专利资本 $PC^d$ 对数的一阶差分分别在 5% 和 10% 显著性水平上拒绝"存在单位
根"的原假设(为平稳序列)外,其余变量对数的一阶差分均在 1% 显著性水平上
拒绝"存在单位根"的原假设(为平稳序列);Fisher-ADF 检验法除研发资本 $RC^d$
对数的一阶差分不能拒绝"存在单位根"的原假设(为非平稳序列)以及专利资本

**表 7-2　面板单位根检验:发达国家模型(7.1)**

| 变量 | LLC | IPS | Fisher-ADF | 判断 |
|---|---|---|---|---|
| $\ln TFP$ | $-1.79883^{**}$ | $0.35419$ | $49.8665$ | 非平稳 |
| $\ln RC^d$ | $11.1441$ | $0.09945$ | $58.1976$ | 非平稳 |
| $\ln HC^d$ | $-2.90327^{***}$ | $-0.39315$ | $61.8854$ | 非平 |
| $\ln PC^d$ | $-2.49208^{***}$ | $0.53266$ | $67.5266$ | 非平稳 |
| $\ln KC^{dim}$ | $0.33557$ | $0.73103$ | $47.2721$ | 非平稳 |
| $\ln KC^{dex}$ | $-2.68668^{***}$ | $-0.16407$ | $56.0730$ | 非平稳 |
| $\Delta\ln TFP$ | $-9.11788^{***}$ | $-5.93083^{***}$ | $127.459^{***}$ | 平稳 |
| $\Delta\ln RC^d$ | $-15.1524^{***}$ | $-1.68297^{**}$ | $65.9704$ | 平稳 |
| $\Delta\ln HC^d$ | $-2.55267^{***}$ | $-4.32410^{***}$ | $109.801^{***}$ | 平稳 |
| $\Delta\ln PC^d$ | $-2.52643^{***}$ | $-1.56446^{*}$ | $73.5909^{**}$ | 平稳 |
| $\Delta\ln KC^{dim}$ | $-3.91546^{***}$ | $-6.08532^{***}$ | $133.231^{***}$ | 平稳 |
| $\Delta\ln KC^{dex}$ | $-8.93841^{***}$ | $-7.34383^{***}$ | $149.604^{***}$ | 平稳 |

注:面板单位根检验均包含截距项和趋势项;各检验法原假设都为存在单位根;$^{***}$、$^{**}$、$^{*}$ 分别表示参数在 1%、5% 和 10% 水平上显著;表中数值为各方法的检验统计值;除国内研发资本 $RC^d$ 的滞后阶数选择 6 阶滞后外,其余变量的滞后阶数均选择 2 阶滞后。

$PC^d$ 对数的一阶差分需要在 5% 显著性水平上拒绝"存在单位根"的原假设(为平稳序列)外,其余变量对数的一阶差分均在 1% 显著性水平上拒绝"存在单位根"的原假设,为平稳序列。综合以上面板单位根检验结果,可以得出发达国家模型(7.1)中使用的所有变量的对数均为 $I(1)$ 过程。

　　表 7-3 显示了发展中国家模型的三种面板单位根检验结果。可以看出:当对各变量对数的水平值进行检验时,IPS 法(对 $RC^d$ 变量为 Fisher-PP 检验法)和 Fisher-ADF 检验法的结果均不能拒绝"存在单位根"的原假设,表明各变量对数的水平值存在单位根,为非平稳序列。而对于 LLC 检验法来说,除专利资本 $PC^d$ 对数的水平值在 1% 显著性水平上拒绝"存在单位根"的原假设(为平稳序列)外,其余变量对数的水平值经检验均存在单位根,为非平稳序列;当对各变量对数的一阶差分进行检验时,LLC 检验法除人力资本 $HC^d$ 和数字进口溢出知识资本 $KC^{dim}$ 对数的一阶差分不能拒绝"存在单位根"的原假设外,其余变量如专利资本 $PC^d$ 和数字出口溢出知识资本 $KC^{dex}$ 对数的一阶差分在 5% 显著性

表 7-3　面板单位根检验:发展中国家模型(7.2)

| 变量 | LLC | IPS | Fisher-ADF | 判断 |
|---|---|---|---|---|
| $\ln TFP$ | $-0.80338$ | 2.14592 | 72.9337 | 非平稳 |
| $\ln RC^d$ | 2.86724 | 1.23789 | 35.7542 | 非平稳 |
| $\ln HC^d$ | $-0.36559$ | 3.06576 | 41.1374 | 非平稳 |
| $\ln PC^d$ | $-3.17429^{***}$ | 2.29516 | 54.8376 | 非平稳 |
| $\ln KC^{dim}$ | $-0.85963$ | 0.50892 | 58.8748 | 非平稳 |
| $\ln KC^{dex}$ | $-0.12141$ | $-0.99751$ | 73.4852 | 非平稳 |
| $\Delta\ln TFP$ | $-4.80692^{***}$ | $-6.23060^{***}$ | 142.729^{***} | 平稳 |
| $\Delta\ln RC^d$ | $-3.68661^{***}$ | 57.3974 | 83.2407^{*} | 平稳 |
| $\Delta\ln HC^d$ | $-1.15074$ | $-4.71631^{***}$ | 116.671^{***} | 平稳 |
| $\Delta\ln PC^d$ | $-2.13934^{**}$ | $-2.06170^{**}$ | 87.3531^{**} | 平稳 |
| $\Delta\ln KC^{dim}$ | 1.25552 | $-6.74384^{***}$ | 150.729^{***} | 平稳 |
| $\Delta\ln KC^{dex}$ | $-1.93796^{**}$ | $-6.15870^{***}$ | 142.778^{***} | 平稳 |

　　注:除 $\ln RC^d$ 外,其余变量的面板单位根检验均包含截距项;各检验法原假设都为存在单位根,***、**、* 分别表示参数在 1%、5%、10% 水平上显著;表中数值为各方法的检验统计值;滞后阶数均选择 2 阶滞后;$\ln RC^d$ 的单位根不包含截距项和趋势项,滞后阶数选择 5 阶滞后,表中 IPS 统计值为 Fisher-PP 统计值。

水平上以及全要素生产率 $TFP$ 和研发资本 $RC^d$ 对数的一阶差分在 1% 显著性水平上均拒绝"存在单位根"的原假设（为平稳序列）。IPS 检验法除研发资本 $RC^d$ 对数的一阶差分（这里是 Fisher-PP 检验）不能拒绝"存在单位根"的原假设（为非平稳序列）外，其余变量如专利资本 $PC^d$ 对数的一阶差分在 5% 显著性水平上以及全要素生产率 $TFP$、人力资本 $HC^d$、数字进口溢出知识资本 $KC^{dim}$ 和数字出口溢出知识资本 $KC^{dex}$ 对数的一阶差分在 1% 显著性水平上均拒绝"存在单位根"的原假设（为平稳序列）。Fisher-ADF 检验法中的所有变量如研发资本/在 10% 显著性水平上、专利资本 $RC^d$ 在 5% 显著性水平上以及全要素生产率 $TFP$、人力资本 $HC^d$、数字进口溢出知识资本 $KC^{dim}$ 和数字出口溢出知识资本 $KC^{dex}$ 在 1% 显著性水平上均拒绝"存在单位根"的原假设，为平稳序列。综合以上面板单位根检验结果，可以得出发展中国家模型（7.2）中使用的所有变量的对数均为 $I(1)$ 过程。

表 7-4 显示了转型国家模型的三种面板单位根检验结果。可以看出：当对各变量对数的水平值进行检验时，全要素生产率 $TFP$ 对数的水平值仅在 Fisher-ADF 法下不能拒绝"存在单位根"的原假设（为非平稳序列），而在 LLC 法（1% 显著性水平上）和 IPS 法（5% 显著性水平上）均拒绝"存在单位根"的原假设，综合判断全要素生产率 $TFP$ 对数的水平值为平稳序列，遵循/过程；除全要素生产率 $TFP$ 外，其余变量对数的水平值在 IPS 法和 Fisher-ADF 法下的检验结果均不能拒绝"存在单位根"的原假设，表明各变量对数的水平值存在单位根，为非平稳序列。而对于 LLC 法来说，除专利资本 $PC^d$ 对数的水平值在 5% 显著性水平上和研发资本 $RC^d$ 对数的水平值在 10% 显著性水平上均拒绝"存在单位根"的原假设（为平稳序列）外，其余变量对数的水平值经检验均存在单位根，为非平稳序列。当对各变量对数的一阶差分进行检验时，除研发资本 $RC^d$ 对数的一阶差分在 IPS 法和 Fisher-ADF 法下需要在 5% 显著性水平上拒绝"存在单位根"的原假设（为平稳序列）外，其余变量对数的一阶差分在三种检验法下均在 1% 显著性水平上拒绝"存在单位根"的原假设，为平稳序列。综合以上面板单位根检验结果，可以得出转型国家模型（7.2）中被解释变量全要素生产率 $TFP$ 的对数为 $I(0)$ 过程，其余解释变量的对数均为 $I(1)$ 过程。

表 7-4　面板单位根检验:转型国家模型(7.3)

| 变量 | LLC | IPS | Fisher-ADF | 判断 |
|---|---|---|---|---|
| $\ln TFP$ | $-3.57821^{***}$ | $-1.77573^{**}$ | $59.6267$ | 平稳 |
| $\ln RC^d$ | $-1.31619^*$ | $2.03723$ | $37.5158$ | 非平稳 |
| $\ln HC^d$ | $0.41830$ | $0.65728$ | $45.3260$ | 非平稳 |
| $\ln PC^d$ | $-1.95641^{**}$ | $0.34289$ | $56.8991$ | 非平稳 |
| $\ln KC^{dim}$ | $1.11666$ | $0.09396$ | $46.3078$ | 非平稳 |
| $\ln KC^{dex}$ | $-2.32959^{***}$ | $-0.87746$ | $52.7703$ | 非平稳 |
| $\Delta\ln RC^d$ | $-3.63677^{***}$ | $-2.03248^{**}$ | $67.8202^{**}$ | 平稳 |
| $\Delta\ln HC^d$ | $-4.23683^{***}$ | $-4.14941^{***}$ | $92.7383^{***}$ | 平稳 |
| $\Delta\ln PC^d$ | $-10.8945^{***}$ | $-5.48760^{***}$ | $121.584^{***}$ | 平稳 |
| $\Delta\ln KC^{dim}$ | $-2.71898^{***}$ | $-4.74213^{***}$ | $97.2189^{***}$ | 平稳 |
| $\Delta\ln KC^{dex}$ | $-3.88820^{***}$ | $-5.54692^{***}$ | $113.319^{***}$ | 平稳 |

注:面板单位根检验均包含截距项和趋势项;各检验法原假设都为存在单位根;*** 、**、*分别表示参数在 1%、5%、10%水平上显著;表中数值为各方法的检验统计值;滞后阶数均选择 1 阶滞后。

## 二、面板协整检验

由于模型(7.1)~(7.3)中各变量的对数都是非平稳的,且均为 $I(1)$ 过程,为避免虚假回归问题的出现,在估计模型之前还需要进一步利用面板协整检验来考察各模型各变量间是否存在长期均衡关系[①]。在面板协整检验方法的选择上,早期检验主要集中于 LLC 法和 Levin and Lin(1993,即 LL 法)。由于当时面板计量技术发展的不完善,致使这些方法不免存在某些缺陷,比如 Coe and Helpman(1995,即 CH)在利用 LLC 法和 LL 法检验全要素生产率与国内外研发资本存量的长期关系时出现了相互矛盾的结果,他们发现模型在 LLC 法下是协整的,但在 LL 法下又不存在着协整关系。此后,随着计量技术的不断发展,Pedroni(1999,即 P 法)和 Kao(1999,即 K 法)以及其他许多学者都提出了比LLC 法和 LL 法更加合适并且更加具有解释力的面板数据协整检验方法。其中,P 法基于先前的检验提出了 7 个统计量以对残差进行平稳性检验,包括 4 个

---

① 一般认为,解释变量的单整阶数相同,被解释变量的单整阶数小于等于解释变量的单整阶数,即可进行协整检验,因而转型国家模型(7.3)可以进行协整检验。

面板统计量和 3 个组均统计量。由于 P 法考虑到了协整模型中截距和斜率的异质性问题,因而被广泛应用于实证研究中。基于以上原因,我们将同时利用 P 法提出的 7 个统计量来对本节的模型进行协整检验。需要指出的是,这 7 个统计量的原假设均为不存在协整关系。

表 7-5 显示了按经济发展水平划分的各模型 7 种面板协整检验的结果。从表中看出,在 1% 显著性水平下,模型(7.1)~(7.3)中 7 个统计量有 4 个统计量表明面板数据模型是协整的。特别是在各模型中,Panel ADF 统计量和 Group ADF 统计量都拒绝了模型中不存在协整关系的原假设。根据 Pedroni(2004)蒙特卡罗模拟的结论:在小样本容量下,Panel ADF 统计量和 Group ADF 统计量具有最好的检验效果,而其余统计量的检验效果较差,当检验结果出现不一致时,要以这两个统计量的结果为准。在本节模型的样本规模下,Panel ADF 统计量和 Group ADF 统计量的检验结果比其他统计量提供了更好的解释力。由此可以判断:发达国家模型(7.1)、发展中国家模型(7.2)和转型国家模型(7.3)都是面板协整的,模型中的估计系数代表了变量间的长期均衡关系。

**表 7-5　面板协整检验:按经济发展水平划分**

| 检验方法 | 统计量 | 统计值 | | |
|---|---|---|---|---|
| | | 发达国家<br>模型(7.1) | 发展中国家<br>模型(7.2) | 转型国家<br>模型(7.3) |
| Pedroni<br>检验法 | Panel v-Statistic | −5.409110 | −5.351949 | −6.254656 |
| | Panel rho-Statistic | 4.868951 | 4.952091 | 6.972078 |
| | Panel PP-Statistic | −7.937908*** | −8.566942*** | −3.891863*** |
| | Panel ADF-Statistic | −7.017773*** | −5.098272*** | −4.387694*** |
| | Group rho-Statistic | 7.212595 | 7.174606 | 8.648199 |
| | Group PP-Statistic | −10.24918*** | −11.85291*** | −7.172249*** |
| | Group ADF-Statistic | −5.963603*** | −5.458615*** | −4.079974*** |

注:模型(7.1)~(7.3)的面板协整检验均包含截距项和趋势项,原假设为变量之间不存在协整关系;*** 表示参数在 1% 水平上显著;表中数值为检验统计值;滞后阶数依据 SIC 准则自动确定。

## 三、面板模型形式选择

表 7-6 是按经济发展水平划分的各模型面板形式选择的检验结果,从表中可以看出,就发达国家模型(7.1)和转型国家模型(7.3)而言,F 检验的结果表

明,不论是截面项还是时期项,两个模型均拒绝"选择混合效应模型"的原假设。同时 Hausman 检验结果表明,不论是截面项还是时期项,两个模型均拒绝"选择随机效应模型"的原假设;就发展中国家模型(7.2)而言,F 检验拒绝"截面混合"的原假设和接受"时期混合"的原假设。同时 Hausman 检验结果表明,不论是截面项还是时期项,发展中国家模型(7.3)均拒绝"选择随机效应模型"的原假设。综合以上面板模型形式选择的检验结果,可以判断:发达国家模型(7.1)和转型国家模型(7.3)应选择截面时期双固定形式的面板模型,而发展中国家模型(7.2)则选择截面固定时期混合形式的面板模型。

表 7-6　面板模型形式选择:按经济发展水平划分

| 模型 | 检验方法 | 原假设 | 效应类型 | 判断统计值 | 判断结果 | 最终选择 |
|---|---|---|---|---|---|---|
| 发达国家模型(7.1) | F:混合效应 VS 固定效应 | 选择混合效应 | 截面 | 424.30*** | 拒绝原假设 | 截面固定时期混合 |
| | | | 时期 | 5.29*** | 拒绝原假设 | |
| | | | 截面和时期 | 265.36*** | 拒绝原假设 | |
| | Hausman:固定效应 VS 随机效应 | 选择随机效应 | 截面 | 49.04*** | 拒绝原假设 | |
| | | | 时期 | 48.40*** | 拒绝原假设 | |
| | | | 截面和时期 | —— | —— | |
| 发达国家模型(7.2) | F:混合效应 VS 固定效应 | 选择混合效应 | 截面 | 424.61*** | 拒绝原假设 | 截面固定时期混合 |
| | | | 时期 | 0.70 | 接受原假设 | |
| | | | 截面和时期 | 274.12*** | 拒绝原假设 | |
| | Hausman:固定效应 VS 随机效应 | 选择随机效应 | 截面 | 17.03*** | 拒绝原假设 | |
| | | | 时期 | 10.91* | 拒绝原假设 | |
| | | | 截面和时期 | —— | —— | |
| 发达国家模型(7.3) | F:混合效应 VS 固定效应 | 选择混合效应 | 截面 | 633.84*** | 拒绝原假设 | 截面固定时期固定 |
| | | | 时期 | 22.11*** | 拒绝原假设 | |
| | | | 截面和时期 | 358.46*** | 拒绝原假设 | |
| | Hausman:固定效应 VS 随机效应 | 选择随机效应 | 截面 | 10.55* | 拒绝原假设 | |
| | | | 时期 | 388.26*** | 拒绝原假设 | |
| | | | 截面和时期 | —— | —— | |

注:***、* 分别表示参数在 1%、10% 水平上显著。F 检验结果是在选择截面时期双固定环境下运行得到的;Hausman 检验由于在截面时期双随机环境下运行无效,因而其统计值是对截面随机和时期随机分别进行运行后得到,表中"——"表示无效或无法检验。

## 四、截面相关、面板异方差和稳健估计方法选择

在对面板数据模型的形式进行选择后,还需要分别采用 Pesaran CD 法和 LR 法对面板数据模型的截面相关性和异方差性进行检验,并据此确定面板数据模型的稳健性估计方法。表 7-7 是按经济发展水平划分的各模型截面相关、面板异方差和稳健性估计方法确定的结果。表中可以看出,Pesaran CD 检验结果发现,发达国家模型(7.1)和转型国家模型(7.3)均接受"无截面相关"的原假设,表明两个模型均不存在截面相关,而发展中国家模型(7.2)则拒绝"无截面相关"的原假设,表明发展中国家模型(7.2)存在截面相关;同时 LR 检验的结果发现,不论是发达国家模型(7.1)、发展中国家模型(7.2)还是转型国家模型(7.3)均接受"时期同方差"、拒绝"截面同方差"的原假设,表明三个模型均存在截面异方差和时期同方差。综合上述截面相关和面板异方差的检验结果,可以判断:发达国家模型(7.1)和转型国家模型(7.3)都应选择 Cross-section weights(PCSE)作为稳健性估计方法,而发展中国家模型(7.2)则应选择 White Cross-section 作为稳健性估计方法。

表 7-7 截面相关、面板异方差和稳健性估计方法选择:按经济发展水平划分

| 模型 | 检验 | 统计量 | 原假设 | 统计值 | 判断结果 | 稳健估计方法 |
|---|---|---|---|---|---|---|
| 发达国家模型(7.1) | 截面相关 | Pesaran CD | 无截面相关 | −0.79 | 无截面相关 | Cross-section weights (PCSE) |
| | 截面异方差 | LR | 截面同方差 | 564.10*** | 截面异方差 | |
| | 时期异方差 | LR | 时期同方差 | 11.39 | 时期同方差 | |
| 发达国家模型(7.2) | 截面相关 | Pesaran CD | 无截面相关 | 4.87*** | 截面相关 | White Cross-section |
| | 截面异方差 | LR | 截面同方差 | 608.20*** | 截面异方差 | |
| | 时期异方差 | LR | 时期同方差 | 11.25 | 时期同方差 | |
| 发达国家模型(7.3) | 截面相关 | Pesaran CD | 无截面相关 | −1.34 | 无截面相关 | Cross-section weights (PCSE) |
| | 截面异方差 | LR | 截面同方差 | 410.47*** | 截面异方差 | |
| | 时期异方差 | LR | 时期同方差 | 2.38 | 时期同方差 | |

注:*** 表示参数在 1% 水平上显著。

## 第三节　实证分析

### 一、回归结果解释

表 7-8 是按经济发展水平划分的面板数据模型回归结果。首先来看发达国家模型(7.1)的回归结果，可以发现，模型的拟合效果很好，可决系数 $R^2$ 达到了 0.9796，说明在整个时期，发达国家全要素生产率变化的 97.96% 可以用各解释变量的变化来解释。研发资本 $RC^d$ 的系数比较显著，其值为 0.0419，即发达国家的全要素生产率对研发资本的弹性为 0.0419，表明发达国家的研发资本指数每增长 1%，会促进全要素生产率指数增长 0.0419%；人力资本变量 $HC^d$ 的系数虽然为正(0.0099)但并不显著，表明发达国家的人力资本对全要素生产率的影响

表 7-8　回归结果：按经济发展水平划分

| 解释变量 | 发达国家<br>模型(7.1) | 发展中国家<br>模型(7.2) | 转型国家<br>模型(7.3) |
|---|---|---|---|
| $C$ | 1.2947***<br>(51.7117) | 0.6914***<br>(138.61) | 0.7368***<br>(39.4839) |
| $\ln RC^d$ | 0.0419*<br>(1.8854) | 0.0205<br>(0.6121) | −0.1073***<br>(−2.6660) |
| $\ln HC^d$ | 0.0099<br>(0.5268) | 0.0177***<br>(2.7874) | 0.0122<br>(0.4795) |
| $\ln PC^d$ | 0.0726***<br>(5.4366) | 0.0544**<br>(2.2905) | 0.0716***<br>(3.7077) |
| $\ln KC^{dim}$ | −0.0001<br>(−0.0055) | 0.0617***<br>(7.5025) | −0.0174<br>(−1.5148) |
| $\ln KC^{dex}$ | 0.0126<br>(1.0910) | −0.0216***<br>(−3.8337) | 0.0692***<br>(7.8558) |
| 可决系数 $R^2$ | 0.9796 | 0.9687 | 0.9808 |
| 样本容量 | 513 | 627 | 456 |
| 模型形式 | 截面固定<br>时期固定 | 截面固定<br>时期混合 | 截面固定<br>时期固定 |
| 稳健估计方法 | Cross-section weights<br>(PCSE) | White Cross-section | Cross-section weights<br>(PCSE) |

注：***、**、*分别表示有关变量的系数在 1%、5% 和 10% 水平上显著的异于零；各解释变量括号中的数值为 $t$ 统计值。

并不明显;专利资本变量 $PC^d$ 的系数显著为正,其值为 0.0726,即发达国家的全要素生产率对人力资本的弹性为 0.0726,表明发达国家的人力资本指数每增长 1%,会导致全要素生产率指数增长 0.0726%;基于数字进口溢出的国际知识资本 $KC^{dim}$ 的系数为负(−0.0001),而基于数字出口溢出的国际知识资本 $KC^{dex}$ 的系数为正(0.0126),但两者都不显著,表明数字贸易渠道溢出的国际知识资本并没有促进发达国家的全要素生产率,两者并不是发达国家生产率提升的主要来源。

再来看发展中国家模型(7.2)的回归结果。模型的拟合效果很好,可决系数 $R^2$ 达到了 0.9687,说明在整个时期,发展中国家全要素生产率变化的 96.87% 可以用各解释变量的变化来解释。研发资本 $RC^d$ 的系数虽然为正(0.0205)但并不显著,表明发展中国家的研发资本对全要素生产率的影响并不明显;人力资本 $HC^d$ 的系数非常显著,其值为 0.0177,即发展中国家的全要素生产率对人力资本的弹性为 0.0177,表明发展中国家的人力资本指数每增长 1%,会促进全要素生产率指数增长 0.0177%;专利资本 $PC^d$ 的系数显著为正,其值为 0.0544,即发展中国家的全要素生产率对专利资本的弹性为 0.0544,表明发展中国家的专利资本指数每增长 1%,会导致全要素生产率指数增长 0.0054%;基于数字进口溢出的国际知识资本 $RC^{dim}$ 的系数非常显著,其值为 0.0617,即发展中国家的全要素生产率对数字进口溢出渠道的弹性为 0.0617,表明基于数字进口溢出的国际知识资本指数每增长 1%,会促进发展中国家的全要素生产率指数增长 0.0617%;基于数字出口溢出的国际知识资本 $RC^{dex}$ 的系数非常显著,其值为 −0.0216,即发展中国家的全要素生产率对数字出口溢出渠道的弹性为 −0.0216,表明基于数字出口溢出的国际知识资本指数每增长 1%,会导致发展中国家的全要素生产率指数下降 0.0216%。

最后来看转型国家模型(7.3)的回归结果。模型的拟合效果很好,可决系数 $R^2$ 达到了 0.9808,说明在整个时期,转型国家全要素生产率变化的 98.08% 可以用各解释变量的变化来解释。研发资本 $RC^d$ 的系数非常显著,其值为 −0.1073,即转型国家的全要素生产率对研发资本的弹性为 −0.1073,表明转型国家的研发资本指数每增长 1%,会导致全要素生产率指数下降 0.1073%;人力资本 $HC^d$ 的系数虽然为正(0.0122)但并不显著,表明转型国家的人力资本对全要素生产率的影响并不明显;专利资本 $PC^d$ 的系数显著为正,其值为 0.0716,即转型国家的全要素生产率对专利资本的弹性为 0.0716,表明转型国家的专利资本指数每增长 1%,会导致全要素生产率指数增长 0.0716%;基于数字进口溢出

的国际知识资本 $KC^{dim}$ 的系数为负(-0.0174)但并不显著,表明数字进口溢出渠道并没有促进转型国家的全要素生产率提升;基于数字出口溢出的国际知识资本 $RC^{dex}$ 的系数非常显著,其值为 0.0692,即转型国家的全要素生产率对数字出口溢出渠道的弹性为 0.0692,表明基于数字出口溢出的国际知识资本指数每增长 1%,会促进转型国家的全要素生产率指数增长 0.0692%。

## 二、实证结果的进一步分析与结论

(1)对发达国家来说,国内外知识资本变量对全要素生产率的影响作用存在差异性,其中只有研发资本和专利资本具有显著的促进作用,人力资本和数字出口溢出渠道的作用为正但不显著,而数字进口溢出渠道的作用为负但不显著,各个变量的促进效果顺序为:专利资本(0.0726)>研发资本(0.0419)>数字出口溢出知识资本(0.0126,不显著)>人力资本(0.0099,不显著)>数字进口溢出知识资本(-0.0001,不显著)。对发达国家来说,国内知识资本是促进全要素生产率提升的主要推动力,而其中专利资本和研发资本的促进作用最大,是国内知识资本投入要素中技术进步的主要推动因素,人力资本所起的作用很小且不显著。数字贸易溢出渠道并没有促进发达国家的全要素生产率,并不是发达国家全要素生产率提升的主要来源。

(2)对发展中国家来说,国内外知识资本变量对全要素生产率的影响作用也存在差异性,其中只有人力资本、专利资本和数字进口溢出渠道具有显著的促进作用,研发资本的促进作用为正但并不显著,而数字出口溢出渠道的促进作用显著为负,各个变量的促进效果顺序为:数字进口溢出知识资本(0.0617)>专利资本(0.0544)>人力资本(0.0177)>研发资本(0.0205,不显著)>数字出口溢出知识资本(-0.0216)。对发展中国家来说,数字贸易渠道溢出知识资本是促进其全要素生产率提升的最主要推动力,但其中起作用的只是数字进口贸易溢出渠道,数字出口贸易溢出渠道则具有抑制效果;国内知识资本也是促进全要素生产率提升的重要来源,但其中起促进作用的只是专利资本和人力资本,研发资本所起的促进作用较小或不显著。

(3)对转型国家来说,国内外知识资本变量对全要素生产率的影响作用同样存在差异性,其中只有专利资本和数字出口溢出渠道具有显著的促进作用,人力资本的促进作用为正,但并不显著,数字进口溢出渠道的促进作用为负,但不显著,研发资本的促进作用则显著为负,各个变量的促进效果顺序为:专利资本(0.0716)>数字出口溢出知识资本(0.0692)>人力资本(0.0122,不显著)>数字进口溢出知识资本(-0.0174,不显著)>研发资本(-0.1073)。对转型国家来说,国内知识资本是促进其全要素生产率提升的最主要动力,而其中专利资本的促进作用最大,是国内知识资本投入要素中技术进步的主要推动因素,研发资本和人力资本所起的作用很小甚至为负;数字贸易渠道溢出知识资本也是促进全要素生产率提升的重要来源,但其中起促进作用的只是数字出口贸易溢出渠道,数字进口贸易溢出渠道的促进效应并不明显。

(4)通过比较三类国家的国内外知识资本各要素的影响系数,发现研发资本对发达国家全要素生产率的促进作用最大,遵循的是发达国家(0.0419)>发展中国家(0.0205,不显著)>转型国家(-0.1073);人力资本对发展中国家全要素生产率的促进作用最大,遵循的是发展中国家(0.0177)>转型国家(0.0122,不显著)>发达国家(0.0099,不显著);专利资本对发达国家和转型国家全要素生产率的促进作用最大,遵循的是发达国家(0.0726)>转型国家(0.0716)>发展中国家(0.0617);数字进口溢出知识资本对发展中国家全要素生产率的促进作用最大,遵循的是发展中国家(0.0617)>发达国家(-0.0001)>转型国家(-0.0174);数字出口溢出知识资本对转型国家全要素生产率的促进作用最大,遵循的是转型国家(0.0692)>发达国家(0.0126,不显著)>发展中国家(-0.0216)。

# 第八章 基于区域差异的实证分析：按合作关系划分

## 第一节 模型设定、变量选取与数据来源

### 一、模型设定

本章将按照合作关系将样本国家划分为如下四大主要区域：二十国集团（G20）、金砖国家（BRICS）、上海合作组织（SCO）和亚太经合组织（APEC），以对不同合作关系国家的国内知识资本各投入变量和国际知识资本各数字贸易溢出渠道对全要素生产率的影响差异进行比较分析，具体划分方法见表8-1。基于第六章讨论，本节同样以模型（6.4）为基础，设定出如下形式的模型：

$$\ln TFP_{G,t} = \beta_{0G} + \beta_1 \ln RC_{Gt}^d + \beta_2 \ln HC_{Gt}^d + \beta_3 \ln PC_{Gt}^d + \beta_4 \ln KC_{Gt}^{dim} + \beta_4 \ln KC_{Gt}^{dex} + \varepsilon$$

$$(8.1)$$

$$\ln TFP_{Bt} = \beta_{0B} + \beta_1 \ln RC_{Bt}^d + \beta_2 \ln HC_{Bt}^d + \beta_3 \ln PC_{Bt}^d + \beta_4 \ln KC_{Bt}^{dim} + \beta_4 \ln KC_{Bt}^{dex} + \varepsilon$$

$$(8.2)$$

$$\ln TFP_{St} = \beta_{0S} + \beta_1 \ln RC_{St}^d + \beta_2 \ln HC_{St}^d + \beta_3 \ln PC_{St}^d + \beta_4 \ln KC_{St}^{dim} + \beta_4 \ln KC_{St}^{dex} + \varepsilon$$

$$(8.3)$$

$$\ln TFP_{Pt} = \beta_{0P} + \beta_1 \ln RC_{Pt}^d + \beta_2 \ln HC_{Pt}^d + \beta_3 \ln PC_{Pt}^d + \beta_4 \ln KC_{Pt}^{dim} + \beta_4 \ln KC_{Pt}^{dex} + \varepsilon$$

$$(8.4)$$

其中，$G$、$B$、$S$ 和 $P$ 分别代表二十国集团（G20）、金砖国家（BRICS）、上海合作组织（SCO）和亚太经合组织（APEC）；二十国集团包括 29 个国家，金砖国家包括 5 个国家，上海合作组织包括 14 个国家，亚太经合组织包括 17 个国家。其

余变量和符号的含义都与模型(6.4)相同。

表 8-1 样本国家按合作关系划分

| | |
|---|---|
| 二十国集团<br>(29 个) | 阿根廷、澳大利亚、奥地利、比利时、巴西、加拿大、中国、丹麦、芬兰、法国、德国、印度、印度尼西亚、爱尔兰、意大利、日本、韩国、卢森堡、马耳他、墨西哥、荷兰、葡萄牙、俄罗斯、南非、西班牙、瑞典、土耳其、英国、美国 |
| 金砖国家<br>(5 个) | 巴西、中国、印度、俄罗斯、南非 |
| 上海合作组织<br>(14 个) | 亚美尼亚、阿塞拜疆、白俄罗斯、中国、印度、伊朗、哈萨克斯坦、吉尔吉斯斯坦、蒙古国、巴基斯坦、俄罗斯、斯里兰卡、土耳其、乌兹别克斯坦 |
| 亚太经合组织<br>(17 个) | 澳大利亚、加拿大、智利、中国、印度尼西亚、日本、韩国、马来西亚、墨西哥、新西兰、秘鲁、菲律宾、俄罗斯、新加坡、泰国、美国、越南 |

数据来源:根据作者整理

## 二、变量选取与数据来源

在样本数量的选择上,有三点需要说明:第一,在二十国集团中,由于欧盟是一个整体,因此本章将欧盟分为单独的 15 个国家,最终二十国集团包含的国家数量是 29 个;第二,由于上海合作组织成员国只有 8 个,且塔吉克斯坦数据缺失,国家只剩 7 个,为增加样本容量以及实证结果的准确性,本章在上海合作组织样本中加入了伊朗、白俄罗斯和蒙古国等 3 个观察国,以及阿塞拜疆、亚美尼亚、土耳其、斯里兰卡等 4 个对话伙伴国,最终上海合作组织包含的国家数量是 14 个;第三,亚太经合组织有 21 个成员,由于数据限制,本章最终选择的国家数量是 17 个。

在各变量的选取上,本节的实证模型都与第六章相同,即被解释变量为全要素生产率指数 $TFP$。解释变量包括研发资本指数 $RC^d$、人力资本指数 $HC^d$ 和专利资本指数 $PC^d$ 三个国内知识资本投入变量,以及基于数字进口渠道溢出的国际知识资本 $KC^{dim}$ 和基于数字出口渠道溢出的国际知识资本 $KC^{dex}$ 两个溢出变量。各变量的数据来源也与第六章相同,所不同的是,模型(8.1)～(8.4)使用的分别是 29 个二十国集团国家、5 个金砖国家和 14 个上海合作组织国家和 17 个亚太经合组织成员的样本数据。

## 第二节　模型的预检验

### 一、面板单位根检验

表 8-2 显示了二十国集团模型的三种面板单位根检验结果。可以看出:当对各变量对数的水平值进行检验时,IPS 和 Fisher-ADF 检验法的结果均不能拒绝"存在单位根"的原假设,表明各变量对数的水平值存在单位根,为非平稳序列。而对于 LLC 检验法来说,除人力资本 $HC^d$ 对数的水平值在 5% 显著性水平上拒绝"存在单位根"的原假设外,其余变量对数的水平值经检验均存在单位根,为非平稳序列;当对各变量对数的一阶差分进行检验时,IPS 检验法除研发资本 $RC^d$ 和专利资本 $PC^d$ 对数的一阶差分分别需要在 10% 和 5% 显著性水平上拒绝"存在单位根"的原假设(为平稳序列)外,其余变量对数的一阶差分均在

表 8-2　面板单位根检验:二十国集团模型(8.1)

| 变量 | LLC | IPS | Fisher-ADF | 判断 |
|---|---|---|---|---|
| $\ln TFP$ | 1.64475 | 1.50012 | 39.3773 | 非平稳 |
| $\ln RC^d$ | 1.79575 | 1.62097 | 57.4509 | 非平稳 |
| $\ln HC^d$ | $-1.71941^{**}$ | 0.07652 | 50.9582 | 非平稳 |
| $\ln PC^d$ | 0.38724 | 2.29379 | 38.9087 | 非平稳 |
| $\ln KC^{dim}$ | $-0.15981$ | 0.00790 | 49.8777 | 非平稳 |
| $\ln KC^{dex}$ | $-0.39195$ | $-0.57048$ | 61.4187 | 非平稳 |
| $\Delta\ln TFP$ | $-1.85419^{**}$ | $-2.40118^{***}$ | 65.7416 | 平稳 |
| $\Delta\ln RC^d$ | $-0.24489$ | $-1.28246^{*}$ | 76.1675$^{*}$ | 平稳 |
| $\Delta\ln HC^d$ | 2.18145 | $-2.65242^{***}$ | 72.3180$^{*}$ | 平稳 |
| $\Delta\ln PC^d$ | $-1.07515$ | $-2.04767^{**}$ | 80.1787$^{**}$ | 平稳 |
| $\Delta\ln KC^{dim}$ | 3.85801 | $-3.61603^{***}$ | 92.1901$^{***}$ | 平稳 |
| $\Delta\ln KC^{dex}$ | 0.13153 | $-3.44220^{***}$ | 86.8061$^{***}$ | 平稳 |

注:面板单位根检验均包含截距项和趋势项;各检验法原假设都为存在单位根;***、**、* 分别表示参数在 1%、5%、10% 水平上显著;表中数值为各方法的检验统计值;除国内研发资本 $RC^d$ 的滞后阶数选择 3 阶滞后外,其余变量的滞后阶数均选择 2 阶滞后。

1%显著性水平上拒绝"存在单位根"的原假设(为平稳序列);Fisher-ADF 检验法除全要素生产率 $TFP$ 对数的一阶差分不能拒绝"存在单位根"的原假设(为非平稳序列)以及研发资本 $RC^d$ 和人力资本 $HC^d$ 对数的一阶差分需要在 10%显著性水平上拒绝"存在单位根"的原假设(为平稳序列)以及专利资本 $PC^d$ 对数的一阶差分需要在 5%显著性水平上拒绝"存在单位根"的原假设(为平稳序列)外,其余变量对数的一阶差分均在 1%显著性水平上拒绝"存在单位根"的原假设,为平稳序列;LLC 检验法除全要素生产率 $TFP$ 对数的一阶差分在 5%显著性水平上拒绝"存在单位根"的原假设外,其余变量对数的一阶差分经检验均存在单位根,为非平稳序列。综合以上面板单位根检验结果,可以得出二十国集团模型(8.1)中使用的所有变量的对数均为 $I(1)$ 过程。

表 8-3 显示了金砖国家模型的三种面板单位根检验结果,与模型(8.1)不同,由于检验不包含截距项和趋势项,因而模型(8.2)使用目前主流的 LLC、Fisher-PP 和 Fisher-ADF 三种检验方法。可以看出:当对各变量对数的水平值进行检验时,LLC、Fisher-PP 和 Fisher-ADF 检验法的结果均不能拒绝"存在单位根"的原假设,表明各变量对数的水平值均存在单位根,为非平稳序列;当对各变量对数的一阶差分进行检验时,LLC 检验法除人力资本 $HC^d$ 对数的一阶差分需要在 10%显著性水平上拒绝"存在单位根"的原假设(为平稳序列)外,其余变量对数的一阶差分均在 1%显著性水平上拒绝"存在单位根"的原假设(为平稳序列);Fisher-ADF 检验法除研发资本 $RC^d$ 对数的一阶差分需要在 10%显著性水平上和专利资本 $PC^d$ 对数的一阶差分需要在 5%显著性水平上拒绝"存在单位根"的原假设(为平稳序列)外,其余变量对数的一阶差分均在 1%显著性水平上拒绝"存在单位根"的原假设,为平稳序列;Fisher-PP 检验法除研发资本 $RC^d$ 对数的一阶差分不能拒绝"存在单位根"的原假设(为非平稳序列)外,其余变量对数的一阶差分均在 1%显著性水平上拒绝"存在单位根"的原假设(为平稳序列)。综合以上面板单位根检验结果,可以得出金砖国家模型(8.2)中使用的所有变量的对数均为 $I(1)$ 过程。

**表 8-3　面板单位根检验:金砖国家模型(8.2)**

| 变量 | LLC | Fisher-PP | Fisher-ADF | 判断 |
|---|---|---|---|---|
| $\ln TFP$ | 3.08219 | 2.42490 | 2.23402 | 非平稳 |
| $\ln RC^d$ | 0.55532 | 0.00056 | 6.33276 | 非平稳 |
| $\ln HC^d$ | −0.76631 | 9.08782 | 9.63973 | 非平稳 |
| $\ln PC^d$ | 0.87133 | 0.04666 | 4.83784 | 非平稳 |
| $\ln KC^{dim}$ | 4.34137 | 0.48962 | 0.57931 | 非平稳 |
| $\ln KC^{dex}$ | 2.06012 | 5.62702 | 5.52619 | 非平稳 |
| $\Delta\ln TFP$ | −2.68246*** | 45.8702*** | 46.8153*** | 平稳 |
| $\Delta\ln RC^d$ | −2.85627*** | 11.5162 | 16.5101* | 平稳 |
| $\Delta\ln HC^d$ | −1.59640* | 33.4249*** | 25.5513*** | 平稳 |
| $\Delta\ln PC^d$ | −2.35845*** | 29.1568*** | 21.7587** | 平稳 |
| $\Delta\ln KC^{dim}$ | −7.11671*** | 77.9895*** | 56.5562*** | 平稳 |
| $\Delta\ln KC^{dex}$ | −5.45478*** | 74.0214*** | 60.1455*** | 平稳 |

　　注:面板单位根检验均不包含截距项和趋势项;各检验法原假设都为存在单位根;***、**、*分别表示参数在 1%、5%、10%水平上显著;表中数值为各方法的检验统计值;除国内研发资本 $RC^d$ 的滞后阶数选择 4 阶滞后外,其余变量的滞后阶数依据 SIC 准则自动确定。

　　表 8-4 显示了上海合作组织模型的三种面板单位根检验结果,由于检验不包含截距项和趋势项,模型(8.3)同样使用目前主流的 LLC、Fisher-PP 和 Fisher-ADF 三种检验方法。可以看出:当对各变量对数的水平值进行检验时,LLC 和 Fisher-ADF 检验法的结果均不能拒绝"存在单位根"的原假设,表明各变量对数的水平值存在单位根,为非平稳序列。而对于 Fisher-PP 检验法来说,除数字出口溢出知识资本 $KC^{dex}$ 对数的水平值在 1%显著性水平上拒绝"存在单位根"的原假设外,其余变量对数的水平值经检验均存在单位根,为非平稳序列;当对各变量对数的一阶差分进行检验时,除研发资本 $RC^d$ 对数的一阶差分在三种检验法下均需要在 10%显著性水平上拒绝"存在单位根"的原假设(为平稳序列)外,其余变量对数的一阶差分在三种检验法下均在 1%显著性水平上拒绝"存在单位根"的原假设(为平稳序列)。综合以上面板单位根检验结果,可以得出上海合作组织模型(8.3)中使用的所有变量的对数均为 $I(1)$ 过程。

表 8-4　面板单位根检验：上海合作组织模型(8.3)

| 变量 | LLC | Fisher-PP | Fisher-ADF | 判断 |
|---|---|---|---|---|
| $\ln TFP$ | 6.53360 | 1.73292 | 2.64411 | 非平稳 |
| $\ln RC^d$ | −0.37769 | 0.71645 | 13.4901 | 非平稳 |
| $\ln HC^d$ | −0.25156 | 19.3471 | 17.2271 | 非平稳 |
| $\ln PC^d$ | 1.73024 | 15.4823 | 28.2677 | 非平稳 |
| $\ln KC^{dim}$ | 3.71972 | 11.6711 | 12.1081 | 非平稳 |
| $\ln KC^{dex}$ | 1.92574 | 64.6762*** | 28.8323 | 非平稳 |
| $\Delta\ln TFP$ | −5.97017*** | 113.602*** | 117.036*** | 平稳 |
| $\Delta\ln RC^d$ | −1.29999* | 39.0450* | 41.2367* | 平稳 |
| $\Delta\ln HC^d$ | −6.10543*** | 145.241*** | 146.308*** | 平稳 |
| $\Delta\ln PC^d$ | −2.62395*** | 54.1493*** | 50.6553*** | 平稳 |
| $\Delta ln KC^{dim}$ | −15.0992*** | 220.090*** | 216.500*** | 平稳 |
| $\Delta ln KC^{dex}$ | −7.09240*** | 252.373*** | 112.606*** | 平稳 |

注：面板单位根检验均不包含截距项和趋势项；各检验法原假设都为存在单位根；***、*分别表示参数在1%、10%水平上显著；表中数值为各方法的检验统计值；除数字出口溢出知识资本 $KC^{dex}$ 的滞后阶数选择3阶滞后外，其余变量的滞后阶数依据 SIC 准则自动确定。

表 8-5 显示了亚太经合组织模型的三种面板单位根检验结果，由于检验不包含截距项和趋势项，模型(8.4)同样使用目前主流的 LLC、Fisher-PP 和 Fisher-ADF 三种检验方法。可以看出：当对各变量对数的水平值进行检验时，LLC、Fisher-PP 和 Fisher-ADF 检验法的结果均不能拒绝"存在单位根"的原假设，表明各变量对数的水平值均存在单位根，为非平稳序列；当对各变量对数的一阶差分进行检验时，除研发资本 $RC^d$ 对数的一阶差分在 Fisher-PP 检验法下不能拒绝"存在单位根"的原假设（为非平稳序列）以及在 Fisher-ADF 检验法下需要在5%显著性水平上拒绝"存在单位根"的原假设（为平稳序列）外，其余变量对数的一阶差分在三种检验法下均在1%显著性水平上拒绝"存在单位根"的原假设（为平稳序列）。综合以上面板单位根检验结果，可以得出亚太经合组织模型(8.4)中使用的所有变量的对数均为 $I(1)$ 过程。

表 8-5　面板单位根检验:亚太经合组织模型(8.4)

| 变量 | LLC | Fisher-PP | Fisher-ADF | 判断 |
|---|---|---|---|---|
| $\ln TFP$ | 8.07544 | 4.47452 | 4.96636 | 非平稳 |
| $\ln RC^d$ | 3.79325 | 0.00400 | 23.8053 | 非平稳 |
| $\ln HC^d$ | $-0.37769$ | 12.3577 | 13.9147 | 非平稳 |
| $\ln PC^d$ | 5.59980 | 30.8213 | 16.9291 | 非平稳 |
| $\ln KC^{dim}$ | 6.24972 | 2.28499 | 3.50456 | 非平稳 |
| $\ln KC^{dex}$ | 2.55824 | 26.3631 | 25.0326 | 非平稳 |
| $\Delta\ln TFP$ | $-5.60493^{***}$ | $162.184^{***}$ | $153.747^{***}$ | 平稳 |
| $\Delta\ln RC^d$ | $-7.48649^{***}$ | 29.9732 | $50.9552^{**}$ | 平稳 |
| $\Delta\ln HC^d$ | $-5.54589^{***}$ | $150.292^{***}$ | $121.481^{***}$ | 平稳 |
| $\Delta\ln PC^d$ | $-2.95528^{***}$ | $75.4951^{***}$ | $80.8445^{***}$ | 平稳 |
| $\Delta\ln KC^{dim}$ | $-14.3006^{***}$ | $268.153^{***}$ | $247.488^{***}$ | 平稳 |
| $\Delta\ln KC^{dex}$ | $-11.2384^{***}$ | $257.942^{***}$ | $243.889^{***}$ | 平稳 |

注:面板单位根检验均不包含截距项和趋势项;各检验法原假设都为存在单位根;***、** 分别表示参数在 1%、5% 水平上显著;表中数值为各方法的检验统计值;除国内研发资本 $RC^d$ 的滞后阶数选择 7 阶滞后外,其余变量的滞后阶数依据 SIC 准则自动确定。

## 二、面板协整检验

由于模型(8.1)~(8.4)中各变量都是非平稳的,且均为 $I(1)$ 过程,为避免虚假回归问题的出现,在估计模型之前还需要进一步利用面板协整检验来考察各模型各变量间是否存在长期均衡关系。表 8-5 显示了按合作关系划分的各模型 7 种面板协整检验的结果。从表中看出,在 1% 显著性水平上,模型(8.1)—模型(8.4)的 7 个统计量中有 4 个表明面板数据模型是协整的。特别是这四个模型的 Panel ADF 和 Group ADF 统计量都拒绝了模型中不存在协整关系的原假设。根据 Pedroni(2004)蒙特卡罗模拟的结论:在小样本容量下,Panel ADF 统计量和 Group ADF 统计量具有最好的检验效果,而其余统计量的检验效果较差,当检验结果出现不一致时,要以这两个统计量的结果为准。在本节样本规模下,Panel ADF 和 Group ADF 统计量的检验结果比其他统计量提供了更好的解释力。由此可以判断:二十国集团模型(8.1)、金砖国家模型(8.2)、上海合作组织模型(8.3)和亚太经合组织模型(8.4)都是面板协整的,模型中的估计系数代表了变量间的长期均衡关系。

**表 8-6　面板协整检验:按合作关系划分**

| 检验方法 | 统计量 | 统计值 | | | |
|---|---|---|---|---|---|
| | | 二十国集团模型(8.1) | 金砖国家模型(8.2) | 上海合作组织模型(8.3) | 亚太经合组织模型(8.4) |
| Pedroni检验法 | Panel v-Statistic | −6.110532 | −2.526575 | −3.289247 | −4.049216 |
| | Panel rho-Statistic | 4.988334 | 1.884861 | 4.161085 | 2.767066 |
| | Panel PP-Statistic | −8.253697*** | −4.638342*** | −4.435491*** | −7.994830*** |
| | Panel ADF-Statistic | −7.510533*** | −3.286000*** | −4.726633*** | −7.303458*** |
| | Group rho-Statistic | 7.449150 | 2.470980 | 5.294109 | 4.895947 |
| | Group PP-Statistic | −8.593937*** | −3.369819*** | −4.222875*** | −5.042887*** |
| | Group ADF-Statistic | −5.004424*** | −1.772265** | −4.498873*** | −3.985521*** |

　　注:模型(8.1)~(8.4)的面板协整检验均包含截距项和趋势项,原假设为变量之间不存在协整关系;*** 表示参数在1%水平上显著;表中数值为检验统计值;滞后阶数依据 SIC 准则自动确定。

### 三、面板模型形式选择

　　表 8-6 是按国家合作关系划分的各模型面板形式选择的检验结果,从表中可以看出,就二十国集团模型(8.1)、金砖国家模型(8.2)和亚太经合组织模型(8.4)而言,F 检验的结果均表明,不论是截面项还是时期项,两个模型均拒绝"选择混合效应模型"的原假设。同时 Hausman 检验结果表明,不论是截面项还是时期项,两个模型均拒绝"选择随机效应模型"的原假设;就上海合作组织模型(8.3)而言,F 检验的结果表明,不论是截面项还是时期项,模型(8.3)均拒绝"选择混合效应模型"的原假设。而 Hausman 检验结果表明,模型(8.3)接受"截距随机"的原假设和拒绝"时期随机"的原假设,可以判断:二十国集团模型(8.1)、金砖国家模型(8.2)和亚太经合组织模型(8.4)应选择截面时期双固定形式的面板模型,而上海合作组织模型(8.3)则选择截面随机时期固定形式的面板模型。

表 8-7　面板模型形式选择:按合作关系划分

| 模型 | 检验方法 | 原假设 | 效应类型 | 判断统计值 | 判断结果 | 最终选择 |
|---|---|---|---|---|---|---|
| 二十国集团模型(8.1) | F:混合效应VS固定效应 | 选择混合效应 | 截距 | 1257.34*** | 拒绝原假设 | 截面固定时期固定 |
| | | | 时期 | 3.50*** | 拒绝原假设 | |
| | | | 截距和时期 | 771.87*** | 拒绝原假设 | |
| | Hausman:固定效应VS随机效应 | 选择随机效应 | 截距 | 58.00*** | 拒绝原假设 | |
| | | | 时期 | 45.79*** | 拒绝原假设 | |
| | | | 截距和时期 | — | | |
| 金砖国家模型(8.2) | F:混合效应VS固定效应 | 选择混合效应 | 截距 | 2519.90*** | 拒绝原假设 | 截面固定时期固定 |
| | | | 时期 | 3.75*** | 拒绝原假设 | |
| | | | 截距和时期 | 487.12*** | 拒绝原假设 | |
| | Hausman:固定效应VS随机效应 | 选择随机效应 | 截距① | — | 拒绝原假设 | |
| | | | 时期 | 60.02*** | 拒绝原假设 | |
| | | | 截距和时期 | — | | |
| 上海合作组织模型(8.3) | F:混合效应VS固定效应 | 选择混合效应 | 截距 | 465.53*** | 拒绝原假设 | 截面随机时期固定 |
| | | | 时期 | 9.00*** | 拒绝原假设 | |
| | | | 截距和时期 | 201.09*** | 拒绝原假设 | |
| | Hausman:固定效应VS随机效应 | 选择随机效应 | 截距 | 4.00 | 接受原假设 | |
| | | | 时期 | 115.06*** | 拒绝原假设 | |
| | | | 截距和时期 | — | | |
| 亚太经合组织模型(8.4) | F:混合效应VS固定效应 | 选择混合效应 | 截距 | 2433.94*** | 拒绝原假设 | 截面固定时期固定 |
| | | | 时期 | 2.59*** | 拒绝原假设 | |
| | | | 截距和时期 | 1152.00*** | 拒绝原假设 | |
| | Hausman:固定效应VS随机效应 | 选择随机效应 | 截距 | 14.75** | 拒绝原假设 | |
| | | | 时期 | 38.16*** | 拒绝原假设 | |
| | | | 截距和时期 | — | | |

注:***、**分别表示参数在 1%、5%水平上显著。F 检验结果是在选择截面时期双固定环境下运行得到的;Hausman 检验由于在截面时期双随机环境下运行无效,因而其统计值是对截面随机和时期随机分别进行运行后得到,表中"—"表示无效或无法检验。

————————

① 截面随机效应估计需要截面数大于解释变量个数,由于金砖国家只有 5 国,与解释变量数相等,因而无法进行截面随机效应的估计与检验。由于经济类数据更多倾向于截面效应,因而这里选择拒绝"随机效应"的原假设。

### 四、截面相关、面板异方差和稳健估计方法选择

在对面板数据模型的形式进行选择后,还需要分别采用 Pesaran CD 法和 LR 法对面板数据模型的截面相关性和异方差性进行检验,并据此确定面板数据模型的稳健性估计方法。表 8-7 是按合作关系划分的各模型截面相关、面板异方差和稳健性估计方法确定的结果,表中可以看出,Pesaran CD 检验结果发现,模型(8.1)~型(8.4)均拒绝"无截面相关"的原假设,表明四个模型均存在截面相关;同时 LR 检验的结果发现,不论是二十国集团模型(8.1)、金砖国家模型(8.2)、上海合作组织模型(8.3)还是亚太经合组织模型(8.4)均接受"时期同方差"、拒绝"截面同方差"的原假设,表明四个模型均存在截面异方差和时期同方差。综合上述截面相关和面板异方差的检验结果,可以判断:模型(8.1)~(8.4)均应选择 White Cross-section 作为稳健性估计方法。

**表 8-8 截面相关、面板异方差和稳健性估计方法选择:按合作关系划分**

| 模型 | 检验 | 统计量 | 原假设 | 统计值 | 判断结果 | 稳健估计方法 |
|---|---|---|---|---|---|---|
| 二十国<br>集团<br>模型<br>(8.1) | 截面相关 | Pesaran CD | 无截面相关 | −1.91* | 截面相关 | |
| | 截面异方差 | LR | 截面同方差 | 676.77*** | 截面异方差 | White Cross-section |
| | 时期异方差 | LR | 时期同方差 | 16.66 | 时期同方差 | |
| 金砖<br>国家<br>模型<br>(8.2) | 截面相关 | Pesaran CD | 无截面相关 | −3.21*** | 截面相关 | |
| | 截面异方差 | LR | 截面同方差 | 256.05*** | 截面异方差 | White Cross-section |
| | 时期异方差 | LR | 时期同方差 | 5.83 | 时期同方差 | |
| 上海<br>合作<br>组织<br>模型<br>(7.3) | 截面相关 | Pesaran CD | 无截面相关 | −1.80* | 截面相关 | |
| | 截面异方差 | LR | 截面同方差 | 346.04*** | 截面异方差 | White Cross-section |
| | 时期异方差 | LR | 时期同方差 | 0.6656 | 时期同方差 | |
| 亚太<br>经合<br>组织<br>模型<br>(7.3) | 截面相关 | Pesaran CD | 无截面相关 | −2.64*** | 截面相关 | |
| | 截面异方差 | LR | 截面同方差 | 387.57*** | 截面异方差 | White Cross-section |
| | 时期异方差 | LR | 时期同方差 | 0.97 | 时期同方差 | |

注:***、*分别表示参数在 1%、10%水平上显著。

## 第三节　实证分析

### 一、回归结果解释

表 8-8 是按合作关系划分的面板数据模型回归结果。首先来看二十国集团模型(8.1)的回归结果,可以发现,模型的拟合效果很好,可决系数 $R^2$ 达到了0.9956,说明在整个时期,二十国集团全要素生产率变化的 99.56% 可以用各解释变量的变化来解释。研发资本 $RC^d$ 的系数非常显著,其值为0.0826,即二十国集团的全要素生产率对研发资本的弹性为 0.0826,表明二十国集团的研发资本指数每增长 1%,会促进全要素生产率指数增长 0.0826%;人力资本 $HC^d$ 的系数虽然为正(0.0000)但并不显著,表明二十国集团的人力资本对全要素生产率的影响并不明显;专利资本 $PC^d$ 的系数显著为正,其值为 0.0311,即二十国集团的全要素生产率对专利资本的弹性为 0.0311,表明二十国集团的人力资本指数每增长 1%,会导致全要素生产率指数增长 0.0311%;基于数字进口溢出的国际知识资本 $RC^{dim}$ 的系数为正(0.0098),而基于数字出口溢出的国际知识资本 $RC^{dex}$ 的系数为负(-0.0079),但两者都不显著,表明数字贸易渠道溢出的国际知识资本并没有促进二十国集团的全要素生产率,两者并不是二十国集团生产率提升的主要来源。

接着看金砖国家模型(8.2)的回归结果。模型的拟合效果很好,可决系数 $R^2$ 达到了 0.9956,说明在整个时期,金砖国家全要素生产率变化的 99.56% 可以用各解释变量的变化来解释。研发资本 $RC^d$ 的系数非常显著,其值为0.1459,即金砖国家的全要素生产率对研发资本的弹性为 0.1459,表明金砖国家的研发资本指数每增长 1%,会促进全要素生产率指数增长 0.1459%;人力资本 $HC^d$ 的系数为负(-0.0061),而专利资本 $PC^d$ 的系数为正(0.0189),但两者均不显著,表明金砖国家的人力资本和专利资本对全要素生产率的影响并不明显;基于数字进口溢出的国际知识资本 $KC^{dim}$ 的系数非常显著,其值为 0.0796,即金砖国家的全要素生产率对数字进口溢出渠道的弹性为 0.0796,表明基于数字进口溢出的国际知识资本指数每增长 1%,会促进发展中国家的全要素生产率指数增长 0.0796%;基于数字出口溢出的国际知识资本 $KC^{dex}$ 的系数非常显著,其值为-0.0546,即金砖国家的全要素生产率对数字出口溢出渠道的弹性为

－0.0546,表明基于数字出口溢出的国际知识资本指数每增长 1%,会导致金砖国家的全要素生产率指数下降 0.0546%。

再来看上海合作组织模型(8.3)的回归结果。模型的拟合效果较好,可决系数 $R^2$ 达到了 0.6116,说明在整个时期,上海合作组织全要素生产率变化的 61.16% 可以用各解释变量的变化来解释。研发资本 $RC^d$ 的系数非常显著,其值为 0.0626,即上海合作组织的全要素生产率对研发资本的弹性为 0.0626,表明上海合作组织的研发资本指数每增长 1%,会促进全要素生产率指数增长 0.0626%;人力资本 $HC^d$ 的系数非常显著,其值为－0.0349,即上海合作组织的全要素生产率对人力资本的弹性为－0.0349,表明上海合作组织的人力资本指数每增长 1%,会导致全要素生产率指数下降 0.0349%;专利资本 $PC^d$ 的系数显著为正,其值为 0.0448,即上海合作组织的全要素生产率对专利资本的弹性为 0.0448,表明上海合作组织的专利资本指数每增长 1%,会导致全要素生产率指数增长 0.0448%;基于数字进口溢出的国际知识资本 $KC^{dim}$ 的系数显著为负,其值为－0.0216,即上海合作组织的全要素生产率对数字进口溢出渠道的弹性为－0.0216,表明基于数字进口溢出的国际知识资本指数每增长 1%,会导致上海合作组织的全要素生产率下降 0.0216%;基于数字出口溢出的国际知识资本 $KC^{dex}$ 的系数非常显著,其值为－0.0259,即上海合作组织国家的全要素生产率对数字出口溢出渠道的弹性为－0.0259,表明基于数字出口溢出的国际知识资本指数每增长 1%,会导致上海合作组织国家的全要素生产率指数下降 0.0259%。

最后看亚太经合组织模型(8.4)的回归结果。模型的拟合效果较好,可决系数 $R^2$ 达到了 0.9970,说明在整个时期,亚太经合组织全要素生产率变化的 99.70% 可以用各解释变量的变化来解释。研发资本 $RC^d$ 的系数非常显著,其值为 0.0306,即亚太经合组织的全要素生产率对研发资本的弹性为 0.0306,表明亚太经合组织的研发资本指数每增长 1%,会促进全要素生产率指数增长 0.0306%;人力资本 $HC^d$ 的系数非常显著,其值为 0.0271,即亚太经合组织的全要素生产率对人力资本的弹性为 0.0271,表明亚太经合组织的人力资本指数每增长 1%,会促进全要素生产率指数增长 0.0271%;专利资本 $PC^d$ 的系数显著为正,其值为 0.0585,即亚太经合组织的全要素生产率对专利资本的弹性为 0.0585,表明亚太经合组织的专利资本指数每增长 1%,会导致全要素生产率指数增长 0.0585%;基于数字进口溢出的国际知识资本 $KC^{dim}$ 的系数为负(－0.0081),而基于数字出口溢出的国际知识资本 $KC^{dex}$ 的系数为正(0.0068),

但两者都不显著，表明数字贸易渠道溢出的国际知识资本并没有促进亚太经合组织国家的全要素生产率，两者并不是亚太经合组织生产率提升的主要来源。

表 8-9　回归结果：按合作关系划分

| 解释变量 | 二十国集团模型(8.1) | 金砖国家模型(8.2) | 上海合作组织模型(8.3) | 亚太经合组织模型(8.4) |
|---|---|---|---|---|
| $C$ | 1.0757***(81.1388) | 0.4084***(11.6823) | 0.6103***(85.4415) | 0.8074***(84.6546) |
| $\ln RC^d$ | 0.0826***(8.0670) | 0.1459***(4.0218) | 0.0626***(3.9715) | 0.0306***(5.1553) |
| $\ln HC^d$ | 0.0000(0.0006) | −0.0061(−0.6652) | −0.0349***(−5.5853) | 0.0271***(6.0319) |
| $\ln PC^d$ | 0.0311***(6.2629) | 0.0189(0.7939) | 0.0448***(3.3654) | 0.0585***(9.3086) |
| $\ln KC^{dim}$ | 0.0098(1.0545) | 0.0796***(3.9798) | −0.0216**(−2.2266) | −0.0081(−1.2780) |
| $\ln KC^{dex}$ | −0.0079(−0.9301) | −0.0546***(−6.5183) | −0.0259*(−1.7661) | 0.0068(1.3757) |
| 可决系数 $R^2$ | 0.9956 | 0.9956 | 0.6116 | 0.9970 |
| 样本容量 | 551 | 95 | 266 | 323 |
| 模型形式 | 截面固定时期固定 | 截面固定时期固定 | 截面随机时期固定 | 截面固定时期固定 |
| 稳健估计方法 | White Cross-section | White Cross-section | White Cross-section | White Cross-section |

注：*、**、***分别表示有关变量的系数在10%、5%和1%水平上显著的异于零；各解释变量括号中的数值为/统计值。

## 二、实证结果的进一步分析与结论

（1）对二十国集团来说，国内外知识资本变量对全要素生产率的影响作用存在差异性，其中只有研发资本和专利资本具有显著的促进作用，人力资本和数字进口溢出渠道的作用为正但不显著，而数字出口溢出渠道的作用为负但不显著，各个变量的促进效果顺序为：研发资本(0.0826)＞专利资本(0.0311)＞数字进口溢出知识资本(0.0098,不显著)＞人力资本(0.0000,不显著)＞数字出口溢出知识资本(−0.0079,不显著)。对二十国集团来说，国内知识资本是促进全要素生产率提升的最主要动力，而其中研发资本和专利资本的促进作用最大，是国内知识资本投入要素中技术进步的主要推动因素,人力资本所起的作用很小且不显著。数字贸易溢出渠道并没有促进二十国集团的全要素生产率,并不是二十国集团全要素生产率提升的主要来源。

(2)对金砖国家来说,国内外知识资本变量对全要素生产率的影响作用也存在差异性,其中只有研发资本和数字进口溢出渠道具有显著的促进作用,专利资本的作用为正但不显著,而人力资本和数字出口溢出渠道的促进作用为负且均不显著,各个变量的促进效果顺序为:研发资本(0.1459)>数字进口溢出知识资本(0.0796)>专利资本(0.0189,不显著)>人力资本(-0.0061,不显著)>数字出口溢出知识资本(-0.0546)。对金砖国家来说,国内知识资本是促进全要素生产率提升的最主要动力,而其中研发资本促进作用最大,是国内知识资本投入要素中技术进步的主要推动因素,专利资本和人力资本所起的作用很小且不显著。数字贸易溢出渠道也是金砖国家全要素生产率提升的主要来源,但起作用的只是数字进口溢出渠道,数字出口溢出渠道则具有抑制效果。

(3)对上海合作组织来说,国内外知识资本变量对全要素生产率的影响作用同样存在差异性,其中只有研发资本和专利资本具有显著的促进作用,而人力资本、数字进口溢出知识资本和数字出口溢出知识资本具有显著的负向作用,各个变量的促进效果顺序为:研发资本(0.0626)>专利资本(0.0448)>数字进口溢出知识资本(-0.0216)>数字出口溢出知识资本(-0.0259)>人力资本(-0.0349)。对上海合作组织成员国来说,国内知识资本是促进全要素生产率提升的最主要动力,而其中研发资本和专利资本的促进作用最大,是国内知识资本投入要素中技术进步的主要推动因素,人力资本促进效果为负。数字贸易溢出渠道对上海合作组织全要素生产率具有抑制作用,他们并不是上海合作组织全要素生产率提升的主要来源。

(4)对亚太经合组织来说,国内外知识资本变量对全要素生产率的影响作用存在差异性,其中只有研发资本、人力资本和专利资本具有显著的促进作用,而数字进口溢出渠道的作用为负,但不显著,数字出口溢出渠道的作用为正,但不显著,各个变量的促进效果顺序为:专利资本(0.0585)>研发资本(0.0306)>人力资本(0.0271)>数字出口溢出知识资本(0.0068,不显著)>数字进口溢出知识资本(-0.0081,不显著)。对亚太经合组织来说,国内知识资本是促进全要素生产率提升的最主要动力,构成知识资本三个投入要素均是技术进步的主要推动因素。数字贸易溢出渠道并没有促进亚太经合组织的全要素生产率,并不是亚太经合组织全要素生产率提升的主要来源。

(5)通过比较四类国家的国内外知识资本各要素的影响系数,发现研发资本对金砖国家全要素生产率的促进作用最大,遵循的是金砖国家(0.1459)＞二十国集团(0.0826)＞上海合作组织(0.0626)＞亚太经合组织(0.0306);人力资本对亚太经合组织成员全要素生产率的促进作用最大,遵循的是亚太经合组织(0.0271)＞二十国集团(0.0000,不显著)＞金砖国家(−0.0061,不显著)＞上海合作组织(−0.0349);专利资本对亚太经合组织成员全要素生产率的促进作用最大,遵循的是亚太经合组织(0.0585)＞上海合作组织(0.0448)＞二十国集团(0.0311)＞金砖国家(0.0189,不显著);数字进口溢出知识资本对金砖国家全要素生产率的促进作用最大,遵循的是金砖国家(0.0796)＞二十国集团(0.0098,不显著)＞亚太经合组织(−0.0081)＞上海合作组织(−0.0216,不显著);数字出口溢出知识资本对亚太经合组织全要素生产率的促进作用最大但不明显,遵循的是亚太经合组织(0.0068,不显著)＞二十国集团(−0.0079,不显著)＞上海合作组织(−0.0259)＞金砖国家(−0.0546)。

# 第九章 基于区域差异的实证分析：
# 按联盟关系划分

## 第一节 模型设定、变量选取与数据来源

### 一、模型设定

本章将按照联盟关系将样本国家划分为如下四大主要区域：欧盟、美盟、非盟和东盟（中国），以比较分析不同联盟关系成员国的国内知识资本各投入变量和海外知识资本各贸易溢出渠道对全要素生产率的差异性影响，具体划分方法见表9-1。基于第六章讨论，本节同样以模型（6.4）为基础，设定出如下形式的模型：

$$\ln TFP_{EU,t} = \beta_{0,EU} + \beta_1 \ln RC^d_{EU,t} + \beta_2 \ln HC^d_{EU,t} + \beta_3 \ln PC^d_{EU,t} + \beta_4 \ln KC^{dim}_{EU,t} + \beta_4 \ln KC^{dex}_{EU,t} + \varepsilon$$

$$(9.1)$$

$$\ln TFP_{AL,t} = \beta_{0,AL} + \beta_1 \ln RC^d_{AL,t} + \beta_2 \ln HC^d_{AL,t} + \beta_3 \ln PC^d_{AL,t} + \beta_4 \ln KC^{dim}_{AL,t} + \beta_4 \ln KC^{dex}_{AL,t} + \varepsilon$$

$$(9.2)$$

$$\ln TFP_{AU,t} = \beta_{0,AU} + \beta_1 \ln RC^d_{AU,t} + \beta_2 \ln HC^d_{AU,t} + \beta_3 \ln PC^d_{AU,t} + \beta_4 \ln KC^{dim}_{AU,t} + \beta_4 \ln KC^{dex}_{AU,t} + \varepsilon$$

$$(9.3)$$

$$\ln TFP_{AC,t} = \beta_{0,AC} + \beta_1 \ln RC^d_{AC,t} + \beta_2 \ln HC^d_{AC,t} + \beta_3 \ln PC^d_{AC,t} + \beta_4 \ln KC^{dim}_{AC,t} + \beta_4 \ln KC^{dex}_{AC,t} + \varepsilon$$

$$(9.4)$$

其中，$EU$、$AL$、$AU$ 和 $AC$ 分别代表欧洲国家联盟（简称欧盟）、美洲国家联盟（简称美盟）、非洲国家联盟（简称非盟）和东南亚国家联盟＋中国（简称东盟（中国））；在样本国家中，欧盟包括 28 个国家，美盟包括 16 个国家，非盟包括 5 个国家，东盟（中国）包括 7 个国家。其余变量和符号的含义都与模型（6.4）相同。

表 9-1　样本国家按联盟关系划分

| 欧盟<br>(28 个) | 奥地利、比利时、保加利亚、克罗地亚、塞浦路斯、捷克、丹麦、爱沙尼亚、芬兰、法国、德国、希腊、匈牙利、爱尔兰、意大利、拉脱维亚、立陶宛、卢森堡、马耳他、荷兰、波兰、葡萄牙、罗马尼亚、斯洛伐克、斯洛文尼亚、西班牙、瑞典、英国 |
| --- | --- |
| 美盟<br>(16 个) | 阿根廷、巴西、加拿大、智利、哥伦比亚、哥斯达黎加、萨尔瓦多、危地马拉、墨西哥、巴拿马、巴拉圭、秘鲁、特立尼达和多巴哥、美国、乌拉圭、委内瑞拉 |
| 非盟<br>(5 个) | 阿尔及利亚、埃及、毛里求斯、南非、突尼斯 |
| 东盟(中国)<br>(7 个) | 中国、印度尼西亚、马来西亚、菲律宾、新加坡、泰国、越南 |

数据来源:根据作者整理

## 二、变量选取与数据来源

在样本数量的选择上,有三点需要说明:第一,本章把美洲国家联盟简称为"美盟",以便于进行相应国家归类以及与其他国家联盟的比较分析;第二,非洲联盟目前有 55 个成员国,但由于各国知识资本发展水平低下且数据统计不完整或缺失,本章样本仅包括 5 个非盟国家;第三,东盟十国仅有 6 国有可靠且完整的数据,同时为了体现中国在联盟关系分类中的影响,本章将中国样本加入东盟中,形成东盟(中国)分类。

在各变量的选取上,本章的实证模型都与第六章相同,即被解释变量为全要素生产率指数 $TFP$。解释变量包括研发资本指数 $RC^d$、人力资本指数 $HC^d$ 和专利资本指数 $PC^d$ 三个国内知识资本投入变量,以及基于数字进口渠道溢出的国际知识资本 $KC^{dim}$ 和基于数字出口渠道溢出的国际知识资本 $KC^{dex}$ 两个溢出变量。各变量的数据来源也与第六章相同,所不同的是,模型(9.1)~(9.4)使用的分别是 28 个欧盟成员国、16 个美盟成员国、5 个非盟成员国和 7 个东盟(中国)成员国的样本数据。

# 第二节 模型的预检验

## 一、面板单位根检验

表 9-2 显示了欧盟模型的三种面板单位根检验结果，模型(9.1)使用目前主流的 LLC、IPS 和 Fisher-ADF 三种检验方法。可以看出：当对各变量对数的水平值进行检验时，IPS 检验法和 Fisher-ADF 检验法的结果均不能拒绝"存在单位根"的原假设，表明各变量对数的水平值存在单位根，为非平稳序列。而对于 LLC 检验法来说，除数字出口溢出知识资本 $KC^{dex}$ 对数的水平值在 10% 显著性水平上、人力资本 $HC^d$ 对数的水平值在 5% 显著性水平上以及全要素生产率 $TFP$ 和专利资本 $PC^d$ 对数的水平值在 1% 显著性水平上拒绝"存在单位根"的原假设（为平稳序列）外，其余变量对数的水平值经检验均存在单位根，为非平稳

**表 9-2 面板单位根检验：欧盟模型(9.1)**

| 变量 | LLC | IPS | Fisher-ADF | 判断 |
|---|---|---|---|---|
| $\ln TFP$ | $-2.80750^{***}$ | $-0.50246$ | $57.3053$ | 非平稳 |
| $\ln RC^d$ | $1.17868$ | $7.60776$ | $30.0663$ | 非平稳 |
| $\ln HC^d$ | $-2.21834^{**}$ | $-0.38593$ | $64.2992$ | 非平稳 |
| $\ln PC^d$ | $-2.54221^{***}$ | $1.51825$ | $55.2568$ | 非平稳 |
| $\ln KC^{dim}$ | $0.20287$ | $-0.72143$ | $60.5087$ | 非平稳 |
| $\ln KC^{dex}$ | $-1.51305^{*}$ | $1.38023$ | $38.6651$ | 非平稳 |
| $\Delta\ln TFP$ | $-8.26262^{***}$ | $-5.20472^{***}$ | $120.047^{***}$ | 平稳 |
| $\Delta\ln RC^d$ | $-1.60509^{*}$ | $-2.17211^{**}$ | $82.6057^{**}$ | 平稳 |
| $\Delta\ln HC^d$ | $-2.89210^{***}$ | $-4.03157^{***}$ | $108.509^{***}$ | 平稳 |
| $\Delta\ln PC^d$ | $-8.21524^{***}$ | $-3.96484^{***}$ | $112.653^{***}$ | 平稳 |
| $\Delta\ln KC^{dim}$ | $-4.90728^{***}$ | $-5.47787^{***}$ | $123.915^{***}$ | 平稳 |
| $\Delta\ln KC^{dex}$ | $-7.95396^{***}$ | $-6.39194^{***}$ | $141.216^{***}$ | 平稳 |

注：除国内研发资本/仅包含截距项外，其余变量的面板单位根检验均包含截距项和趋势项；各检验法原假设都为存在单位根；\*\*\*、\*\*、\* 分别表示参数在 1%、5%、10% 水平上显著；表中数值为各方法的检验统计值；所有变量的滞后阶数均选择 1 阶滞后。

序列；当对各变量对数的一阶差分进行检验时，除研发资本 $RC^d$ 对数的一阶差分在 LLC 检验法下需要在 10% 显著性水平上拒绝"存在单位根"的原假设（为平稳序列）以及在 IPS 检验法和 Fisher-ADF 检验法下需要在 5% 显著性水平上拒绝"存在单位根"的原假设（为平稳序列）外，其余变量对数的一阶差分在三种检验法下均在 1% 显著性水平上拒绝"存在单位根"的原假设（为平稳序列）。综合以上面板单位根检验结果，可以得出欧盟模型（9.1）中使用的所有变量的对数均为 $I(1)$ 过程。

表 9-3　面板单位根检验：美盟模型（9.2）

| 变量 | LLC | IPS | Fisher-ADF | 判断 |
|---|---|---|---|---|
| $\ln TFP$ | $-1.93290^{**}$ | $0.24725$ | $31.1779$ | 非平稳 |
| $\ln RC^d$ | $2.14712$ | $0.93755$ | $6.79607$ | 非平稳 |
| $ln HC^d$ | $-0.72284$ | $2.11158$ | $26.1818$ | 非平稳 |
| $\ln PC^d$ | $-2.18999^{**}$ | $1.52170$ | $23.6118$ | 非平稳 |
| $\ln KC^{dim}$ | $0.65704$ | $1.94748$ | $18.8174$ | 非平稳 |
| $\ln KC^{dex}$ | $-1.62194^{*}$ | $-1.12436$ | $38.8846$ | 非平稳 |
| $\Delta\ln TFP$ | $-8.57667^{***}$ | $-7.20321^{***}$ | $112.450^{***}$ | 平稳 |
| $\Delta\ln RC^d$ | $-2.65998^{***}$ | $46.1651^{*}$ | $44.8898^{*}$ | 平稳 |
| $\Delta\ln HC^d$ | $-3.71161^{***}$ | $-5.23386^{***}$ | $84.1236^{***}$ | 平稳 |
| $\Delta\ln PC^d$ | $-3.45597^{***}$ | $-2.80579^{***}$ | $64.2548^{***}$ | 平稳 |
| $\Delta\ln KC^{dim}$ | $-6.38816^{***}$ | $-7.15788^{***}$ | $110.804^{***}$ | 平稳 |
| $\Delta\ln KC^{dex}$ | $-7.92317^{***}$ | $-9.43125^{***}$ | $144.358^{***}$ | 平稳 |

注：除/外，其余变量的面板单位根均包含截距项，各检验法原假设都为存在单位根，$^{***}$、$^{**}$、$^{*}$ 分别表示参数在 1%、5%、10% 水平上显著，表中数值为各方法的检验统计值，滞后阶数均选择 1 阶滞后；$\ln RC^d$ 的单位根不包含截距项和趋势项，滞后阶数依据 SIC 准则自动确定，表中 IPS 统计值为 Fisher-PP 统计值。

表 9-3 显示了美盟模型的三种面板单位根检验结果，模型（9.2）使用目前主流的 LLC、IPS（对 $RC^d$ 变量为 Fisher-PP 检验）和 Fisher-ADF 三种检验方法。可以看出：当对各变量对数的水平值进行检验时，IPS 检验法和 Fisher-ADF 检验法的结果均不能拒绝"存在单位根"的原假设，表明各变量对数的水平值存在单位根，为非平稳序列。而对于 LLC 检验法来说，除数字出口溢出知识资本 $KC^{dex}$ 对数的水平值在 10% 显著性水平上以及全要素生产率 $TFP$ 和专利资本

$PC^d$ 对数的水平值在 5% 显著性水平上拒绝"存在单位根"的原假设（为平稳序列）外，其余变量对数的水平值经检验均存在单位根，为非平稳序列；当对各变量对数的一阶差分进行检验时，除研发资本 $RC^d$ 对数的一阶差分在 Fisher-PP 检验法和 Fisher-ADF 检验法下需要在 10% 显著性水平上拒绝"存在单位根"的原假设（为平稳序列）外，其余变量对数的一阶差分在三种检验法下均在 1% 显著性水平上拒绝"存在单位根"的原假设（为平稳序列）。综合以上面板单位根检验结果，可以得出美盟模型(9.2)中使用的所有变量的对数均为 $I(1)$ 过程。

**表 9-4　面板单位根检验：非盟模型(9.3)**

| 变量 | LLC | Fisher-PP | Fisher-ADF | 判断 |
|---|---|---|---|---|
| $\ln TFP$ | 7.65916 | 10.1041 | 7.53305 | 非平稳 |
| $\ln RC^d$ | 0.60590 | 0.01021 | 5.60964 | 非平稳 |
| $\ln HC^d$ | 4.23763 | 0.23101 | 0.73802 | 非平稳 |
| $\ln PC^d$ | 0.38120 | 0.16626 | 4.66826 | 非平稳 |
| $\ln KC^{dim}$ | 2.45819 | 10.3024 | 5.98685 | 非平稳 |
| $\ln KC^{dex}$ | −0.10329 | 17.5454 | 10.9497 | 非平稳 |
| $\Delta\ln TFP$ | −3.11133*** | 57.8528*** | 49.4354*** | 平稳 |
| $\Delta\ln RC^d$ | −4.48333*** | 22.4696** | 6.75852 | 平稳 |
| $\Delta\ln HC^d$ | −1.85264** | 35.1119*** | 22.1184** | 平稳 |
| $\Delta\ln PC^d$ | −3.41887*** | 39.4831*** | 24.0925*** | 平稳 |
| $\Delta\ln KC^{dim}$ | −8.38963*** | 85.7173*** | 68.9251*** | 平稳 |
| $\Delta\ln KC^{dex}$ | −4.42418*** | 55.8607*** | 49.5530*** | 平稳 |

注：面板单位根检验均不包含截距项和趋势项；各检验法原假设都为存在单位根；\*\*\*、\*\* 分别表示参数在 1%、5%、水平上显著；表中数值为各方法的检验统计值；滞后阶数依据 SIC 准则自动确定（$\ln RC^d$ 选择 5 阶滞后）。

表 9-4 显示了非盟模型的三种面板单位根检验结果，由于检验不包含截距项和趋势项，因而模型(9.3)使用目前主流的 LLC、Fisher-PP 和 Fisher-ADF 三种检验方法。可以看出：当对各变量对数的水平值进行检验时，三种检验法的结果均不能拒绝"存在单位根"的原假设，表明各变量对数的水平值均存在单位根，为非平稳序列。当对各变量对数的一阶差分进行检验时，除研发资本 $RC^d$ 对数的一阶差分在 Fisher-ADF 法下不能拒绝"存在单位根"的原假设（为非平稳序列）和在 Fisher-PP 法下需要在 5% 显著性水平上拒绝"存在单位根"的原假设

(为平稳序列)以及人力资本 $HC^d$ 对数的一阶差分在 LLC 法和 Fisher-ADF 法下均需要在 5% 显著性水平上拒绝"存在单位根"的原假设(为平稳序列)外,其余变量对数的一阶差分在三种检验法下均在 1% 显著性水平上拒绝"存在单位根"的原假设(为平稳序列)。综合以上面板单位根检验结果,可以得出非盟模型(9.3)中使用的所有变量的对数均为 $I(1)$ 过程。

表 9-5 面板单位根检验:东盟(中国)模型(9.4)

| 变量 | LLC | IPS | Fisher-ADF | 判断 |
|---|---|---|---|---|
| $\ln TFP$ | 0.16112 | 2.80525 | 6.51050 | 非平稳 |
| $\ln RC^d$ | 3.86332 | 3.55301 | 4.09729 | 非平稳 |
| $\ln HC^d$ | 1.28824 | 1.23404 | 6.70931 | 非平稳 |
| $\ln PC^d$ | $-0.09117$ | 2.78629 | 2.09311 | 非平稳 |
| $\ln KC^{dim}$ | $-0.53810$ | $-0.27186$ | 12.4990 | 非平稳 |
| $\ln KC^{dex}$ | 0.61010 | $-0.88745$ | 17.3088 | 非平稳 |
| $\Delta\ln TFP$ | 4.92964 | $-0.13463$ | 9.75416 | 非平稳 |
| $\Delta\ln RC^d$ | $-0.25679$ | 1.12540 | 6.10686 | 非平稳 |
| $\Delta\ln HC^d$ | 4.31945 | 0.74103 | 10.2344 | 非平稳 |
| $\Delta\ln PC^d$ | 1.69927 | $-0.54069$ | 11.9760 | 非平稳 |
| $\Delta\ln KC^{dim}$ | 6.17000 | $-1.17674$ | 16.7715 | 非平稳 |
| $\Delta\ln KC^{dex}$ | 1.36134 | $-1.34965^{*}$ | 17.1692 | 非平稳 |
| $\Delta\Delta\ln TFP$ | $-0.20514$ | $-2.39870^{***}$ | 28.8607$^{**}$ | 平稳 |
| $\Delta\Delta\ln RC^d$ | 2.89171 | $-1.82845^{**}$ | 27.3701$^{**}$ | 平稳 |
| $\Delta\Delta\ln HC^d$ | 14.6840 | $-2.11412^{**}$ | 25.7950$^{**}$ | 平稳 |
| $\Delta\Delta\ln PC^d$ | 2.96952 | $-1.80054^{**}$ | 22.0805$^{*}$ | 平稳 |
| $\Delta\Delta\ln KC^{dim}$ | 19.7384 | $-3.24413^{***}$ | 37.3021$^{***}$ | 平稳 |
| $\Delta\Delta\ln KC^{dex}$ | 11.9934 | $-1.93985^{**}$ | 22.7534$^{*}$ | 平稳 |

注:面板单位根检验中 $TFP$、$HC^d$、$PC^d$ 和 $KC^{dex}$ 的三种检验法均包含截距项,滞后阶数选择 3 阶滞后;$RC^d$ 和 $KC^{dim}$ 的三种检验法均包含截距项和趋势项,$RC^d$ 滞后阶数选择 2 阶滞后,$KC^{dim}$ 滞后阶数选择 3 阶滞后;各检验法原假设都为存在单位根,\*\*\* 、\*\* 、\* 分别表示参数在 1%、5%、10% 水平上显著;表中数值为各方法的检验统计值。

表 9-5 显示了东盟(中国)模型的三种面板单位根检验结果,模型(9.4)使用目前主流的 LLC、IPS 和 Fisher-ADF 三种检验方法。可以看出:当对各变量对

数的水平值进行检验时,三种检验法的结果均不能拒绝"存在单位根"的原假设,表明各变量对数的水平值存在单位根,为非平稳序列;当对各变量对数的一阶差分进行检验时,除数字出口溢出知识资本/对数的一阶差分在 IPS 检验法下需要在 10%显著性水平上拒绝"存在单位根"的原假设外,其余变量对数的一阶差分在三种检验法下均不能拒绝"存在单位根"的原假设,表明各变量对数的一阶差分存在单位根,为非平稳序列;当对各变量对数的二阶差分进行检验时,各变量对数的二阶差分在 LLC 检验法下均不能拒绝"存在单位根"的原假设(为非平稳序列),但在 IPS 检验法和 Fisher-ADF 检验法下均拒绝"存在单位根"的原假设,其中 IPS 法下的全要素生产率 $TFP$ 和数字进口溢出知识资本 $KC^{dim}$ 对数的二阶差分需要在 1%显著性水平上拒绝"存在单位根"的原假设(为平稳序列),Fisher-ADF 法下的专利资本 $PC^d$ 和数字出口溢出知识资本 $KC^{dex}$ 对数的二阶差分需要在 10%显著性水平上以及数字进口溢出知识资本 $KC^{dim}$ 对数的二阶差分需要在 1%显著性水平上拒绝"存在单位根"的原假设外,其余变量对数的二阶差分在两种检验法下都需要在 5%显著性水平上拒绝"存在单位根"的原假设,因此各变量对数的二阶差分均是平稳序列。综合以上面板单位根检验结果,可以得出东盟(中国)模型(9.3)中使用的所有变量的对数均为 $I(2)$ 过程。

## 二、面板协整检验

由于模型(9.1)～(9.4)中各变量都是非平稳的,且均为/过程,为避免虚假回归问题的出现,在估计模型之前还需要进一步利用面板协整检验来考察各模型各变量间是否存在长期均衡关系。表 9-6 显示了按联盟关系划分的各模型 7 种面板协整检验的结果。从表中看出,在 1%显著性水平上,模型(9.1)～(9.4)中的 7 个统计量中有 4 个表明面板数据模型是协整的。特别是这四个模型的 Panel ADF 和 Group ADF 统计量都拒绝了模型中不存在协整关系的原假设。根据 Pedroni(2004)蒙特卡罗模拟的结论:在小样本容量下,Panel ADF 和 Group ADF 统计量具有最好的检验效果,当检验结果出现不一致时,要以这两个统计量的结果为准。在本节样本规模下,Panel ADF 和 Group ADF 统计量的检验结果比其他统计量提供了更好的解释力。由此可以判断:欧盟模型(9.1)、美盟模型(9.2)、非盟模型(9.3)和东盟(中国)模型(9.4)都是面板协整的,模型中的估计系数代表了变量间的长期均衡关系。

表 9-6　面板协整检验:按联盟关系划分

| 检验方法 | 统计量 | 统计值 | | | |
|---|---|---|---|---|---|
| | | 欧盟<br>模型(9.1) | 美盟<br>模型(9.2) | 非盟<br>模型(9.3) | 东盟(中国)<br>模型(9.4) |
| Pedroni<br>检验法 | Panel v-Statistic | −5.785980 | −2.829526 | −3.414968 | −0.735271 |
| | Panel rho-Statistic | 6.679703 | 3.185289 | 1.890068 | 2.287551 |
| | Panel PP-Statistic | −3.117146*** | −5.243021*** | −6.230007*** | −2.770368*** |
| | Panel ADF-Statistic | −4.803241*** | −4.706020*** | −1.614127* | −3.826582*** |
| | Group rho-Statistic | 8.267221 | 4.850769 | 2.651235 | 3.233813 |
| | Group PP-Statistic | −6.476844*** | −7.031106*** | −14.46579*** | −2.946770*** |
| | Group ADF-Statistic | −4.487002*** | −2.438452*** | −3.870036*** | −3.397636*** |

注:模型(9.1)~(9.4)的面板协整检验均包含截距项和趋势项,原假设为变量之间不存在协整关系;\*\*\*、\*分别表示参数在1%、10%水平上显著;表中数值为检验统计值;滞后阶数依据SIC准则自动确定。

## 三、面板模型形式选择

表 9-7 是各国按联盟关系划分的各模型面板形式选择的检验结果,从表中可以看出,就欧盟模型(9.1)和东盟(中国)模型(9.4)而言,F 检验的结果表明,不论是截面项还是时期项,两个模型均拒绝"选择混合效应模型"的原假设。同时 Hausman 检验结果表明,不论是截面项还是时期项,两个模型均拒绝"选择随机效应模型"的原假设;就美盟模型(9.2)而言,F 检验的结果表明,模型拒绝"截距混合"的原假设和接受"时期混合"的原假设,Hausman 检验结果表明,不论是截面项还是时期项,模型均拒绝"选择随机效应模型"的原假设;就非盟模型(9.3)而言,F 检验的结果表明,不论是截面项还是时期项,模型均拒绝"选择混合效应模型"的原假设。对于"Hausman 检验,由于截面数量限制,无法检验截面随机效应,考虑到经济类数据更多倾向于截面固定效应,因而这里选择拒绝"截面随机效应"的原假设。同时"时期随机效应"的 Hausman 检验结果发现,模型拒绝"选择时期随机效应模型"的原假设。因此,根据以上检验结果,可以综合判断:欧盟模型(9.1)、非盟模型(9.3)和东盟(中国)模型(9.4)应选择截面时期双固定形式的面板模型,而美盟模型(9.2)则选择截面固定时期混合形式的面板模型。

**表 9-7 面板模型形式选择:按联盟关系划分**

| 模型 | 检验方法 | 原假设 | 效应类型 | 判断统计值 | 判断结果 | 最终选择 |
|---|---|---|---|---|---|---|
| 欧盟模型 (9.1) | F:混合效应 VS 固定效应 | 选择混合效应 | 截面 | 984.87*** | 拒绝原假设 | 截面固定 时期固定 |
| | | | 时期 | 16.09*** | 拒绝原假设 | |
| | | | 截面和时期 | 596.92*** | 拒绝原假设 | |
| | Hausman:固定效应 VS 随机效应 | 选择随机效应 | 截面 | 25.81*** | 拒绝原假设 | |
| | | | 时期 | 108.96*** | 拒绝原假设 | |
| | | | 截面和时期 | — | — | |
| 美盟模型 (9.2) | F:混合效应 VS 固定效应 | 选择混合效应 | 截面 | 581.56*** | 拒绝原假设 | 截面固定 时期混合 |
| | | | 时期 | 1.18 | 接受原假设 | |
| | | | 截面和时期 | 265.10*** | 拒绝原假设 | |
| | Hausman:固定效应 VS 随机效应 | 选择随机效应 | 截面 | 9.87* | 拒绝原假设 | |
| | | | 时期 | 12.51** | 拒绝原假设 | |
| | | | 截面和时期 | — | — | |
| 非盟模型 (9.3) | F:混合效应 VS 固定效应 | 选择混合效应 | 截面 | 207.98*** | 拒绝原假设 | 截面固定 时期固定 |
| | | | 时期 | 8.85*** | 拒绝原假设 | |
| | | | 截面和时期 | 43.13*** | 拒绝原假设 | |
| | Hausman:固定效应 VS 随机效应 | 选择随机效应 | 截面 | — | 拒绝原假设 | |
| | | | 时期 | 155.25*** | 拒绝原假设 | |
| | | | 截距和时期 | — | — | |
| 东盟 (中国) 模型 (9.4) | F:混合效应 VS 固定效应 | 选择混合效应 | 截面 | 3194.14*** | 拒绝原假设 | 截面固定 时期固定 |
| | | | 时期 | 17.83*** | 拒绝原假设 | |
| | | | 截面和时期 | 969.51*** | 拒绝原假设 | |
| | Hausman:固定效应 VS 随机效应 | 选择随机效应 | 截面 | 34.45*** | 拒绝原假设 | |
| | | | 时期 | 262.44*** | 拒绝原假设 | |
| | | | 截面和时期 | — | — | |

注:***、**、*分别表示参数在1%、5%、10%水平上显著。F检验结果是在选择截面时期双固定环境下运行得到的;Hausman检验由于在截面时期双随机环境下运行无效,因而其统计值是对截面随机和时期随机分别进行运行后得到,表中"—"表示无效或无法检验。

## 四、截面相关、面板异方差和稳健估计方法选择

表 9-8 是各国按联盟关系划分的各模型截面相关、面板异方差和稳健性估计方法确定的结果,表中可以看出,Pesaran CD 检验结果发现,除欧盟模型(9.1)不能拒绝"无截面相关"的原假设外,其余三个模型均拒绝"无截面相关"的原假设(即存在截面相关);同时 LR 检验的结果发现,欧盟模型(9.1)、美盟模型(9.2)和东盟(中国)模型(9.4)均接受"时期同方差"、拒绝"截面同方差"的原假设,表明这三个模型均存在截面异方差和时期同方差。而非盟模型(9.3)由于截面数量限制,无法检验面板异方差,考虑到非盟模型中的 5 个国家(阿尔及利亚、突尼斯、毛里求斯、南非和埃及)的经济体量相差较大且借鉴本文其他模型的选择结果,假定非盟模型(9.3)同样存在截面异方差和时期同方差性。综合上述截面相关和面板异方差的检验结果,可以判断:欧盟模型(9.1)选择 Cross-section weights(PCSE)、美盟模型(9.2)、非盟模型(9.3)和东盟(中国)模型(9.4)均选择 White Cross-section 作为各模型的稳健性估计方法。

表 9-8　截面相关、面板异方差和稳健性估计方法选择:按联盟关系划分

| 模型 | 检验 | 统计量 | 原假设 | 统计值 | 判断结果 | 稳健估计方法 |
|---|---|---|---|---|---|---|
| 欧盟模型(9.1) | 截面相关 | Pesaran CD | 无截面相关 | −1.36 | 无截面相关 | Cross-section weights (PCSE) |
| | 截面异方差 | LR | 截面同方差 | 618.32*** | 截面异方差 | |
| | 时期异方差 | LR | 时期同方差 | 1.56 | 时期同方差 | |
| 美盟模型(9.2) | 截面相关 | Pesaran CD | 无截面相关 | 2.93*** | 截面相关 | White Cross-section |
| | 截面异方差 | LR | 截面同方差 | 444.57*** | 截面异方差 | |
| | 时期异方差 | LR | 时期同方差 | 1.88 | 时期同方差 | |
| 非盟模型(9.3) | 截面相关 | Pesaran CD | 无截面相关 | −3.29*** | 截面相关 | White Cross-section |
| | 截面异方差 | LR | 截面同方差 | | 截面异方差 | |
| | 时期异方差 | LR | 时期同方差 | — | 时期同方差 | |
| 东盟(中国)模型(9.4) | 截面相关 | Pesaran CD | 无截面相关 | −1.95* | 截面相关 | White Cross-section |
| | 截面异方差 | LR | 截面同方差 | 203.12*** | 截面异方差 | |
| | 时期异方差 | LR | 时期同方差 | 12.01 | 时期同方差 | |

注:***、**、* 分别表示参数在 1%、5%、10%水平上显著。

## 第三节　实证分析

### 一、回归结果解释

表 9-9 是按联盟关系划分的面板数据模型回归结果。首先来看欧盟模型 (9.1) 的回归结果，可以发现，模型的拟合效果很好，可决系数 $R^2$ 达到了 0.9927，说明在整个时期，欧盟全要素生产率变化的 99.27% 可以用各解释变量的变化来解释。就国内知识资本三个投入变量而言，研发资本 $RC^d$ 的系数为正的 0.0157，但并不显著，而人力资本 $HC^d$ 和专利资本 $PC^d$ 的系数分别为 $-0.0042$ 和 $-0.0049$，同样也不显著，表明国内知识资本对欧盟全要素生产率的影响并不明显；就数字贸易溢出渠道而言，基于数字进口溢出的国际知识资本 $KC^{dex}$ 的系数为负（$-0.0084$），但并不显著，表明数字进口溢出渠道对欧盟全要素生产率的影响并不明显；基于数字出口溢出的国际知识资本变量 $KC^{dim}$ 的系数非常显著，其值为 0.0499，即欧盟国家的全要素生产率对数字出口溢出渠道的弹性为 0.0499，表明基于数字出口溢出的国际知识资本指数每增长 1%，会促进欧盟成员国的全要素生产率指数增长 0.0499%。

接着看美盟模型 (9.2) 的回归结果。模型的拟合效果很好，可决系数 $R^2$ 达到了 0.9835，说明在整个时期，美盟全要素生产率变化的 98.35% 可以用各解释变量的变化来解释。就国内知识资本三个投入变量而言，研发资本 $RC^d$ 的系数为负（$-0.0406$），但并不显著，表明美盟的研发资本对全要素生产率的影响并不明显；人力资本 $HC^d$ 的系数非常显著，其值为 $-0.0627$，即美盟的全要素生产率对人力资本的弹性为 $-0.0627$，表明美盟成员国的人力资本指数每增长 1%，会导致全要素生产率指数下降 0.0627%；专利资本 $PC^d$ 的系数显著为正，其值为 0.0794，即美盟的全要素生产率对专利资本的弹性为 0.0794，表明美盟的专利资本指数每增长 1%，会导致全要素生产率指数增长 0.0794%。就数字贸易溢出渠道而言，基于数字进口溢出的国际知识资本 $KC^{dim}$ 的系数非常显著，其值为 0.1056，即美盟成员国的全要素生产率对数字进口溢出渠道的弹性为 0.1056，表明基于数字进口溢出的国际知识资本指数每增长 1%，会促进美盟的全要素生产率增长 0.1056%；基于数字出口溢出的国际知识资本 $KC^{dex}$ 的系数非常显著，其值为 $-0.0913$，即美盟的全要素生产率对数字出口溢出渠道的弹性为

—0.0913,表明基于数字出口溢出的国际知识资本指数每增长 1%,会导致美盟成员国的全要素生产率下降 0.0913%。

再来看非盟模型(9.3)的回归结果。模型的拟合效果较好,可决系数 $R^2$ 达到了 0.9691,说明在整个时期,非盟全要素生产率变化的 96.91% 可以用各解释变量的变化来解释。就国内知识资本三个投入变量而言,研发资本 $RC^d$ 的系数虽然为正(0.1426),但并不显著,表明非盟的研发资本对全要素生产率的影响并不明显;人力资本 $HC^d$ 的系数非常显著,其值为 —0.2299,即非盟的全要素生产率对人力资本的弹性为 —0.2299,表明非盟成员国的人力资本指数每增长 1%,会导致全要素生产率指数下降 0.2299%;专利资本 $PC^d$ 的系数非常显著,其值为 —0.4438,即非盟的全要素生产率对专利资本的弹性为 —0.4438,表明非盟成员国的专利资本指数每增长 1%,会导致全要素生产率指数下降 0.4438%。就数字贸易溢出渠道而言,基于数字进口溢出的国际知识资本 $KC^{dim}$ 的系数虽然为正(0.0335),但并不显著,表明数字进口溢出渠道对非盟全要素生产率的影响并不明显;基于数字出口溢出的国际知识资本 $KC^{dex}$ 的系数非常显著,其值为 0.5821,即非盟的全要素生产率对数字出口溢出渠道的弹性为 0.5821,表明基于数字出口溢出的国际知识资本指数每增长 1%,会促进非盟成员国的全要素生产率指数增长 0.5821%。

最后东盟(中国)模型(9.4)的回归结果。模型的拟合效果较好,可决系数 $R^2$ 达到了 0.9988,说明在整个时期,东盟(中国)全要素生产率变化的 99.88% 可以用各解释变量的变化来解释。就国内知识资本三个投入变量而言,研发资本 $RC^d$ 的系数非常显著,其值为 0.2527,即东盟(中国)的全要素生产率对研发资本的弹性为 0.2527,表明东盟(中国)成员国的研发资本指数每增长 1%,会促进全要素生产率指数增长 0.2527%;人力资本 $HC^d$ 的系数非常显著,其值为 —0.0447,即东盟(中国)的全要素生产率对人力资本的弹性为 —0.0447,表明东盟(中国)成员国的人力资本指数每增长 1%,会导致全要素生产率指数下降 0.0447%;专利资本 $PC^d$ 的系数非常显著,其值为 —0.1077,即东盟(中国)的全要素生产率对专利资本的弹性为 —0.1077,表明东盟(中国)成员国的专利资本指数每增长 1%,会导致全要素生产率指数下降 0.1077%;就数字贸易溢出渠道而言,基于数字进口溢出的国际知识资本 $KC^{dim}$ 的系数非常显著,其值为 —0.0186,即东盟(中国)的全要素生产率对数字进口溢出渠道的弹性为 —0.0186,表明基于数字进口溢出的国际知识资本指数每增长 1%,会导致东盟(中国)成员国的全要素生产率下降 0.0186%;基于数字出口溢出的国际知识资

本 $KC^{dex}$ 的系数显著为正,其值为 0.0102,即东盟(中国)的全要素生产率对数字出口溢出渠道的弹性为 0.0102,表明基于数字出口溢出的国际知识资本指数每增长 1%,会促进东盟(中国)成员国的全要素生产率指数增长 0.0102%。

表 9-9　回归结果:按联盟关系划分

| 解释变量 | 欧盟<br>模型(9.1) | 美盟<br>模型(9.2) | 非盟<br>模型(9.3) | 东盟(中国)<br>模型(9.4) |
|---|---|---|---|---|
| $C$ | 1.2015***<br>(74.4177) | 0.9276***<br>(62.6327) | 0.8848***<br>(38.4118) | 0.6931***<br>(55.7690) |
| $\ln RC^d$ | 0.0157<br>(0.6142) | −0.0406<br>(−0.5783) | 0.1426<br>(1.5036) | 0.2527***<br>(5.5459) |
| $\ln HC^d$ | −0.0042<br>(−0.2336) | −0.0627**<br>(−2.5172) | −0.2299***<br>(−9.1278) | −0.0447***<br>(−8.2821) |
| $\ln PC^d$ | −0.0049<br>(−0.4044) | 0.0794**<br>(2.0423) | −0.4438***<br>(−3.5425) | −0.1077***<br>(−3.2679) |
| $\ln KC^{dim}$ | −0.0084<br>(−0.5657) | 0.1056***<br>(6.5337) | 0.0335<br>(1.5401) | −0.0186**<br>(−2.5449) |
| $\ln KC^{dex}$ | 0.0499***<br>(6.0956) | −0.0913***<br>(−5.0425) | 0.5821***<br>(6.8825) | 0.0102**<br>(2.4867) |
| 可决系数 $R^2$ | 0.9927 | 0.9835 | 0.9691 | 0.9988 |
| 样本容量 | 532 | 304 | 95 | 133 |
| 模型形式 | 截面固定<br>时期固定 | 截面固定<br>时期混合 | 截面固定<br>时期固定 | 截面固定<br>时期固定 |
| 稳健估计方法 | Cross-section<br>weights(PCSE) | White Cross-section | White Cross-section | White Cross-section |

注:**、***分别表示有关变量的系数在 5% 和 1% 水平上显著的异于零;各解释变量括号中的数值为 $t$ 统计值。

## 二、实证结果的进一步分析与结论

(1)对欧盟来说,国内外知识资本变量对全要素生产率的影响作用存在差异性,其中只有数字出口溢出知识资本具有显著的促进作用,研发资本的作用为正但不显著,人力资本、专利资本和数字进口溢出渠道的作用为负但不显著,各个变量的促进效果顺序为:数字出口溢出知识资本(0.0499)>研发资本(0.0157,不显著)>人力资本(−0.0042,不显著)>专利资本(−0.0049,不显著)>数字进口溢出知识资本(−0.0084,不显著)。对欧盟来说,国内知识资本的生产率促进效应都很小或不显著,他们并不是欧盟成员国全要素生产率提升的主要来源,数字贸易溢出渠道才是促进欧盟全要素生产率提升的最主要动力,而其中数字出口溢出知识资本的促进作用最大,是数字贸易溢出渠道中技术进步的主要推动因素,数字进口溢出知识资本所起的作用很小且不显著。

(2)对美盟来说,国内外知识资本变量对全要素生产率的影响作用也存在差异性,其中只有专利资本和数字进口溢出渠道具有显著的促进作用,人力资本和数字出口溢出渠道的作用显著为负,而研发资本的促进作用为负且不显著,各个变量的促进效果顺序为:数字进口溢出知识资本(0.1056)>专利资本(0.0794)>研发资本(−0.0406,不显著)>人力资本(−0.0627)>数字出口溢出知识资本(−0.0913)。对美盟来说,数字贸易渠道溢出知识资本是促进其全要素生产率提升的最主要动力,但其中起促进作用的只是数字进口贸易溢出渠道,数字出口贸易溢出渠道则具有抑制效果;国内知识资本也是促进全要素生产率提升的重要来源,但其中起促进作用的只是专利资本,研发资本和人力资本所起的促进作用不显著甚至为负。

(3)对非盟来说,国内外知识资本变量对全要素生产率的影响作用同样存在差异性,其中只有数字出口溢出知识资本具有显著的促进作用,研发资本和数字进口溢出知识资本的促进作用不显著,而人力资本和专利资本则具有显著的负向作用,各个变量的促进效果顺序为:数字出口溢出知识资本(0.5821)>研发资本(0.1426,不显著)>数字进口溢出知识资本(0.0335,不显著)>人力资本(−0.2299)>专利资本(−0.4438)。对非盟来说,数字贸易渠道溢出知识资本是促进其全要素生产率提升的最主要动力,但其中起促进作用的只是数字出口贸易溢出渠道,数字进口贸易溢出渠道的促进效果不显著;研发资本、人力资本和专利资本的影响系数不显著或为负,表明国内知识资本并没有成为非盟成员国全要素生产率提升的重要渠道。

(4)对东盟(中国)来说,国内外知识资本变量对全要素生产率的影响作用存在差异性,其中只有研发资本和数字出口溢出渠道具有显著的促进作用,而人力资本、专利资本和数字进口溢出渠道的作用显著为负,各个变量的促进效果顺序为:研发资本(0.2527)>数字出口溢出知识资本(0.0102)>数字进口溢出知识资本(−0.0186)>人力资本(−0.0447)>专利资本(−0.1077)。对东盟(中国)来说,国内知识资本是促进其全要素生产率提升的最主要动力,但其中起促进作用的只是研发资本,人力资本和专利资本则的影响效果为负。数字贸易渠道也是东盟(中国)全要素生产率提升的重要来源,但其中起促进作用的只是数字出口溢出渠道,数字进口溢出渠道则具有抑制效果。

(5)通过比较四类国家的国内外知识资本各要素的影响系数,发现研发资本对东盟(中国)全要素生产率的促进作用最大,遵循的是东盟(中国)(0.2527)＞非盟(0.1426,不显著)＞欧盟(0.0157,不显著)＞美盟(－0.0627);人力资本对四类国家全要素生产率的影响均不明显甚至为负,遵循的是欧盟(－0.0042,不显著)＞东盟(中国)(－0.0447)＞美盟(－0.0627)＞非盟(－0.2299);专利资本对美盟全要素生产率的促进作用最大,遵循的是美盟(0.0794)＞欧盟(－0.0049,不显著)＞东盟(中国)(－0.1077)＞非盟(－0.4438);数字进口溢出知识资本对美盟全要素生产率的促进作用最大,遵循的是美盟(0.1056)＞非盟(0.0335,不显著)＞欧盟(－0.0084)＞东盟(中国)(－0.0186);数字出口溢出知识资本对非盟全要素生产率的促进作用最大,遵循的是非盟(0.5821)＞欧盟(0.0499)＞东盟(中国)(0.0102)＞美盟(－0.0913)。

# 第十章　基于区域差异的实证分析：按伙伴关系划分

## 第一节　模型设定、变量选取与数据来源

### 一、模型设定

本章将按照伙伴关系将样本国家划分为如下三大主要区域：全面与进步跨太平洋伙伴关系协定（简称 CPTPP）、北美自由伙伴关系协定（简称 NAFTA）和区域全面经济伙伴关系协定（简称 RCEP），以对不同伙伴关系的国内知识资本各投入变量和国际知识资本各数字贸易溢出渠道对全要素生产率的影响差异进行比较分析，具体划分方法见表 10-1。基于第六章讨论，本节同样以模型（6.4）为基础，设定出如下形式的模型：

$$\ln TFP_{CP,t} = \beta_{0,CP} + \beta_1 \ln RC_{CP,t}^l + \beta_2 \ln HC_{CP,t}^l + \beta_3 \ln PC_{CP,t}^l + \beta_4 \ln KC_{CP,t}^{dim} + \beta_4 \ln KC_{CP,t}^{dex} + \varepsilon$$

$$(10,1)$$

$$\ln TFP_{NA,t} = \beta_{0,NA} + \beta_1 \ln RC_{NA,t}^l + \beta_2 \ln HC_{NA,t}^l + \beta_3 \ln PC_{NA,t}^l + \beta_4 \ln KC_{NA,t}^{dim} + \beta_4 \ln KC_{NA,t}^{dex} + \varepsilon$$

$$(10,2)$$

$$\ln TFP_{RC,t} = \beta_{0,RC} + \beta_1 \ln RC_{RC,t}^l + \beta_2 \ln HC_{RC,t}^l + \beta_3 \ln PC_{RC,t}^l + \beta_4 \ln KC_{RC,t}^{dim} + \beta_4 \ln KC_{RC,t}^{dex} + \varepsilon$$

$$(10,3)$$

其中，$CP$、$NA$ 和 $TC$ 分别代表全面与进步跨太平洋伙伴关系协定、北美自由伙伴关系协定和区域全面经济伙伴关系协定；在样本国家中，CPTPP 包括 10 个国家，NAFTA 包括 3 个国家，RCEP 包括 11 个国家。其余变量和符号的含义都与模型（6.4）相同。

表 10-1　样本国家按伙伴关系划分

| 全面与进步跨太平洋伙伴关系协定 CPTPP(10 个) | 澳大利亚、加拿大、智利、日本、马来西亚、墨西哥、新西兰、秘鲁、新加坡、越南 |
|---|---|
| 北美自由伙伴关系协定 NAFTA(3 个) | 加拿大、墨西哥、美国 |
| 区域全面经济伙伴关系协定 RCEP(11 个) | 澳大利亚、中国、印度尼西亚、日本、韩国、马来西亚、新西兰、菲律宾、新加坡、泰国、越南 |

数据来源:根据作者整理

## 二、变量选取与数据来源

在样本数量的选择上,有两点需要说明:第一,由于 2017 年美国退出了 CPTPP,因此在 CPTPP 模型中并没有包括美国;第二,考虑到数据的限制和可比较性,CPTPP 模型中没有包括文莱,RCEP 模型中没有包括文莱、柬埔寨、老挝和缅甸。

在各变量的选取上,本章的实证模型都与第六章相同,即被解释变量为全要素生产率指数 $TFP$。解释变量包括研发资本指数 $RC^d$、人力资本指数 $HC^d$ 和专利资本指数 $PC^d$ 三个国内知识资本投入变量,以及基于数字进口渠道溢出的国际知识资本 $KC^{dim}$ 和基于数字出口渠道溢出的国际知识资本 $KC^{dex}$ 两个溢出变量。各变量的数据来源也与第六章相同,所不同的是,模型(10.1)~(10.3)中使用的分别是 10 个 CPTPP 成员国、3 个 NAFTA 成员国和 11 个 RCEP 成员国。

# 第二节　模型的预检验

## 一、面板单位根检验

表 10-2 显示了 CPTPP 模型的三种面板单位根检验结果,由于检验不包含截距项和趋势项,因而模型(9.3)使用目前主流的 LLC、Fisher-PP 和 Fisher-ADF 三种检验方法。可以看出:当对各变量对数的水平值进行检验时,三种检验法的结果均不能拒绝"存在单位根"的原假设,表明各变量对数的水平值均存在单位根,为非平稳序列;当对各变量对数的一阶差分进行检验时,除研发资本 $RC^d$ 对数的一阶差分在 Fisher-PP 法下不能拒绝"存在单位根"的原假设(为非平稳序列)外,其余变量对数的一阶差分在三种检验法下均在 1% 显著性水平上

拒绝"存在单位根"的原假设，为平稳序列。综合以上面板单位根检验结果，可以得出 CPTPP 模型(10.1)中使用的所有变量的对数均为 $I(1)$ 过程。

表 10-2　面板单位根检验：CPTPP 模型(10.1)

| 变量 | LLC | Fisher-PP | Fisher-ADF | 判断 |
|---|---|---|---|---|
| $\ln TFP$ | 1.58330 | 4.20070 | 4.63383 | 非平稳 |
| $\ln RC^d$ | 4.11758 | 0.00367 | 9.46043 | 非平稳 |
| $\ln HC^d$ | 2.59289 | 2.51561 | 3.56289 | 非平稳 |
| $\ln PC^d$ | 4.99892 | 30.7810 | 13.3290 | 非平稳 |
| $\ln KC^{dim}$ | 4.78156 | 1.40659 | 1.91832 | 非平稳 |
| $\ln KC^{dex}$ | 0.88722 | 19.2266 | 17.8436 | 非平稳 |
| $\Delta\ln TFP$ | $-5.79261^{***}$ | $118.499^{***}$ | $117.652^{***}$ | 平稳 |
| $\Delta\ln RC^d$ | $-8.65428^{***}$ | 20.3956 | $42.1986^{***}$ | 平稳 |
| $\Delta\ln HC^d$ | $-3.80156^{***}$ | $90.4438^{***}$ | $68.3687^{***}$ | 平稳 |
| $\Delta\ln PC^d$ | $-2.52674^{***}$ | $50.8882^{***}$ | $56.1261^{***}$ | 平稳 |
| $\Delta\ln KC^{dim}$ | $-11.1713^{***}$ | $157.834^{***}$ | $169.609^{***}$ | 平稳 |
| $\Delta\ln KC^{dex}$ / | $-10.0053^{***}$ | $181.200^{***}$ | $164.901^{***}$ | 平稳 |

注：所有变量的面板单位根检验不包含截距项和趋势项；各检验法原假设都为存在单位根；*** 表示参数在 1% 水平上显著；表中数值为各方法的检验统计值；除国内研发资本 $RC^d$ 滞后阶数选择 7 阶滞后外，其余变量的滞后阶数均按照 SIC 准则自动确定。

表 10-3 显示了 NAFTA 模型的三种面板单位根检验结果，由于所有变量的面板单位根检验既不包括截距项也不包括趋势项，因而模型(10.2)使用目前主流的 LLC、Fisher-PP 和 Fisher-ADF 三种检验方法。可以看出：当对各变量对数的水平值进行检验时，除数字出口溢出知识资本 $KC^{dex}$ 在 Fisher-ADF 检验法下需要在 10% 显著性水平上拒绝"存在单位根"的原假设（为平稳序列）外，其他变量对数的水平值在三种检验法下均不能拒绝"存在单位根"的原假设，表明各变量对数的水平值存在单位根，为非平稳序列；当对各变量对数的一阶差分进行检验时，除研发资本 $RC^d$ 对数的一阶差分在 Fisher-PP 检验法下不能拒绝"存在单位根"的原假设（为非平稳序列）以及在 LLC 和 Fisher-AD 检验法下需要在 5% 显著性水平上拒绝"存在单位根"的原假设（为平稳序列），同时专利资本 $PC^d$ 对数的一阶差分在三种检验法下均需要在 5% 显著性水平上拒绝"存在单位根"的原假设（为平稳序列）外，其余变量对数的一阶差分在三种检验法下均在 1%

显著性水平上拒绝"存在单位根"的原假设，为平稳序列。综合以上面板单位根的检验结果，可以得出 NAFTA 模型(10.2)中使用的所有变量的对数均为 $I(1)$ 过程。

表 10-3  面板单位根检验：NAFTA 模型(10.2)

| 变量 | LLC | Fisher-PP | Fisher-ADF | 判断 |
|---|---|---|---|---|
| $\ln TFP$ | 3.14716 | 1.58279 | 1.58317 | 非平稳 |
| $\ln RC^d$ | 2.43163 | 0.00256 | 3.73647 | 非平稳 |
| $\ln HC^d$ | 4.31527 | 0.35827 | 0.33422 | 非平稳 |
| $\ln PC^d$ | −0.23928 | 8.47663 | 4.73682 | 非平稳 |
| $\ln KC^{dim}$ | 1.66621 | 0.61842 | 0.58013 | 非平稳 |
| $\ln KC^{dex}$ | −0.15062 | 9.97675 | 11.6740* | 非平稳 |
| $\Delta\ln TFP$ | −4.80163*** | 31.7944*** | 31.7566*** | 平稳 |
| $\Delta\ln RC^d$ | −2.18706** | 9.69268 | 12.8126** | 平稳 |
| $\Delta\ln HC^d$ | −4.37406*** | 33.8189*** | 27.6085*** | 平稳 |
| $\Delta\ln PC^d$ | −1.90128** | 12.6742** | 12.7642** | 平稳 |
| $\Delta\ln KC^{dim}$ | −7.13361*** | 51.4534*** | 51.3460*** | 平稳 |
| $\Delta\ln KC^{dex}$ | −6.22196*** | 38.1013*** | 40.0215*** | 平稳 |

注：所有变量的面板单位根检验不包含截距项和趋势项；各检验法原假设都为存在单位根；*** 、** 、* 分别表示参数在 1%、5%、10% 水平上显著；表中数值为各方法的检验统计值；除国内研发资本 $RC^d$ 滞后阶数选择 4 阶滞后外，其余变量的滞后阶数均按照 SIC 准则自动确定。

表 10-4 显示了 RCEP 模型的三种面板单位根检验结果，由于所有变量的面板单位根检验既不包括截距项也不包括趋势项，因而模型(10.3)使用目前主流的 LLC、Fisher-PP 和 Fisher-ADF 三种检验方法。可以看出：当对各变量对数的水平值进行检验时，三种检验法的结果均不能拒绝"存在单位根"的原假设，表明各变量对数的水平值存在单位根，为非平稳序列；当对各变量对数的一阶差分进行检验时，除研发资本 $RC^d$ 对数的一阶差分在 Fisher-PP 检验法下不能拒绝"存在单位根"的原假设(为非平稳序列)和在 Fisher-ADF 检验法下需要在 5% 显著性水平上拒绝"存在单位根"的原假设(为平稳序列)以及专利资本 $PC^d$ 对数的一阶差分在 LLC 检验法下需要在 5% 显著性水平上拒绝"存在单位根"的原假设(为平稳序列)外，其余变量对数的一阶差分在三种检验法下均在 1% 显

著性水平上拒绝"存在单位根"的原假设,为平稳序列。综合以上面板单位根的检验结果,可以得出 RCEP 模型(10.3)中使用的所有变量的对数均为 $I(1)$ 过程。

**表 10-4　面板单位根检验:RCEP 模型(10.3)**

| 变量 | LLC | Fisher-PP | Fisher-ADF | 判断 |
|------|-----|-----------|------------|------|
| $\ln TFP$ | 7.71245 | 1.78072 | 2.29334 | 非平稳 |
| $\ln RC^d$ | 1.48771 | 0.00097 | 18.1506 | 非平稳 |
| $\ln HC^d$ | 3.27754 | 1.17513 | 2.43498 | 非平稳 |
| $\ln PC^d$ | 6.54776 | 22.1653 | 11.9207 | 非平稳 |
| $\ln KC^{dim}$ | 6.49052 | 1.64114 | 2.83361 | 非平稳 |
| $\ln KC^{dex}$ | 3.02374 | 13.2235 | 9.41394 | 非平稳 |
| $\Delta\ln TFP$ | $-3.34408^{***}$ | $89.7613^{***}$ | $81.3951^{***}$ | 平稳 |
| $\Delta\ln RC^d$ | $-7.23199^{***}$ | 13.0929 | $38.9135^{**}$ | 平稳 |
| $\Delta\ln HC^d$ | $-3.94024^{***}$ | $85.1889^{***}$ | $72.4798^{***}$ | 平稳 |
| $\Delta\ln PC^d$ | $-1.82071^{**}$ | $42.9530^{***}$ | $43.2200^{***}$ | 平稳 |
| $\Delta\ln KC^{dim}$ | $-10.6198^{***}$ | $171.010^{***}$ | $149.919^{***}$ | 平稳 |
| $\Delta\ln KC^{dex}$ | $-7.93270^{***}$ | $163.731^{***}$ | $149.054^{***}$ | 平稳 |

注:所有变量的面板单位根检验不包含截距项和趋势项;各检验法原假设都为存在单位根;$^{***}$、$^{**}$ 分别表示参数在 1%、5% 水平上显著;表中数值为各方法的检验统计值;除国内研发资本 $RC^d$ 滞后阶数选择 7 阶滞后外,其余变量的滞后阶数均按照 SIC 准则自动确定。

## 二、面板协整检验

由于模型(10.1)～(10.3)中各变量都是非平稳的,且均为 I(1)过程,为避免虚假回归问题的出现,在估计模型之前还需要进一步利用面板协整检验来考察各模型各变量间是否存在长期均衡关系。表 10.5 显示了按伙伴关系划分的各模型 7 种面板协整检验的结果。从表中看出,在 1% 和 5%(NAFTA 模型)显著性水平上,模型(10.1)～(10.3)中的 7 个统计量中有 4 个表明面板数据模型是协整的。特别是这三个模型的 Panel ADF 和 Group ADF 统计量都拒绝了模型中不存在协整关系的原假设。根据 Pedroni(2004)蒙特卡罗模拟的结论:在小样本容量下,Panel ADF 和 Group ADF 统计量具有最好的检验效果,当检验结果出现不一致时,要以这两个统计量的结果为准。在本章样本规模下,Panel

ADF 和 Group ADF 统计量的检验结果比其他统计量提供了更好的解释力。由此可以判断:CPTPP 模型(10.1)、NAFTA 模型(10.2)和 RCEP 模型(10.3)都是面板协整的,模型中的估计系数代表了变量间的长期均衡关系。

表 10-5　面板协整检验:按伙伴关系划分

| 检验方法 | 统计量 | 统计值 | | |
|---|---|---|---|---|
| | | CPTPP 模型(10.1) | NAFTA 模型(10.2) | RCEP 模型(10.3) |
| Pedroni 检验法 | Panel v-Statistic | −3.764503 | −2.273012 | −3.188042 |
| | Panel rho−Statistic | 1.996034 | 1.445605 | 2.018577 |
| | Panel PP−Statistic | −7.562354*** | −3.959271*** | −6.914485*** |
| | Panel ADF−Statistic | −6.606457*** | −6.813200*** | −6.747508*** |
| | Group rho−Statistic | 3.764370 | 2.458803 | 3.901773 |
| | Group PP−Statistic | −5.259291*** | −1.694032** | −4.790187*** |
| | Group ADF−Statistic | −3.828520*** | −27.80975*** | −4.503593*** |

注:模型(10.1)—模型(10.3)的面板协整检验均包含截距项和趋势项,原假设为变量之间不存在协整关系;*** 和** 分别表示参数在 1% 和 5% 水平上显著;表中数值为检验统计值;除模型(10.2)滞后阶数选择 8 阶滞后外,其余模型的滞后阶数依据 SIC 准则自动确定。

## 三、面板模型形式选择

表 10-6 是各国按伙伴关系划分的各模型面板形式选择的检验结果,从表中可以看出,就 CPTPP 模型(10.1)而言,F 检验结果拒绝"截面混合"的原假设,接受"时期混合"的原假设,而 Hausman 检验结果均拒绝"截面随机"和"时期随机"的原假设,可以判断:CPTPP 模型(10.1)应选择截面固定和时期混合形式的面板模型;就 NAFTA 模型(10.2)而言,F 检验结果均拒绝"截面混合"和"时期混合"的原假设,对于"Hausman 检验,由于截面数量限制,无法检验截面随机效应,考虑到经济类数据更多倾向于截面固定效应,因而这里选择拒绝"截面随机效应"的原假设。同时"时期随机效应"的 Hausman 检验结果发现,模型接受"选择时期随机效应模型"的原假设,可以判断:NAFTA 模型(10.2)应选择截面固定和时期随机形式的面板模型;就 RCEP 模型(10.3)而言,F 检验结果均拒绝"截面混合"和"时期混合"的原假设,而 Hausman 检验结果则接受"截面随机"的原假设,拒绝"时期随机"的原假设,可以判断:RCEP 模型(10.3)应选择截面随机和时期固定形式的面板模型。

表 10-6　面板模型形式选择：按伙伴关系划分

| 模型 | 检验方法 | 原假设 | 效应类型 | 判断统计值 | 判断结果 | 最终选择 |
|---|---|---|---|---|---|---|
| CPTPP 模型 (10.1) | F：混合效应 VS 固定效应 | 选择混合效应 | 截距 | 1774.38*** | 拒绝原假设 | 截面固定时期混合 |
| | | | 时期 | 1.44 | 接受原假设 | |
| | | | 截距和时期 | 609.82*** | 拒绝原假设 | |
| | Hausman：固定效应 VS 随机效应 | 选择随机效应 | 截距 | 9.73* | 拒绝原假设 | |
| | | | 时期 | 16.32*** | 拒绝原假设 | |
| | | | 截距和时期 | — | — | |
| NAFTA 模型 (10.2) | F：混合效应 VS 固定效应 | 选择混合效应 | 截距 | 1067.04*** | 拒绝原假设 | 截面固定时期随机 |
| | | | 时期 | 9.98*** | 拒绝原假设 | |
| | | | 截距和时期 | 145.07*** | 拒绝原假设 | |
| | Hausman：固定效应 VS 随机效应 | 选择随机效应 | 截距 | — | 拒绝原假设 | |
| | | | 时期 | 7.69 | 接受原假设 | |
| | | | 截距和时期 | — | — | |
| RCEP 模型 (10.3) | F：混合效应 VS 固定效应 | 选择混合效应 | 截距 | 2772.35*** | 拒绝原假设 | 截面随机时期固定 |
| | | | 时期 | 3.01*** | 拒绝原假设 | |
| | | | 截距和时期 | 995.92*** | 拒绝原假设 | |
| | Hausman：固定效应 VS 随机效应 | 选择随机效应 | 截距 | 8.46 | 接受原假设 | |
| | | | 时期 | 48.10*** | 拒绝原假设 | |
| | | | 截距和时期 | — | — | |

注：***、*分别表示参数在 1%、10% 水平上显著。F 检验结果是在选择截面和时期双固定环境下运行得到的；Hausman 检验由于在截面和时期双随机环境下运行无效，因而其统计值是对截面随机和时期随机分别进行运行后得到，表中"—"表示无效或无法检验。

### 四、截面相关、面板异方差和稳健估计方法选择

表 10-7 是各国按伙伴关系划分的各模型截面相关、面板异方差和稳健性估计方法确定的结果，表中可以看出，Pesaran CD 检验结果表明，三个模型均拒绝"无截面相关"的原假设，即三个模型均存在截面相关；同时 LR 检验的结果发现，CPTPP 模型(10.1)和 RCEP 模型(10.3)均接受"时期同方差"、拒绝"截面同方差"的原假设，表明这两个模型均存在截面异方差和时期同方差性。而NAFTA 模型(10.3)由于截面数量限制，无法检验面板异方差，考虑到 NAFTA

模型中的三个样本(美国、加拿大和墨西哥)经济体量相差较大且借鉴本文其他模型的选择结果,假定 NAFTA 模型(10.2)同样存在截面异方差和时期同方差性。综合上述截面相关和面板异方差的检验结果,可以判断:CPTPP 模型(10.1)、NAFTA 模型(10.2)和 RCEP 模型(10.3)均应选择 White Cross-section 作为各模型的稳健性估计方法。

**表 10-7 截面相关、面板异方差和稳健性估计方法选择:按伙伴关系划分**

| 模型 | 检验 | 统计量 | 原假设 | 统计值 | 判断结果 | 稳健估计方法 |
|---|---|---|---|---|---|---|
| CPTPP 模型 (10.1) | 截面相关 | Pesaran CD | 无截面相关 | 1.97** | 截面相关 | White Cross-section |
| | 截面异方差 | LR | 截面同方差 | 173.97*** | 截面异方差 | |
| | 时期异方差 | LR | 时期同方差 | 2.70 | 时期同方差 | |
| NAFTA 模型 (10.2) | 截面相关 | Pesaran CD | 无截面相关 | 6.25*** | 截面相关 | White Cross-section |
| | 截面异方差 | LR | 截面同方差 | — | 截面异方差 | |
| | 时期异方差 | LR | 时期同方差 | — | 时期同方差 | |
| RCEP 模型 (10.3) | 截面相关 | Pesaran CD | 无截面相关 | −2.45** | 截面相关 | White Cross-section |
| | 截面异方差 | LR | 截面同方差 | 367.57*** | 截面异方差 | |
| | 时期异方差 | LR | 时期同方差 | 2.58 | 时期同方差 | |

注:***、** 分别表示参数在 1%、5% 水平上显著。

## 第三节 实证分析

### 一、回归结果解释

表 10-8 是按伙伴关系划分的面板数据模型回归结果。首先来看 CPTPP 模型(10.1)的回归结果,可以发现,模型的拟合效果很好,可决系数 $R^2$ 达到了 0.9952,说明在整个时期,CPTPP 成员国全要素生产率变化的 99.52% 可以由各解释变量的变化来解释。就国内知识资本三个投入变量而言,研发资本 $RC^d$ 的系数非常显著,其值为 0.0609,即 CPTPP 成员国的全要素生产率对研发资本的弹性为 0.0609,表明 CPTPP 成员国的研发资本指数每增长 1%,会导致全要素生产率指数增长 0.0609%;人力资本 $HC^d$ 的系数显著为正,其值为 0.0474,即 CPTPP 成员国的全要素生产率对人力资本的弹性为 0.0474,表明 CPTPP 成

员国的人力资本指数每增长 1％,会导致全要素生产率指数增长 0.0474％;专利资本 $PC^d$ 的系数非常显著,其值为 $-0.1320$,即 CPTPP 成员的全要素生产率对专利资本的弹性为 $-0.1320$,表明 CPTPP 成员的专利资本指数每增长 1％,会导致全要素生产率指数下降 0.1320％;就数字贸易溢出而言,基于数字进口溢出的国际知识资本 $KC^{dex}$ 的系数为正的 0.0116,但并不显著,表明数字进口渠道对 CPTPP 成员全要素生产率的影响并不明显;基于数字出口溢出的国际知识资本 $KC^{dim}$ 的系数非常显著,其值为 0.0217,即 CPTPP 成员的全要素生产率对数字出口溢出渠道的弹性为 0.0217,表明基于数字出口溢出的国际知识资本指数每增长 1％,会促进 CPTPP 成员的全要素生产率增长 0.0217％。

接着看 NAFTA 模型(10.2)的回归结果。模型的拟合效果很好,可决系数 $R^2$ 达到了 0.9998,说明在整个时期,NAFTA 成员国全要素生产率变化的 99.98％可以由各解释变量的变化来解释。就国内知识资本三个投入变量而言,研发资本 $RC^d$ 的系数为正(0.0009),但并不显著,表明 NAFTA 成员国的研发资本对全要素生产率的影响并不明显;人力资本 $HC^d$ 的系数非常显著,其值为 $-0.0609$,即 NAFTA 成员国的全要素生产率对人力资本的弹性为 $-0.0609$,表明 NAFTA 成员国的人力资本指数每增长 1％,会导致全要素生产率指数下降 0.0609％;专利资本 $PC^d$ 的系数显著为正,其值为 0.1693,即 NAFTA 成员国的全要素生产率对专利资本的弹性为 0.1693,表明 NAFTA 成员国的专利资本指数每增长 1％,会导致全要素生产率指数增长 0.1693％。就数字贸易溢出而言,基于数字进口溢出的国际知识资本 $KC^{dex}$ 的系数为负($-0.0159$),但并不显著,表明数字进口溢出渠道对 NAFTA 成员国全要素生产率的影响并不明显;基于数字出口溢出的国际知识资本 $KC^{dex}$ 的系数非常显著,其值为 $-0.0251$,即 NAFTA 成员国的全要素生产率对数字出口溢出渠道的弹性为 $-0.0251$,表明基于数字出口溢出的国际知识资本指数每增长 1％,会导致 NAFTA 成员国的全要素生产率下降 0.0251％。

最后看 RCEP 模型(10.3)的回归结果。模型的拟合效果较好,可决系数 $R^2$ 达到了 0.7871,说明在整个时期,RCEP 成员国全要素生产率变化的 78.71％可以由各解释变量的变化来解释。就国内知识资本三个投入变量而言,研发资本 $RC^d$ 的系数为正(0.0225),但并不显著,表明 RCEP 成员的研发资本对全要素生产率的影响并不明显;人力资本 $HC^d$ 的系数显著为正,其值为 0.0112,即 RCEP 成员的全要素生产率对人力资本的弹性为 0.0112,表明 RCEP 成员的人力资本指数每增长 1％,会导致全要素生产率指数增长 0.0112％;专利资本 $PC^d$

的系数显著为正，其值为 0.0605，即 RCEP 成员的全要素生产率对专利资本的弹性为 0.0605，表明 RCEP 成员的专利资本指数每增长 1%，会导致全要素生产率指数增长 0.0605%。就数字贸易溢出而言，基于数字进口溢出的国际知识资本 $KC^{dim}$ 的系数非常显著，其值为 −0.0228，即 RCEP 成员的全要素生产率对数字进口溢出渠道的弹性为 −0.0228，表明基于数字进口溢出的国际知识资本指数每增长 1%，会导致 RCEP 成员的全要素生产率下降 0.0228；基于数字出口溢出的国际知识资本 $KC^{dim}$ 的系数非常显著，其值为 0.0114，即 RCEP 成员的全要素生产率对数字出口溢出渠道的弹性为 0.0114，表明基于数字出口溢出的国际知识资本指数每增长 1%，会促进 RCEP 成员的全要素生产率增长 0.0114%。

**表 10-8　回归结果：按伙伴关系划分**

| 解释变量 | CPTPP 模型(10.1) | NAFTA 模型(10.2) | RCEP 模型(10.3) |
|---|---|---|---|
| $C$ | 1.0392*** (52.3129) | 1.1949*** (31.9181) | 0.8050*** (52.9387) |
| $\ln RC^d$ | 0.0609*** (3.5002) | 0.0009 (0.0235) | 0.0225 (1.5593) |
| $\ln HC^d$ | 0.0474*** (5.8618) | −0.0609*** (−4.8371) | 0.0112* (1.7816) |
| $\ln PC^d$ | −0.1320*** (−5.6939) | 0.1693*** (13.7059) | 0.0605*** (4.4585) |
| $\ln KC^{dim}$ | 0.0116 (1.1991) | −0.0159 (−0.8961) | −0.0228** (−2.2347) |
| $\ln KC^{dex}$ | 0.0217*** (2.9497) | −0.0251*** (−3.0945) | 0.0114* (1.8753) |
| 可决系数 $R^2$ | 0.9952 | 0.9998 | 0.7871 |
| 样本容量 | 190 | 57 | 209 |
| 模型形式 | 截面固定 时期混合 | 截面固定 时期随机 | 截面随机 时期固定 |
| 稳健估计方法 | White Cross-section | White Cross-section | White Cross-section |

注：*、**、*** 分别表示有关变量的系数在 10%、5% 和 1% 水平上显著的异于零；各解释变量括号中的数值为 $t$ 统计值。

## 二、实证结果的进一步分析与结论

（1）对 CPTPP 成员来说，国内外知识资本各变量对全要素生产率的影响作用存在差异性，其中只有研发资本、人力资本和数字出口溢出渠道具有显著的促进作用,专利资本则具有显著的负向作用,而数字进口溢出渠道的促进作用为正但并不显著,各个变量的促进效果顺序为:研发资本(0.0609)＞人力资本(0.0474)＞数字出口溢出知识资本(0.0217)＞数字进口溢出知识资本(0.0116,不显著)＞专利资本(－0.1320)。对 CPTPP 成员来说,国内知识资本是促进其全要素生产率提升的最主要动力,但其中起促进作用只是研发资本和人力资本,专利资本的促进作用还较小甚至为负。数字贸易渠道也是 CPTPP 成员全要素生产率提升的重要来源,但其中起促进作用的只是数字出口溢出渠道,但其中起作用的只是数字出口溢出渠道,数字进口溢出渠道的影响并不显著。

(2)对 NAFTA 成员国来说,国内外知识资本各变量对全要素生产率的影响作用存在差异性,其中只有专利资本具有显著的促进作用,人力资本和数字出口溢出渠道具有显著的负向作用,而研发资本(系数为正)和数字进口溢出渠道(系数为负)的影响均不显著,各个变量的促进效果顺序为:专利资本(0.1693)＞研发资本(0.0009,不显著)＞数字进口溢出知识资本(－0.0159,不显著)＞数字出口溢出知识资本(－0.0251)＞人力资本(－0.0609)。对 NAFTA 成员国来说,国内知识资本是促进其全要素生产率提升的最主要动力,但其中起促进作用的主要是专利资本,研发资本和人力资本的促进作用不明显甚至为负。数字贸易溢出渠道并没有促进 NAFTA 成员国的全要素生产率,它们并不是 NAFTA成员国全要素生产率提升的重要来源。

(3)对 RCEP 成员来说,国内外知识资本各变量对全要素生产率的影响作用存在差异性,其中只有人力资本、专利资本和数字出口溢出渠道具有显著的促进作用,数字进口溢出渠道则具有显著的负向作用,而研发资本的促进作用为正但不显著,各个变量的促进效果顺序为:专利资本(0.0605)＞数字出口溢出知识资本(0.0114)＞人力资本(0.0112)＞研发资本(0.0225,不显著)＞数字进口溢出知识资本(－0.0228)。对 RCEP 成员来说,国内知识资本是促进其全要素生产率提升的最主要动力,但其中起促进作用主要是专利资本和人力资本,研发资本的促进作用并不明显。数字贸易溢出渠道也是 RCEP 成员全要素生产率提升的重要来源,但其中起促进作用的只是数字出口溢出渠道,数字进口溢出渠道的影响并不显著。

(4)通过比较三类国家的国内外知识资本各变量的影响系数,发现研发资本对 CPTPP 成员全要素生产率的促进作用最大,遵循的是 CPTPP(0.0609)＞RCEP(0.0225,不显著)＞NAFTA(0.0009,不显著);人力资本对 CPTPP 成员全要素生产率的促进作用最大,遵循的是 CPTPP(0.0474)＞RCEP(0.0112)＞

NAFTA(-0.0609);专利资本对 NAFTA 成员国全要素生产率的促进作用最大,遵循的是 NAFTA(0.1693)>RCEP(0.0605)>CPTPP(-0.1320);数字进口溢出知识资本对全要素生产率的影响在 CPTPP 成员中为正(但不显著)、在 NAFTA 成员国中为负(但不显著)、在 RCEP 成员中则显著为负,遵循的是 CPTPP(0.0116,不显著)>CPTPP(-0.0159,不显著)>RCEP(-0.0228);数字出口溢出知识资本对 CPTPP 成员全要素生产率的促进作用最大,遵循的是 CPTPP(0.0217)>RCEP(0.0114)>NAFTA(-0.0251)。

# 第十一章　基于区域差异的实证分析：
# 按"一带一路"沿线划分

## 第一节　模型设定、变量选取与数据来源

### 一、模型设定

本章将按照"一带一路"沿线将样本国家划分为如下五大主要区域：东（南）亚、东南亚、西亚、中东欧和独联体，以对不同沿线国家的国内知识资本各投入变量和国际知识资本各数字贸易溢出渠道对全要素生产率的影响差异进行比较分析，具体划分方法见表 11-1。基于第六章讨论，本节同样以模型（6.4）为基础，设定出如下形式的模型：

$$\ln TFP_{ES,t} = \beta_{0,ES} + \beta_1 \ln RC_{ES,t}^d + \beta_2 \ln HC_{ES,t}^d + \beta_3 \ln PC_{ES,t}^d + \beta_4 \ln KC_{ES,t}^{dim} + \beta_4 \ln KC_{ES,t}^{dex} + \varepsilon$$

$$(11.1)$$

$$\ln TFP_{SE,t} = \beta_{0,SE} + \beta_1 \ln RC_{SE,t}^d + \beta_2 \ln HC_{SE,t}^d + \beta_3 \ln PC_{SE,t}^d + \beta_4 \ln KC_{SE,t}^{dim} + \beta_4 \ln KC_{SE,t}^{dex} + \varepsilon$$

$$(11.2)$$

$$\ln TFP_{WA,t} = \beta_{0,WA} + \beta_1 \ln RC_{WA,t}^d + \beta_2 \ln HC_{WA,t}^d + \beta_3 \ln PC_{WA,t}^d + \beta_4 \ln KC_{WA,t}^{dim} + \beta_4 \ln KC_{WA,t}^{dex} + \varepsilon$$

$$(11.3)$$

$$\ln TFP_{CEE,t} = \beta_{0,CEE} + \beta_1 \ln RC_{CEE,t}^d + \beta_2 \ln HC_{CEE,t}^d + \beta_3 \ln PC_{CEE,t}^d + \beta_4 \ln KC_{CEE,t}^{dim} + \beta_4 \ln KC_{CEE,t}^{dex} + \varepsilon$$

$$(11.4)$$

$$\ln TFP_{CIS,t} = \beta_{0,CIS} + \beta_1 \ln RC_{CIS,t}^d + \beta_2 \ln HC_{CIS,t}^d + \beta_3 \ln PC_{CIS,t}^d + \beta_4 \ln KC_{CIS,t}^{dim} + \beta_4 \ln KC_{CIS,t}^{dex} + \varepsilon$$

$$(11.5)$$

其中，$ES$、$SE$、$WA$、$CEE$、$CIS$ 分别代表东（南）亚、东南亚、西亚、中东欧和独联体；在样本国家中，东（南）亚包括 5 个国家，东南亚包括 6 个国家，西亚包括

8 个国家、中东欧包括 13 个国家，独联体包括 10 个国家。其余变量和符号的含义都与模型(6.4)相同。

**表 11-1　样本国家按"一带一路"沿线划分**

| 东(南)亚(5 个) | 中国、印度、蒙古国、巴基斯坦、斯里兰卡 |
| --- | --- |
| 东南亚(6 个) | 印度尼西亚、马来西亚、菲律宾、新加坡、泰国、越南 |
| 西亚(8 个) | 塞浦路斯、埃及、希腊、伊朗、伊拉克、以色列、约旦、土耳其 |
| 中东欧(13 个) | 保加利亚、克罗地亚、捷克、爱沙尼亚、匈牙利、拉脱维亚、立陶宛、马其顿、波兰、罗马尼亚、塞尔维亚、斯洛伐克、斯洛文尼亚 |
| 独联体(10 个) | 亚美尼亚、阿塞拜疆、白俄罗斯、格鲁吉亚、哈萨克斯坦、吉尔吉斯斯坦、摩尔多瓦、俄罗斯、乌克兰、乌兹别克斯坦 |

数据来源：根据作者整理

## 二、变量选取与数据来源

在样本数量的选择上，有两点需要说明：第一，"一带一路"沿线国家包括中国在内共有 65 个，但由于数据的限制特别是很多国家在研发经费和研究人员数方面数据存在缺失，本章最终选择的沿线国家是 42 个；第二，通常来讲，"一带一路"沿线国按区域划分可以分为东亚(2 个)、南亚(3 个)、东南亚(6 个)、中亚(3 个)、西亚(8 个)、独联体(7 个)和中东欧(13 个)。考虑到样本容量和实证分析的便利性，这里合并东亚两国和南亚三国形成东(南)亚五国，另外中亚三国本身就属于独联体，因而将中亚三国并入独联体七国形成独联体十国，东南亚、西亚和中东欧包含的国家数不变。

在各变量的选取上，本章的实证模型都与第六章相同，即被解释变量为全要素生产率指数 $TFP$。解释变量包括研发资本指数 $RC^d$、人力资本指数 $HC^d$ 和专利资本指数 $PC^d$ 三个国内知识资本投入变量，以及基于数字进口渠道溢出的国际知识资本指数 $KC^{dim}$ 和基于数字出口渠道溢出的国际知识资本指数 $KC^{dex}$ 两个溢出变量。各变量的数据来源也与第六章相同，所不同的是，模型(11.1)～(11.5)使用的分别是 5 个东(南)亚国家、6 个东南亚国家、8 个西亚国家、13 个中东欧国家和 10 个独联体国家。

## 第二节 模型的预检验

### 一、面板单位根检验

表 11-2 显示了东(南)亚模型的三种面板单位根检验结果,由于所有变量的面板单位根检验均不包含截距项和趋势项,因而模型(11.1)使用目前主流的 LLC、Fisher-PP 和 Fisher-ADF 三种检验方法。可以看出:当对各变量对数的水平值进行检验时,除专利资本 $PC^d$ 对数的水平值在 LLC 检验法下需要在 1% 显著性水平上拒绝"存在单位根"的原假设(为平稳序列)外,其余变量对数的水平值在三种检验下均不能拒绝"存在单位根"的原假设,表明各变量对数的水平值存在单位根,为非平稳序列;当对各变量对数的一阶差分进行检验时,除全要素生产率 TFP 和数字出口溢出知识资本 $KC^{dex}$ 对数的一阶差分在 Fisher -ADF

**表 11-2 面板单位根检验:东(南)亚模型(11.1)**

| 变量 | LLC | Fisher-PP | Fisher-ADF | 判断 |
|---|---|---|---|---|
| $\ln TFP$ | 3.12769 | 0.06011 | 0.93318 | 非平稳 |
| $\ln RC^d$ | 0.33893 | 0.31636 | 14.9654 | 非平稳 |
| $\ln HC^d$ | 2.61159 | 2.42063 | 1.56245 | 非平稳 |
| $\ln PC^d$ | $-2.80383^{***}$ | 3.36143 | 13.5699 | 非平稳 |
| $\ln KC^{dim}$ | 2.17776 | 5.94097 | 1.73394 | 非平稳 |
| $\ln KC^{dex}$ | 1.53250 | 19.3166 | 9.09188 | 非平稳 |
| $\Delta\ln TFP$ | $-2.52103^{***}$ | $24.0912^{***}$ | 9.48976 | 平稳 |
| $\Delta\ln RC^d$ | $-5.97155^{***}$ | 10.6173 | $25.3461^{***}$ | 平稳 |
| $\Delta\ln HC^d$ | $-0.72272$ | $55.1171^{***}$ | $27.0595^{***}$ | 平稳 |
| $\Delta\ln PC^d$ | $-3.79487^{***}$ | 15.5444 | $22.6937^{**}$ | 平稳 |
| $\Delta\ln KC^{dim}$ | $-4.64990^{***}$ | $71.2124^{***}$ | $31.2985^{***}$ | 平稳 |
| $\Delta\ln KC^{dex}$ | $-2.85479^{***}$ | $97.4236^{***}$ | 13.0594 | 平稳 |

注:所有变量的面板单位根检验不包含截距项和趋势项;各检验法原假设都为存在单位根;\*\*\*、\*\* 分别表示参数在 1%、5%水平上显著;表中数值为各方法的检验统计值;所有变量的滞后阶数选择 6 阶滞后。

检验法下、研发资本 $RC^d$ 和专利资本 $PC^d$ 对数的一阶差分在 Fisher-PP 检法下以及人力资本 $HC^d$ 对数的一阶差分在 LLC 检验法下均不能拒绝"存在单位根"的原假设（为非平稳序列）外，其余变量对数的一阶差分在三种检验法下均在 1%（除专利资本 $PC^d$ 对数的一阶差分在 Fisher-ADF 检验法下为 5%）显著性水平上拒绝"存在单位根"的原假设，为平稳序列。综合以上面板单位根检验结果，可以得出东（南）亚模型(11.1)中使用的所有变量的对数均为 $I(1)$ 过程。

　　表 11-3 显示了东南亚模型的三种面板单位根检验结果，模型(11.2)使用目前主流的 LLC、IPS 和 Fisher-ADF 三种检验方法[①]。可以看出：当对各变量对数的水平值进行检验时，三种检验法的结果均不能拒绝"存在单位根"的原假设，表明各变量对数的水平值存在单位根，为非平稳序列；当对各变量对数的一阶差分进行检验时，除专利资本 $PC^d$ 对数的一阶差分在 Fisher-PP 检验法下需要在 5% 显著性水平上拒绝"存在单位根"的原假设（为平稳序列）外，其余变量对数的一阶差在三种检验法下均不能拒绝"存在单位根"的原假设，表明各变量对数的一阶差分均存在单位根，为非平稳序列；当对各变量对数的二阶差分进行检验时，除专利资本 $PC^d$ 外，其余变量对数的二阶差分在 LLC 检验法下均不能拒绝"存在单位根"的原假设（为非平稳序列），但在 IPS 检验法和 Fisher-ADF 检验法下均拒绝"存在单位根"的原假设，其中 IPS 法下的全要素生产率 TFP、研发资本 $RC^d$ 和人力资本 $HC^d$ 对数的二阶差分分别需要在 5%、5% 和 10% 显著性水平上拒绝"存在单位根"的原假设（为平稳序列）以及 Fisher-ADF 法下的全要素生产率 TFP、研发资本 $RC^d$ 和人力资本 $HC^d$ 对数的二阶差分分别需要在 10%、5% 和 5% 显著性水平上拒绝"存在单位根"的原假设（为平稳序列）外，其余变量对数的二阶差分在两种检验法下都在 1% 显著性水平上拒绝"存在单位根"的原假设，因此各变量对数的二阶差分均是平稳序列。综合以上面板单位根检验结果，可以得出东南亚模型(11.2)中使用的所有变量的对数均为 $I(2)$ 过程。

---

　　① 由于专利资本 $PC^d$ 的面板单位根形式为既不包含截距项也不包含趋势项，因而这里的 IPS 检验为 Fisher-PP 检验。

表 11-3　面板单位根检验:东南亚模型(11.2)

| 变量 | LLC | IPS | Fisher-ADF | 判断 |
|---|---|---|---|---|
| $\ln TFP$ | 1.84602 | 0.26846 | 10.3507 | 非平稳 |
| $\ln RC^d$ | 3.13486 | 3.29908 | 4.00707 | 非平稳 |
| $\ln HC^d$ | 5.51409 | 1.61434 | 6.44573 | 非平稳 |
| $\ln PC^d$ | 6.78463 | 0.04984 | 0.32800 | 非平稳 |
| $\ln KC^{dim}$ | $-0.28155$ | 0.00365 | 9.51093 | 非平稳 |
| $\ln KC^{dex}$ | $-1.10050$ | $-0.46650$ | 12.3773 | 非平稳 |
| $\Delta\ln TFP$ | 0.92088 | $-0.67482$ | 11.4378 | 非平稳 |
| $\Delta\ln RC^d$ | $-0.05342$ | 0.77114 | 5.96130 | 非平稳 |
| $\Delta\ln HC^d$ | 11.5555 | $-0.99550$ | 14.4217 | 非平稳 |
| $\Delta\ln PC^d$ | 0.31743 | 21.0597** | 9.56665 | 非平稳 |
| $\Delta\ln KC^{dim}$ | 1.51841 | $-0.83120$ | 12.3842 | 非平稳 |
| $\Delta\ln KC^{dex}$ | $-0.62304$ | $-1.09561$ | 15.6588 | 非平稳 |
| $\Delta\Delta\ln TFP$ | 0.09516 | $-2.00417**$ | 19.8785* | 平稳 |
| $\Delta\Delta\ln RC^d$ | 2.76288 | $-1.76182**$ | 25.0035** | 平稳 |
| $\Delta\Delta\ln HC^d$ | 10.7613 | $-1.36159*$ | 21.5651** | 平稳 |
| $\Delta\Delta\ln PC^d$ | $-6.21614***$ | 122.530*** | 48.5612*** | 平稳 |
| $\Delta\Delta\ln KC^{dim}$ | 12.7021 | $-2.95684***$ | 31.6631*** | 平稳 |
| $\Delta\Delta\ln KC^{dex}$ | 4.32446 | $-2.85750***$ | 26.4706*** | 平稳 |

注:除专利资本 $PC^d$ 的面板单位根检验不包含截距项和趋势项外,其余变量的面板单位根检验均包含截距项和趋势项;各检验法原假设都为存在单位根;***、**、*分别表示参数在1%、5%、10%水平上显著;表中数值为各方法的检验统计值;Δ 和 ΔΔ 分别代表 1 阶差分和 2 阶差分;除人力资本 $HC^d$ 和数字进口溢出知识资本 $KC^{dim}$ 的滞后阶数分别选择 5 阶和 3 阶外,其余变量的滞后阶数均选择 2 阶滞后。

表 11-4 显示了西亚模型的三种面板单位根检验结果,模型(11.3)使用目前主流的 LLC、IPS 和 Fisher-ADF 三种检验方法①。可以看出:当对各变量对数的水平值进行检验时,除人力资本 $HC^d$ 对数的水平值在 LLC 检验法下需要在1%显著性水平上不能拒绝"存在单位根"的原假设(为平稳序列)外,其余变量对

———————

① 在这里,人力资本 $HC^d$ 的 Fisher-ADF 检验为 Fisher-PP 检验。

表 11-4 面板单位根检验:西亚模型(11.3)

| 变量 | LLC | IPS | Fisher-ADF | 判断 |
|---|---|---|---|---|
| $\ln TFP$ | 0.74436 | $-0.78198$ | 17.3913 | 非平稳 |
| $\ln RC^d$ | $-2.38992^{***}$ | 1.15795 | 19.5028 | 非平稳 |
| $\ln HC^d$ | $-0.17116$ | 0.53110 | 11.5996 | 非平稳 |
| $\ln PC^d$ | 2.16318 | 1.14328 | 14.3350 | 非平稳 |
| $\ln KC^{dim}$ | 4.96991 | $-0.44542$ | 12.6040 | 非平稳 |
| $\ln KC^{dex}$ | 5.17915 | $-0.49766$ | 22.5707 | 非平稳 |
| $\Delta\ln TFP$ | $-3.02518^{***}$ | $-3.38296^{***}$ | 38.6823^{***} | 平稳 |
| $\Delta\ln RC^d$ | 1.34651 | 0.40061 | 21.2685 | 非平稳 |
| $\Delta\ln HC^d$ | 11.5765 | $-0.90018$ | 14.3174 | 非平稳 |
| $\Delta\ln PC^d$ | $-0.08041$ | $-0.57523$ | 18.7543 | 非平稳 |
| $\Delta\ln KC^{dim}$ | 19.8440 | $-0.13873$ | 17.4036 | 非平稳 |
| $\Delta\ln KC^{dex}$ | 26.1080 | $-1.46001^{*}$ | 19.4022 | 非平稳 |
| $\Delta\Delta\ln RC^d$ | $-4.90240^{***}$ | $-4.40180^{***}$ | 59.7829^{***} | 平稳 |
| $\Delta\Delta\ln HC^d$ | 42.0003 | $-1.42454$ | 243.480^{***} | 平稳 |
| $\Delta\Delta\ln PC^d$ | $-4.51145^{***}$ | $-5.46757^{***}$ | 55.2723^{***} | 平稳 |
| $\Delta\Delta\ln KC^{dim}$ | 26.1390 | $-1.51668^{*}$ | 26.6082^{**} | 平稳 |
| $\Delta\Delta\ln KC^{dex}$ | 43.0512 | $-4.75013^{***}$ | 51.9653^{***} | 平稳 |

注:除人力资本 $HC^d$ 的面板单位根检验仅包含截距项外,其余变量的面板单位根检验均包含截距项和趋势项;各检验法原假设都为存在单位根;\*\*\*、\*\*、\* 分别表示参数在1%、5%、10%水平上显著;表中数值为各方法的检验统计值;Δ 和 ΔΔ 分别代表1阶差分和2阶差分;数字进口溢出知识资本 $KC^{dim}$ 和数字出口溢出知识资本 $KC^{dex}$ 的滞后阶数选择3阶滞后,人力资本 $HC^d$ 的滞后阶数选择5阶滞后,研发资本 $RC^d$、专利资本 $PC^d$ 和全要素生产率 $TFP$ 的滞后阶数按照 SIC 准则自动确定。

数的水平值在三种检验法下均不能拒绝"存在单位根"的原假设,表明各变量对数的水平值存在单位根,为非平稳序列;当对各变量对数的一阶差分进行检验时,除全要素生产率 $TFP$ 对数的一阶差分在三种检验法下均在1%显著性水平上拒绝"存在单位根"的原假设(为平稳序列)以及数字出口溢出知识资本 $KC^{dex}$ 在 IPS 检验法下需要在10%显著性水平上拒绝"存在单位根"的原假设(为平稳序列)外,其余变量对数的一阶差分在三种检验法下均不能拒绝"存在单位根"的原假设，表明其余各变量对数的一阶差分存在单位根，为非平稳序列；当对除全要素生产率 $TFP$ 以外的其余各变量对数的二阶差分进行检验时，除研发资本 $RC^d$ 和专利资本 $PC^d$ 外，其余变量对数的二阶差分在 LLC 检验法下均不能拒绝"存在单位根"的原假设（为非平稳序列），但在 IPS 检验法和 Fisher-ADF 检验法下均拒绝"存在单位根"的原假设，其中 IPS 法下的人力资本 $HC^d$ 和数字进口溢出知识资本 $KC^{dim}$ 对数的二阶差分需要在 10％ 显著性水平上拒绝"存在单位根"的原假设（为平稳序列），Fisher-ADF 法下的数字进口溢出知识资本 $KC^{dim}$ 对数的二阶差分需要在 5％ 显著性水平上拒绝"存在单位根"的原假设（为平稳序列），其余变量对数的二阶差分在两种检验法下都在 1％ 显著性水平上拒绝"存在单位根"的原假设，因此各变量对数的二阶差分均是平稳序列。综合以上面板单位根检验结果，可以得出西亚模型（11.3）中全要素生产率 $TFP$ 的对数为 $I(1)$ 过程，其余所有变量的对数均为 $I(2)$ 过程。

表 11-5　面板单位根检验：中东欧模型(11.4)

| 变量 | LLC | IPS | Fisher-ADF | 判断 |
|---|---|---|---|---|
| $\ln TFP$ | $-2.53532^{***}$ | $-1.19721$ | $31.3578$ | 非平稳 |
| $\ln RC^d$ | $1.81429$ | $5.68018$ | $5.40467$` | 非平稳 |
| $\ln HC^d$ | $0.72083$ | $3.73576$ | $11.1349$ | 非平稳 |
| $\ln PC^d$ | $-4.95834^{***}$ | $-0.78225$ | $28.2008$ | 非平稳 |
| $\ln KC^{dim}$ | $-0.08834$ | $0.77620$ | $18.1061$ | 非平稳 |
| $\ln KC^{dex}$ | $-2.32201^{**}$ | $0.21135$ | $34.2706$ | 非平稳 |
| $\Delta\ln TFP$ | $-6.44012^{***}$ | $-4.92124^{***}$ | $69.8261^{***}$ | 平稳 |
| $\Delta\ln RC^d$ | $-1.90535^{**}$ | $-1.99745^{**}$ | $43.0339^{**}$ | 平稳 |
| $\Delta\ln HC^d$ | $-3.86883^{***}$ | $-4.25936^{***}$ | $66.0132^{***}$ | 平稳 |
| $\Delta\ln PC^d$ | $-2.36510^{***}$ | $-2.36747^{***}$ | $55.7394^{***}$ | 平稳 |
| $\Delta\ln KC^{dim}$ | $-3.94161^{***}$ | $-5.92207^{***}$ | $83.0276^{***}$ | 平稳 |
| $\Delta\ln KC^{dex}$ | $-3.87550^{***}$ | $-5.18680^{***}$ | $74.5724^{***}$ | 平稳 |

注：所有变量的面板单位根检验均包含截距项；各检验法原假设都为存在单位根；***、** 分别表示参数在 1％、5％ 水平上显著；表中数值为各方法的检验统计值；所有变量的滞后阶数选择一阶滞后。

表 11-5 显示了中东欧模型的三种面板单位根检验结果，模型（11.4）使用目前主流的 LLC、IPS 和 Fisher-ADF 三种检验方法。可以看出：当对各变量对数

的水平值进行检验时，除全要素生产率 $TFP$、专利资本 $PC^d$ 和数字出口溢出知识资本 $KC^{dex}$ 对数的水平值在 LLC 检验法下分别需要在 1％、1％ 和 5％ 显著性水平上拒绝"存在单位根"的原假设（为平稳序列）外，其余变量对数的水平值在三种检验下均不能拒绝"存在单位根"的原假设，表明各变量对数的水平值存在单位根，为非平稳序列；当对各变量对数的一阶差分进行检验时，除研发资本 $RC^d$ 对数的一阶差分在三种检验法下均需要在 5％ 显著性水平上拒绝"存在单位根"的原假设（为平稳序列）外，其余变量对数的一阶差分在三种检验法下均在 1％ 显著性水平上拒绝"存在单位根"的原假设，为平稳序列。综合以上面板单位根检验结果，可以得出中东欧模型（11.4）中使用的所有变量的对数均为 $I(1)$ 过程。

**表 11-6　面板单位根检验：独联体模型（11.5）**

| 变量 | LLC | IPS | Fisher-ADF | 判断 |
|---|---|---|---|---|
| $\ln TFP$ | $-1.81264^{**}$ | $-1.06079$ | $26.7704$ | 非平稳 |
| $\ln RC^d$ | $2.09831$ | $3.78438$ | $11.8638$ | 非平稳 |
| $\ln HC^d$ | $-1.45982^{*}$ | $-0.49024$ | $22.5968$ | 非平稳 |
| $\ln PC^d$ | $-0.41051$ | $0.84176$ | $13.2923$ | 非平稳 |
| $\ln KC^{dim}$ | $-0.22268$ | $0.28739$ | $15.5877$ | 非平稳 |
| $\ln KC^{dex}$ | $-0.18237$ | $-1.64004^{*}$ | $23.9639$ | 非平稳 |
| $\Delta\ln TFP$ | $-5.08782^{***}$ | $-3.58999^{***}$ | $45.5272^{***}$ | 平稳 |
| $\Delta\ln RC^d$ | $-3.08351^{***}$ | $-2.38839^{***}$ | $37.1858^{**}$ | 平稳 |
| $\Delta\ln HC^d$ | $-6.96043^{***}$ | $-5.18965^{***}$ | $60.2963^{***}$ | 平稳 |
| $\Delta\ln PC^d$ | $-3.82544^{***}$ | $-3.26632^{***}$ | $45.6663^{***}$ | 平稳 |
| $\Delta\ln KC^{dim}$ | $-9.76112^{***}$ | $-8.05044^{***}$ | $85.0678^{***}$ | 平稳 |
| $\Delta\ln KC^{dex}$ | $1.47312$ | $-4.14390^{***}$ | $50.9559^{***}$ | 平稳 |

注：除数字出口溢出知识资本 $KC^{dex}$ 的面板单位根检验仅包含截距项外，其余各变量的面板单位根检验均包含截距项和趋势项；各检验法原假设都为存在单位根；$^{***}$、$^{**}$、$^{*}$ 分别表示参数在 1％、5％、10％ 水平上显著；表中数值为各方法的检验统计值；除数字出口溢出知识资本 $KC^{dex}$ 的滞后阶数选择 3 阶滞后外，其余变量的滞后阶数按照 SIC 准则自动确定。

表 11-6 显示了独联体模型的三种面板单位根检验结果，模型（11.5）使用目前主流的 LLC、IPS 和 Fisher-ADF 三种检验方法。可以看出：当对各变量对数的水平值进行检验时，除全要素生产率 $TFP$ 和人力资本 $HC^d$ 对数的水平值在

LLC 检验法下以及数字出口溢出知识资本 $KC^{dex}$ 对数的水平值在 IPS 检验法下分别需要在 5％、10％和 10％显著性水平上拒绝"存在单位根"的原假设（为平稳序列）外，其余变量对数的水平值在三种检验下均不能拒绝"存在单位根"的原假设，表明各变量对数的水平值存在单位根，为非平稳序列；当对各变量对数的一阶差分进行检验时，除数字出口溢出知识资本 $KC^{dex}$ 对数的一阶差分在 LLC 检验法下不能拒绝"存在单位根"的原假设（为非平稳序列）以及研发资本 $RC^d$ 对数的一阶差分在 Fisher-ADF 检验法下需要在 5％显著性水平上拒绝"存在单位根"的原假设（为平稳序列）外，其余变量数的一阶差分在三种检验法下均在 1％显著性水平上拒绝"存在单位根"的原假设，为平稳序列。综合以上面板单位根检验结果，可以得出独联体模型（11.5）中使用的所有变量的对数均为 $I(1)$ 过程。

### 二、面板协整检验

由以上各沿线区域的单位根检验可知，东（南）亚模型（11.1）、中东欧模型（11.4）和独联体模型（11.5）中各变量的对数都是非平稳的，且均为 $I(1)$ 过程，同时东南亚模型（11.2）中各变量的对数也都是非平稳的，且均为 $I(2)$ 过程，因而这些模型可以进一步利用面板协整检验来考察各模型各变量间是否存在长期均衡关系；对于西亚模型（11.3），虽然被解释变量全要素生产率 $TFP$ 的对数为 $I(1)$ 过程以及五个解释变量均为 $I(2)$ 过程，但被解释变量的单整阶数小于等于解释变量的单整阶数，因而西亚模型（11.3）也可以进行面板协整检验。表 11-7 显示了按"一带一路"沿线划分的各模型 7 种面板协整检验的结果。从表中看出，在 1％或 5％的显著性水平上，模型（11.1）～（11.5）的 7 个统计量中分别有 2 个、4 个、3 个、3 个和 4 个统计量表明面板数据模型是协整的。特别是这五个模型的 Panel ADF 和 Group ADF 统计量都拒绝了模型中不存在协整关系的原假设。根据 Pedroni(2004)蒙特卡罗模拟的结论：在小样本容量下，Panel ADF 和 Group ADF 统计量具有最好的检验效果，当检验结果出现不一致时，要以这两个统计量的结果为准。在本章样本规模下，Panel ADF 和 Group ADF 统计量的检验结果比其他统计量提供了更好的解释力。由此可以判断：东（南）亚模型（11.1）、东南亚模型（11.2）、西亚模型（11.3）、中东欧模型（11.4）和独联体模型（11.5）都是面板协整的，模型中的估计系数代表了变量间的长期均衡关系。

表 11-7　面板协整检验:按"一带一路"沿线划分

| 检验方法 | 统计量 | 统计值 | | | | |
|---|---|---|---|---|---|---|
| | | 东(南)亚模型(11.1) | 东南亚模型(11.2) | 西亚模型(11.3) | 中东欧模型(11.4) | 独联体模型(11.5) |
| Pedroni检验法 | Panel v-Statistic | 0.0963 | −0.7324 | 0.2649 | −4.5783 | −3.1969 |
| | Panel rho-Statistic | 2.2976 | 2.2305 | 2.7414 | 4.5833 | 3.5816 |
| | Panel PP-Statistic | −1.0914 | −2.7152*** | −0.5988 | −0.3511 | −5.1780*** |
| | Panel ADF-Statistic | −2.6153*** | −3.7926*** | −4.5007*** | −2.3107** | −4.9154*** |
| | Group rho-Statistic | 3.1390 | 3.1097 | 3.6915 | 5.5735 | 4.6233 |
| | Group PP-Statistic | −1.0396 | −2.8741*** | −2.2343** | −1.6461** | −3.7514*** |
| | Group ADF-Statistic | −2.6037*** | −3.3609*** | −2.0583** | −1.7543** | −4.6309*** |

注:模型(11.1)~(11.5)的面板协整检验均包含截距项和趋势项,原假设为变量之间不存在协整关系;***、**分别表示参数在1%、5%水平上显著;表中数值为检验统计值;除模型(11.3)的滞后阶数选择8阶滞后外,其余模型的滞后阶数均依据 SIC 准则自动确定。

## 三、面板模型形式选择

表 11-8 是按"一带一路"沿线国家划分的各模型面板形式选择的检验结果,从表中可以看出,就东(南)亚模型(11.1)而言,F 检验结果均拒绝"截面混合"和"时期混合"的原假设。对于 Hausman 检验,由于截面数量限制,无法检验截面随机效应,考虑到经济类数据更多倾向于截面固定效应,因而这里选择拒绝"截面随机效应"的原假设。同时"时期随机效应"的 Hausman 检验结果发现,模型拒绝"选择时期随机效应模型"的原假设,可以判断:东(南)亚模型(11.1)应选择截面时期双固定形式的面板模型;就独联体模型(11.5)而言,F 检验的结果表明,不论是截面项还是时期项,模型均拒绝"选择混合效应模型"的原假设。同时 Hausman 检验结果表明,不论是截面项还是时期项,模型均拒绝"选择随机效应模型"的原假设;就东南亚模型(11.2)和中东欧模型(11.4)而言,F 检验的结果表明,不论是截面项还是时期项,两个模型均拒绝"选择混合效应模型"的原假设。同时 Hausman 检验结果表明,两个模型均接受"截面随机"拒绝"时期随机"的原假设;就西亚模型(11.4)而言,F 检验的结果表明,模型拒绝"截距混合"的原假设和接受"时期混合"的原假设。同时 Hausman 检验结果表明,模型拒绝"截面随机"的原假设和接受"时期随机"的原假设。可以判断:东(南)亚模型(11.1)和独联体模型(11.5)应选择截面时期双固定形式的面板模型,东南亚模型(11.2)和中东欧模型(11.4)应选择截面随机和时期固定形式的面板模型,西

亚模型(11.4)应选择截面固定和时期随机形式的面板模型。

表 11-8  面板模型形式选择:按"一带一路"沿线划分

| 模型 | 检验方法 | 原假设 | 效应类型 | 判断统计值 | 判断结果 | 最终选择 |
|---|---|---|---|---|---|---|
| 东(南)亚模型(11.1) | F:混合效应VS固定效应 | 选择混合效应 | 截面 | 99.28*** | 拒绝原假设 | 截面固定时期固定 |
| | | | 时期 | 33.85*** | 拒绝原假设 | |
| | | | 截面和时期 | 75.35*** | 拒绝原假设 | |
| | Hausman:固定效应VS随机效应 | 选择随机效应 | 截面 | —— | 拒绝原假设 | |
| | | | 时期 | 602.27*** | 拒绝原假设 | |
| | | | 截面和时期 | — | — | |
| 东南亚模型(11.2) | F:混合效应VS固定效应 | 选择混合效应 | 截面 | 440.45*** | 拒绝原假设 | 截面随机时期固定 |
| | | | 时期 | 8.41*** | 拒绝原假设 | |
| | | | 截面和时期 | 128.84*** | 拒绝原假设 | |
| | Hausman:固定效应VS随机效应 | 选择随机效应 | 截面 | 4.98 | 接受原假设 | |
| | | | 时期 | 105.08*** | 拒绝原假设 | |
| | | | 截面和时期 | — | — | |
| 西亚模型(11.3) | F:混合效应VS固定效应 | 选择混合效应 | 截面 | 74.15*** | 拒绝原假设 | 截面固定时期随机 |
| | | | 时期 | 0.79 | 接受原假设 | |
| | | | 截面和时期 | 21.46*** | 拒绝原假设 | |
| | Hausman:固定效应VS随机效应 | 选择随机效应 | 截面 | 18.32*** | 拒绝原假设 | |
| | | | 时期 | 8.75 | 接受原假设 | |
| | | | 截面和时期 | — | — | |
| 中东欧模型(11.4) | F:混合效应VS固定效应 | 选择混合效应 | 截面 | 403.59*** | 拒绝原假设 | 截面随机时期固定 |
| | | | 时期 | 14.58*** | 拒绝原假设 | |
| | | | 截面和时期 | 175.12*** | 拒绝原假设 | |
| | Hausman:固定效应VS随机效应 | 选择随机效应 | 截面 | 4.73 | 接受原假设 | |
| | | | 时期 | 205.63*** | 拒绝原假设 | |
| | | | 截面和时期 | — | — | |

续表

| 模型 | 检验方法 | 原假设 | 效应类型 | 判断统计值 | 判断结果 | 最终选择 |
|---|---|---|---|---|---|---|
| 独联体模型（11.5） | F：混合效应VS固定效应 | 选择混合效应 | 截面 | 177.27*** | 拒绝原假设 | 截面固定时期固定 |
| | | | 时期 | 8.92*** | 拒绝原假设 | |
| | | | 截面和时期 | 59.97*** | 拒绝原假设 | |
| | Hausman：固定效应VS随机效应 | 选择随机效应 | 截面 | 26.58*** | 拒绝原假设 | |
| | | | 时期 | 152.58*** | 拒绝原假设 | |
| | | | 截面和时期 | — | — | |

注：*** 表示参数在1%水平上显著。F检验结果是在选择截面时期双固定环境下运行得到的；Hausman检验由于在截面时期双随机环境下运行无效，因而其统计值是对截面随机和时期随机分别进行运行后得到，表中"—"表示无效或无法检验。

## 四、截面相关、面板异方差和稳健估计方法选择

表11-9是按"一带一路"沿线国家划分的各区域模型截面相关、面板异方差和稳健性估计方法确定的结果。表中可以看出，Pesaran CD检验的结果表明，除独联体模型（10.5）不能拒绝"无截面相关"的原假设外，其余四个模型均拒绝"无截面相关"的原假设（即存在截面相关）。同时LR检验的结果发现，东（南）亚模型（11.1）、东南亚模型（11.2）和西亚模型（11.3）均拒绝"截面同方差"和"时期同方差"的原假设，表明这三个模型均存在截面异方差和时期异方差；而中东欧模型（11.4）和独联体模型（11.5）均拒绝"截面同方差"和接受"时间同方差"的原假设，表明这两个模型均存在截面异方差和时期同方差。综合上述截面相关和面板异方差的检验结果，可以判断：东（南）亚模型（11.1）、东南亚模型（11.2）、西亚模型（11.3）和中东欧模型（11.4）选择White Cross-section作为稳健性估计方法，而独联体模型（11.5）选择Cross-section weights（PCSE）作为稳健性估计方法。

**表 11-9　截面相关、面板异方差和稳健性估计方法选择：按"一带一路"沿线划分**

| 模型 | 检验 | 统计量 | 原假设 | 统计值 | 判断结果 | 稳健估计方法 |
|---|---|---|---|---|---|---|
| 东（南）亚模型（11.1） | 截面相关 | Pesaran CD | 无截面相关 | −3.35*** | 截面相关 | White Cross-section |
| | 截面异方差 | LR | 截面同方差 | 36.54*** | 截面异方差 | |
| | 时期异方差 | LR | 时期同方差 | 24.80*** | 时期异方差 | |

**续表**

| 模型 | 检验 | 统计量 | 原假设 | 统计值 | 判断结果 | 稳健估计方法 |
|------|------|--------|--------|--------|----------|--------------|
| 东南亚模型 (11.2) | 截面相关 | Pesaran CD | 无截面相关 | −1.92* | 截面相关 | White Cross-section |
| | 截面异方差 | LR | 截面同方差 | 65.59*** | 截面异方差 | |
| | 时期异方差 | LR | 时期同方差 | 24.40*** | 时期异方差 | |
| 西亚模型 (11.3) | 截面相关 | Pesaran CD | 无截面相关 | 3.39*** | 截面相关 | White Cross-section |
| | 截面异方差 | LR | 截面同方差 | 159.35*** | 截面异方差 | |
| | 时期异方差 | LR | 时期同方差 | 24.32*** | 时期异方差 | |
| 中东欧模型 (11.4)] | 截面相关 | Pesaran CD | 无截面相关 | −3.05*** | 截面相关 | White Cross-section |
| | 截面异方差 | LR | 截面同方差 | 198.50*** | 截面异方差 | |
| | 时期异方差 | LR | 时期同方差 | 3.60 | 时期同方差 | |
| 独联体模型 (11.5) | 截面相关 | Pesaran CD | 无截面相关 | −1.12 | 无截面相关 | Cross-section weights (PCSE) |
| | 截面异方差 | LR | 截面同方差 | 187.52*** | 截面异方差 | |
| | 时期异方差 | LR | 时期同方差 | 9.83 | 时期同方差 | |

注:***、*分别表示参数在1%、10%水平上显著。

# 第三节　实证分析

## 一、回归结果解释

表 11-10 是按"一带一路"沿线国家划分的面板数据模型回归结果。首先来看东(南)亚模型(11.1)的回归结果。可以发现,模型的拟合效果很好,可决系数 $R^2$ 达到了 0.9877,说明在整个时期,东(南)亚国家全要素生产率变化的 98.77% 可以用各解释变量的变化来解释。就国内知识资本三个投入变量而言,研发资本 $\ln RC^d$ 的系数非常显著,其值为 0.1094,即东(南)亚的全要素生产率对研发资本的弹性为 0.1094,表明东亚与南亚国家的研发资本指数每增长 1%,会促进其全要素生产率指数增长 0.1094%;人力资本 $\ln HC^d$ 的系数非常显著,其值为 −0.0881,即东(南)亚的全要素生产率对人力资本的弹性为 −0.0881,表明东亚与南亚国家的人力资本指数每增长 1%,会导致其全要素生产率指数下降 0.0881%;专利资本 $\ln PC^d$ 的系数非常显著,其值为 −0.0398,即东(南)亚的全要素生产率对专利资本的弹性为 −0.0398,表明东亚与南亚国家的专利资本

指数每增长 1%,会导致其全要素生产率指数下降 0.0398%;就数字贸易两种溢出渠道而言,基于数字进口溢出的国际知识资本 $\ln KC^{dim}$ 的系数虽然为正(0.0119),但并不显著,表明数字进口溢出渠道对东亚与南亚国家全要素生产率的影响并不明显;基于数字出口溢出的国际知识资本 $\ln KC^{dex}$ 的系数非常显著,其值为 0.0425,即东(南)亚国家的全要素生产率对数字出口溢出渠道的弹性为 0.0425,表明基于数字出口溢出的国际知识资本指数每增长 1%,会促进东亚与南亚国家的全要素生产率指数增长 0.0425%。

接着看东南亚模型(11.2)的回归结果。模型的拟合效果很好,可决系数 $R^2$ 达到了 0.9184,说明在整个时期,东南亚国家全要素生产率变化的 91.84% 可以用各解释变量的变化来解释。就国内知识资本三个投入变量而言,研发资本 $\ln RC^d$ 的系数非常显著,其值为 0.2683,即东南亚的全要素生产率对研发资本的弹性为 0.2683,表明东南亚国家的研发资本指数每增长 1%,会促进其全要素生产率指数增长 0.2683%;人力资本 $\ln HC^d$ 的系数非常显著,其值为 -0.0494,即东南亚的全要素生产率对人力资本的弹性为 -0.0494,表明东南亚国家的人力资本指数每增长 1%,会导致其全要素生产率指数下降 -0.0494%;专利资本 $\ln PC^d$ 的系数非常显著,其值为 -0.1128,即东南亚的全要素生产率对专利资本的弹性为 -0.1128,表明东南亚国家的专利资本指数每增长 1%,会导致其全要素生产率指数下降 0.1128%;就数字贸易两种溢出渠道而言,基于数字进口溢出的国际知识资本 $\ln KC^{dim}$ 的系数为负的 0.0194,但并不显著,表明数字进口溢出渠道对东南亚全要素生产率的影响并不明显;基于数字出口溢出的国际知识资本 $\ln KC^{dex}$ 的系数非常显著,其值为 0.0114,即东南亚国家的全要素生产率对数字出口溢出渠道的弹性为 0.0114,表明基于数字出口溢出的国际知识资本指数每增长 1%,会促进东南亚国家的全要素生产率指数增长 0.0114%。

然后看西亚模型(11.3)的回归结果。模型的拟合效果较好,可决系数 $R^2$ 达到了 0.9523,说明在整个时期,西亚国家全要素生产率变化的 95.23% 可以用各解释变量的变化来解释。就国内知识资本三个投入变量而言,研发资本 $\ln RC^d$、人力资本 $\ln HC^d$ 和专利资本 $\ln PC^d$ 的系数均为正,其值分别为 0.0854、0.0403 和 0.0304,但并不显著,表明国内知识资本(研发资本、人力资本和专利资本)对西亚国家全要素生产率的影响并不明显;就数字贸易溢出渠道而言,基于数字进口溢出的国际知识资本 $\ln KC^{dim}$ 的系数显著为正,其值为 0.0392,即西亚的全要素生产率对数字进口溢出渠道的弹性为 0.0392,表明基于数字进口溢出的国际知识资本指数每增长 1%,会促进西亚国家的全要素生产率指数增长

0.0392%;基于数字出口溢出的国际知识资本 $\ln KC^{dex}$ 的系数虽然为正 (0.0036),但并不显著,表明数字出口溢出渠道对西亚国家全要素生产率的影响并不明显。

再看中东欧模型(11.4)的回归结果。模型的拟合效果较好,可决系数 $R^2$ 达到了 0.7884,说明在整个时期,中东欧国家全要素生产率变化的 78.84% 可以用各解释变量的变化来解释。就国内知识资本三个投入变量而言,研发资本 $\ln RC^d$ 的系数非常显著,其值为 0.0843,即中东欧的全要素生产率对研发资本的弹性为 0.0843,表明中东欧的研发资本指数每增长 1%,会促进其全要素生产率指数增长 0.0843%;人力资本 $\ln HC^d$ 的系数虽然为正(0.0315),但并不显著,表明人力资本对中东欧国家全要素生产率的影响并不明显;专利资本 $\ln PC^d$ 的系数非常显著,其值为 0.1104,即中东欧的全要素生产率对专利资本的弹性为 0.1104,表明中东欧国家的专利资本指数每增长 1%,会促进其全要素生产率指数增长 0.1104%;就数字贸易两种溢出渠道而言,基于数字进口溢出的国际知识资本 $\ln KC^{dim}$ 的系数虽然为正(0.0235),但并不显著,表明数字进口溢出渠道对中东欧全要素生产率的影响并不明显;基于数字出口溢出的国际知识资本 $\ln KC^{dex}$ 的系数非常显著,其值为 0.0608,即中东欧国家的全要素生产率对数字出口溢出渠道的弹性为 0.0608,表明基于数字出口溢出的国际知识资本指数每增长 1%,会促进中东欧国家的全要素生产率指数增长 0.0608%。

最后看独联体模型(11.5)的回归结果。模型的拟合效果较好,可决系数 $R^2$ 达到了 0.9540,说明在整个时期,独联体国家全要素生产率变化的 95.40% 可以用各解释变量的变化来解释。就国内知识资本三个投入变量而言,研发资本 $\ln RC^d$ 的系数非常显著,其值为 $-0.5616$,即独联体的全要素生产率对研发资本的弹性为 $-0.5616$,表明独联体国家的研发资本指数每增长 1%,会导致其全要素生产率指数下降 0.5616%;人力资本 $\ln HC^d$ 的系数为负的 0.0720,但并不显著,表明人力资本对独联体国家全要素生产率的影响并不明显;专利资本 $\ln PC^d$ 的系数非常显著,其值为 0.8868,即独联体的全要素生产率对专利资本的弹性为 0.8868,表明独联体国家的专利资本指数每增长 1%,会促进其全要素生产率指数增长 0.8868%;就数字贸易溢出渠道而言,基于数字进口溢出的国际知识资本 $\ln KC^{dim}$ 的系数为 $-0.0054$,但并不显著,表明数字进口溢出渠道对独联体全要素生产率的影响并不明显;基于数字出口溢出的国际知识资本 $\ln KC^{dex}$ 的系数非常显著,其值为 $-0.0994$,即独联体国家的全要素生产率对数字出口溢出渠道的弹性为 $-0.0994$,表明基于数字出口溢出的国际知识资本指数每增长 1%,

会导致独联体国家的全要素生产率指数下降 0.0994%。

表 11-10　　回归结果:按"一带一路"沿线划分

| 解释变量 | 东(南)亚 模型(11.1) | 东南亚 模型(11.2) | 西亚 模型(11.3) | 中东欧 模型(11.4) | 独联体 模型(11.5) |
|---|---|---|---|---|---|
| $C$ | 0.5093*** (26.6052) | 0.7389*** (40.2268) | 0.9326*** (48.8087) | 0.8415*** (67.4488) | 0.4805*** (10.4910) |
| $\ln RC^d$ | 0.1094*** (3.9941) | 0.2683*** (5.1998) | 0.0854 (1.1507) | 0.0843* (1.9154) | −0.5616*** (−3.5491) |
| $\ln HC^d$ | −0.0881*** (−6.9272) | −0.0494*** (−7.0842) | 0.0403 (0.9638) | 0.0315 (1.1115) | −0.0720 (−1.5684) |
| $\ln PC^d$ | −0.0398* (−1.9676) | −0.1128* (−1.8205) | 0.0304 (1.2332) | 0.1104*** (8.3688) | 0.8868*** (3.7336) |
| $\ln KC^{dim}$ | 0.0119 (0.8860) | −0.0194 (−1.7088) | 0.0392* (1.8923) | 0.0235 (0.8798) | −0.0054 (−0.3198) |
| $\ln KC^{dex}$ | 0.0425*** (3.9727) | 0.0114** (2.1652) | 0.0036 (0.1032) | 0.0608*** (4.7495) | −0.0994** (−2.0223) |
| 可决系数 $R^2$ | 0.9877 | 0.9184 | 0.9523 | 0.7884 | 0.9540 |
| 样本容量 | 95 | 114 | 152 | 247 | 190 |
| 模型形式 | 截面固定 时期固定 | 截面随机 时期固定 | 截面固定 时期随机 | 截面随机 时期固定 | 截面固定 时期固定 |
| 稳健估计方法 | White Cross-section | White Cross-section | White Cross-section | White Cross-section | Cross-section weights(PCSE) |

注:***、**、*分别表示有关变量的系数在 1%、5% 和 10% 水平上显著的异于零;各解释变量括号中的数值为 $t$ 统计值。

## 二、实证结果的进一步分析与结论

(1)对东(南)亚(即东亚与南亚)沿线国家来说,国内外知识资本变量对全要素生产率的影响作用存在差异性,其中只有国内研发投入和数字出口溢出知识资本具有显著的促进作用,数字进口溢出知识资本的作用为正,但不显著,而人力资本和专利资本的作用显著为负。各个变量的促进效果顺序为:研发资本(0.1094)>数字出口溢出知识资本(0.0425)>数字进口溢出知识资本(0.0119,不显著)>专利资本(−0.0398)>人力资本(−0.0881)。对东亚和南亚沿线国家来说,国内知识资本已成为促进其全要素生产率提升的最主要动力,但其中起促进作用的只是研发资本,人力资本和专利资本则具有抑制效果;此外,数字贸易渠道也已经成为东亚和南亚国家全要素生产率提升的重要来源,但其中起作用的只是数字出口溢出渠道,数字进口溢出渠道的促进作用不明显。

(2)对东南亚沿线国家来说,国内外知识资本变量对全要素生产率的影响作用存在差异性,其中只有国内研发资本和数字出口溢出知识资本具有显著的促进作用,数字进口溢出知识资本的作用为负,但不显著,而人力资本和专利资本的作用显著为负。各个变量的促进效果顺序为:研发资本(0.2683)>数字出口溢出知识资本(0.0114)>数字进口溢出知识资本(-0.0194,不显著)>人力资本(-0.0494)>专利资本(-0.1128)。与东亚和南亚的情况类似,对东南亚沿线国家来说,国内知识资本已成为促进其全要素生产率提升的最主要动力,但其中起促进作用的只是研发资本,人力资本和专利资本则具有抑制效果;此外,数字贸易渠道也已经成为东南亚国家全要素生产率提升的重要来源,但其中起作用的只是数字出口溢出渠道,数字进口溢出渠道的促进作用则不明显。

(3)对西亚沿线国家来说,国内外知识资本变量对全要素生产率的影响作用方向一致,但促进效果较小或不显著,其中只有数字进口溢出知识资本具有显著的促进作用,而其余变量的促进作用都不明显。各个变量的促进效果顺序为:数字进口溢出知识资本(0.0392)>研发资本(0.0854,不显著)>人力资本(0.0403,不显著)>专利资本(0.0304,不显著)>数字出口溢出知识资本(0.0036,不显著)。对西亚沿线国家来说,数字贸易渠道是促进其全要素生产率提升的最主要动力,但其中起促进作用的只是数字进口溢出渠道,数字出口溢出渠道的促进作用不明显;此外,研发资本、人力资本和专利资本的影响系数均不显著,表明国内知识资本并没有成为西亚沿线国家全要素生产率提升的重要渠道。

(4)对中东欧沿线国家来说,国内外知识资本变量对全要素生产率的影响作用方向比较一致,其中只有人力资本和数字进口溢出知识资本的促进作用不明显,其余变量对全要素生产率均具有显著的促进作用。各个变量的促进效果顺序为:专利资本(0.1104)>研发资本(0.0843)>数字出口溢出知识资本(0.0608)>人力资本(0.0315,不显著)>数字进口溢出知识资本(0.0235,不显著)。对中东欧沿线国家来说,国内知识资本是促进其全要素生产率提升的最主要动力,但其中起促进作用的只是专利资本和研发资本,人力资本的促进作用较小且不显著;此外,数字贸易渠道也是中东欧沿线国家全要素生产率提升的重要来源,但其中起作用的只是数字出口溢出渠道,数字进口溢出渠道的促进作用不显著。

(5)对独联体沿线国家来说,国内外知识资本变量对全要素生产率的影响作用存在差异性,其中只有专利资本具有显著的促进作用,人力资本和数字进口溢出知识资本的作用为负,但不显著,而研发资本和数字出口溢出知识资本的作用显著为负。各个变量的促进效果顺序为:专利资本(0.8868)>数字进口溢出知识资本(-0.0054,不显著)>人力资本(-0.0720,不显著)>数字出口溢出知识资本(-0.0994)>研发资本(-0.5616)。对独联体沿线国家来说,国内知识资本是促进其全要素生产率提升的最主要动力,但其中起促进作用的只是专利资本,人力资本和研发资本的促进作用不明显甚至为负;此外,数字出口溢出渠道的影响系数显著为负,而数字进口溢出渠道的影响系数不显著,表明数字贸易溢出并没有成为独联体国家全要素生产率提升的重要渠道。

(6)通过比较"一带一路"沿线五个区域的国内外知识资本各变量的影响系数,发现研发资本对东南亚沿线国家全要素生产率的促进作用最大,遵循的是东南亚(0.2683)>东(南)亚(0.1094)>中东欧(0.0843)>西亚(0.0854,不显著)>独联体(-0.5616);人力资本对五个沿线区域国家全要素生产率的影响均不明显甚至为负,遵循的是西亚(0.0403,不显著)>中东欧(0.0315,不显著)>独联体(-0.0720,不显著)>东南亚(-0.0494)>东(南)亚(-0.0881);专利资本对独联体全要素生产率的促进作用最大,遵循的是独联体(0.8868)>中东欧(0.1104)>西亚(0.0304,不显著)>东(南)亚(-0.0398)>东南亚(-0.1128);数字进口溢出知识资本对西亚全要素生产率的促进作用最大,遵循的是西亚(0.0392)>中东欧(0.0235,不显著)>东(南)亚(0.0119,不显著)>独联体(-0.0054,不显著)>东南亚(-0.0194,不显著);数字出口溢出知识资本对中东欧全要素生产率的促进作用最大,遵循的是中东欧(0.0608)>东(南)亚(0.0425)>东南亚(0.0114)>西亚(0.0036,不显著)>独联体(-0.0994)。

# 参考文献

[1]柏丹,2013.企业价值导向的智力资本评估方法[M].北京:科学出版社.

[2]蔡昉,2013.中国经济增长如何转向全要素生产率驱动型[J].中国社会科学(1):56-71.

[3]蔡伟毅,陈学识,2010.国际知识溢出与中国技术进步实证研究[J].世界经济研究,(5),52-57,88.

[4]蔡晓陈,2012.中国二元经济结构变动与全要素生产率周期性——基于原核算与对偶核算 TFP 差异的分析[J].管理世界,(6),8-16,59.

[5]蔡震坤,綦建红,2021.工业机器人的应用是否提升了企业出口产品质量——来自中国企业数据的证据[J].国际贸易问题(10):17-33.

[6]陈超,2016.进口贸易、FDI 与国际知识资本溢出——来自跨国面板数据的经验分析[J].世界经济研究(2):90-100,137.

[7]陈刚,2010.R&D 溢出、制度和生产率增长[J].数量经济技术经济研究,27(10),64-77,115.

[8]陈寰琦,2020.签订"跨境数据自由流动"能否有效促进数字贸易——基于 OECD 服务贸易数据的实证研究[J].国际经贸探索,36(10),4-21.

[9]陈继林,汪可,陶志翔,2005.知识资本与中部崛起[M].北京:民族出版社.

[10]陈钰芬,2006.区域智力资本测度指标体系的构建[J].统计研究(2):24-29.

[11]陈则孚,2003.知识资本:理论、运行及知识产业化[M].北京:经济管理出版社.

[12]程惠芳,陈超,2017.开放经济下知识资本与全要素生产率——国际经验与中国启示[J].经济研究,52(10),21-36.

[13]程惠芳,陈超,2016.海外知识资本对技术进步的异质性溢出效应——基于

G20 国家面板数据的比较研究[J]. 国际贸易问题,(6),58-69.

[14]邓力群,2011. 我国 R&D 投入对 TFP 贡献的实证分析[J]. 南京社会科学,(4),152-156.

[15]董小君,郭晓婧,2021. 美日欧数字贸易发展的演变趋势及中国应对策略[J]. 国际贸易,(3),27-35.

[16]范徵,2013. 企业知识资本管理:人力与组织资本互动转化机制探究的视角[M]. 北京:企业管理出版社.

[17]方希桦,包群,赖明勇,2004. 国际技术溢出:基于进口传导机制的实证研究[J]. 中国软科学,(7),58-64.

[18]傅元略,2002. 企业智力资本与企业资本结构优化[J]. 中国工业经济,(3),83-90.

[19]高拴平,李梓元,2020. 提高数字贸易国际竞争力的战略选择[J]. 群言,(9),17-20.

[20]高亚莉,张薇,李再扬,2009. 2000—2007 年我国区域智力资本的测量[J]. 情报杂志,28(9),83-87,45.

[21]郭庆旺,赵志耘,贾俊雪,2005. 中国省份经济的全要素生产率分析[J]. 世界经济,(5),46-53,80.

[22]郭庆旺,贾俊雪,2005. 中国全要素生产率的估算:1979—2004[J]. 经济研究,(6),51-60.

[23]郭俊华,2005. 并购企业知识资本协同理论研究[M]. 上海:华东师范大学出版社.

[24]关兵,2009. 出口贸易与全要素生产率——基于中国各省面板数据的实证分析[J]. 经济管理,31(11),32-37.

[25]关兵,2010. 出口贸易与全要素生产率增长的动态效应分析——基于中国省际面板数据的角度[J]. 国际商务(对外经济贸易大学学报),(6),74-80.

[26]黄汉民,2003. 企业发展的组织资源能力研究[M]. 北京:中国财政经济出版社.

[27]黄先海,王瀚迪,2022. 数字产品进口,知识存量与企业数字创新[J]. 浙江大学学报(人文社会科学版),52(2),28-43.

[28]焦知岳,吕悦,2021. 出口技术溢出与经济增长关系研究——基于我国东南沿海地区的面板数据[J]. 商业经济,(2),86-88,131.

[29]金剑,2007. 生产率增长测算方法的系统研究[D]. 博士学位论文. 东北财经大学.

[30]蒋萍,谷彬,2009.中国服务业 TFP 增长率分解与效率演进[J].数量经济技术经济研究,26(8),44-56.

[31]赖明勇,许和连,包群,2004.出口贸易与中国经济增长理论问题[J].求索,(3),4-8.

[32]蓝庆新,窦凯,2019.基于"钻石模型"的中国数字贸易国际竞争力实证研究[J].社会科学,(3),44-54.

[33]李宾,曾志雄,2009.中国全要素生产率变动的再测算:1978～2007 年[J].数量经济技术经济研究,26(3),3-15.

[34]李冬伟,李建良,2011.基于知识价值链的智力资本构成要素实证研究[J].科学学研究,29(6),890-899.

[35]李轩,李珮萍,2021."一带一路"主要国家数字贸易水平的测度及其对中国外贸成本的影响[J].工业技术经济,40(3),92-101.

[36]李俊,李西林,王拓,2021.数字贸易概念内涵、发展态势与应对建议[J].国际贸易,(5),12-21.

[37]李梅,柳士昌,2011.国际 R&D 溢出渠道的实证研究——来自中国省际面板的经验证据[J].世界经济研究,(10),62-68,89.

[38]李平,2006.国家智力资本理论研究现状及启示[J].重庆工商大学学报.西部论坛,(3),63-67.

[39]李冬伟,2012.提升企业价值新途径:基于知识价值链的智力资本价值创造[M].成都:西南交通大学出版社.

[40]李平,2007.企业智力资本开发理论与方法[M].哈尔滨:哈尔滨工程大学出版社.

[41]李忠民,周维颖,田仲,2014.数字贸易:发展态势,影响及对策[J].国际经济评论,(6),131-144

[42]刘炳瑛,2001.知识资本论:21 世纪人力资源开发利用走势[M].北京:中共中央党校出版社.

[43]刘国武,李卫星,2006.知识企业的主导生产要素:知识资本——基于"概念格"理论的推论[J].财经研究,(12),130-139.

[44]刘佳琪,孙浦阳,2021.数字产品进口如何有效促进企业创新——基于中国微观企业的经验分析[J].国际贸易问题,(8),38-53.

[45]刘凤朝,徐茜,韩姝颖,孙玉涛,2011.全球创新资源的分布特征与空间差异——基于 OECD 数据的分析[J].研究与发展管理,23(1),11-16,30.

[46]刘国武,2004.知识资本蚀耗价值研究[M].北京:中国财政经济出版社.

[47]刘亚军,2012.企业技术创新绩效提升与战略:基于智力资本、吸收能力及创新文化的影响[M].北京:中央编译出版社.

[48]陆菁,傅诺,2018.全球数字贸易崛起:发展格局与影响因素分析[J].社会科学战线,(11),57-66,281,2.

[49]吕大国,耿强,2015.出口贸易与中国全要素生产率增长——基于二元外贸结构的视角[J].世界经济研究,(4),72-79,128.

[50]马述忠,房超,2021.跨境电商与中国出口新增长——基于信息成本和规模经济的双重视角[J].经济研究,56(6),159-176.

[51]马述忠,房超,梁银锋,2018.数字贸易及其时代价值与研究展望[J].国际贸易问题,(10),16-30.

[52]Ozyurt,Selin,2009.中国工业的全要素生产率:1952—2005[J].世界经济文汇,(5),1-16.

[53]彭旸,刘智勇,肖竞成,2008.对外开放、人力资本与区域技术进步(1996—2005)[J].世界经济研究,(6),24-28,86.

[54]仇元福,潘旭伟,顾新建,2002.知识资本构成分析及其技术评价[J].中国软科学(10):116-120.

[55]沈玉良,彭羽,高疆,陈历幸,2021.数字贸易发展新动力:RTA数字贸易规则方兴未艾——全球数字贸易促进指数分析报告(2020)[J].世界经济研究,(1),3-16,134.

[56]沈能,李富有,2012.技术势差、进口贸易溢出与生产率空间差异——基于双门槛效应的检验[J].国际贸易问题,(9),108-117.

[57]苏伟伦,2002.企业智慧资本管理[M].北京:经济日报出版社.

[58]隋莉萍,2011.基于智力资本的高技术企业绩效评价指标体系研究[M].北京:北京师范大学出版社.

[59]孙琳琳,任若恩,2005.中国资本投入和全要素生产率的估算[J].世界经济,(12),3-13.

[60]涂正革,肖耿,2006.中国工业增长模式的转变——大中型企业劳动生产率的非参数生产前沿动态分析[J].管理世界,(10),57-67,81.

[61]谭劲松,2006.关于中国管理学科定位的讨论[J].管理世界,(2),71-79.

[62]谭劲松,2001.智力资本会计研究[M].北京:中国财政经济出版社.

[63]万君康,梅小安,2006.企业知识资本管理及其绩效评价:企业快速获取竞

争优势及谋求可持续发展的新思路[M].北京:机械工业出版社.

[64]万晓榆,罗焱卿,2022.数字经济发展水平测度及其对全要素生产率的影响效应[J].改革,(1),101-118.

[65]王冬,韩伯棠,韩磊,2016.中国由 ICT 渠道获取的国际 R&D 溢出门槛效应[J].北京理工大学学报(社会科学版),18(2),46-52.

[66]王智新,2020."一带一路"沿线国家数字贸易营商环境的统计测度[J].统计与决策,36(19),47-51.

[67]王爱华,王艳真,2021.中日跨境数字贸易规模测度分析[J].现代日本经济,40(1),43-55.

[68]王孝斌,陈武,王学军,2009.区域智力资本与区域经济发展[J].数量经济技术经济研究,(3),16-31.

[69]王英,刘思峰,2008.国际技术外溢渠道的实证研究[J].数量经济技术经济研究,(4),153-161.

[70]王曦,舒元,才国伟,2007.我国国有经济的双重目标与 TFP 核算的微观基础[J].经济学(季刊),(1),25-38.

[71]王学军,陈武,2008.区域智力资本与区域创新能力的关系——基于湖北省的实证研究[J].中国工业经济,(9),25-36.

[72]王开明,2006.企业的知识资本:资源基础论的观点[M].武汉:中国地质大学出版社.

[73]王月欣,2010.企业智力资本价值与评价研究[M].北京:新华出版社.

[74]魏下海,王岳龙,2010.城市化、创新与全要素生产率增长——基于省际面板数据的经验研究[J].财经科学,(3),69-76.

[75]问泽霞,2014.高技术产品进口溢出与我国全要素生产率的实证研究[J].宏观经济研究,(12),140-145.

[76]吴军,2009.环境约束下中国地区工业全要素生产率增长及收敛分析[J].数量经济技术经济研究,26(11),17-27.

[77]吴中伦,2011.企业知识资本的内涵界定与结构划分[J].企业经济,30(6),31-34.

[78]谢建国,周露昭,2009.进口贸易、吸收能力与国际 R&D 技术溢出:中国省区面板数据的研究[J].世界经济,32(9),68-81.

[79]徐盈之,赵玥,2009.中国信息服务业全要素生产率变动的区域差异与趋同分析[J].数量经济技术经济研究,26(10),49-60,86.

[80]徐程兴,2003.企业智力资本报告的探讨[J].中国工业经济,(8),70-75,96.

[81]杨震宁,侯一凡,李德辉,吴晨,2021.中国企业"双循环"中开放式创新网络的平衡效应——基于数字赋能与组织柔性的考察[J].管理世界,37(11),184-205,12.

[82]叶明确,方莹,2013.出口与我国全要素生产率增长的关系——基于空间杜宾模型[J].国际贸易问题,(5),19-31.

[83]易平涛,张丹宁,郭亚军,高立群,2009.动态综合评价中的无量纲化方法[J].东北大学学报(自然科学版),30(6),889-892.

[84]余泳泽,刘冉,杨晓章,2016.我国产业结构升级对全要素生产率的影响研究[J].产经评论,7(4),45-58.

[85]袁庆宏,2001.企业智力资本管理[M].北京:经济管理出版社.

[86]原毅军,柏丹,2009.智力资本的价值评估与战略管理[M].大连:大连理工大学出版社.

[87]岳云嵩,李柔,2020.数字服务贸易国际竞争力比较及对我国启示[J].中国流通经济,34(4),12-20.

[88]岳书敬,刘朝明,2006.人力资本与区域全要素生产率分析[J].经济研究,(4),90-96,127.

[89]章上峰,许冰,2009.时变弹性生产函数与全要素生产率[J].经济学(季刊),8(2),551-568.

[90]张先锋,丁亚娟,王红,2010.中国区域全要素生产率的影响因素分析——基于地理溢出效应的视角[J].经济地理,30(12),1955-1960.

[91]张心悦,闵维方,2021.教育在提高全要素生产率中的作用研究——基于线性与非线性视角[J].北京大学教育评论,19(3),101-124,191.

[92]张晴,于津平,2021.制造业投入数字化与全球价值链中高端跃升——基于投入来源差异的再检验[J].财经研究,47(9),93-107.

[93]张文贤,傅顾,2006.以人力资本为中心的资本结构体系[J].经济学家,(3),83-88.

[94]张炜,王重鸣,2007.高技术企业智力资本形成机制的实证研究[J].科学学研究,(4),729-733,717.

[95]张炳发,2006.企业知识资本投资绩效研究[M].北京:经济科学出版社.

[96]张祥,1999.知识经济与国际经济贸易[M].北京:中国对外经济贸易出版社.

[97]郑伟,钊阳,2020.数字贸易:国际趋势及我国发展路径研究[J].国际贸易,
(4),56-63.

[98]郑美群,2006.基于智力资本的高技术企业绩效形成机理研究[D].博士学位论文.吉林大学.

[99]朱勇,1999.新增长理论[M].北京:商务印书馆.

[100]Abdih, Y. , & Joutz, F. (2006). Relating the knowledge production function to total factor productivity: An endogenous growth puzzle. *IMF Staff Papers*,53(2),242-271.

[101]Acharya, R. C. , & Keller, W. (2009). Technology transfer through imports. *Canadian Journal of Economics*,42(4),1411-1448.

[102]Aghion, P. , & Howitt, P. (2007). Capital, innovation, and growth accounting. *Oxford Review of Economic Policy*,23(1),79-93.

[103]Alvarez, R. , & López, R. A. (2008). Is exporting a source of productivity spillovers? *Review of World Economics*,144(4),723-749.

[104]Ang, J. B. , & Madsen, J. B. (2013). International R and D trade, patents and international technology diffusion. *Economic Inquiry*, 51(2),1523-1541.

[105]Arcelus, F. J. , & Arocena, P. (2000). Convergence and productive efficiency in fourteen OECD countries: a non - parametric frontier approach. *International Journal of Production Economics*, 66 (2), 105-117.

[106]Archibugi, D. , & Coco, A. (2004). A new indicator of technological capabilities for developed and developing countries (ArCo). *World Development*,32(4),629-654.

[107]Arrow, K. J. (1962). The economic implications of learning by doing. *Review of Economic Studies*,29(3),155-173.

[108]Lucas, R. E. (1990). Why doesn't capital flow from rich to poor countries?. The American economic review,80(2),92-96.

[109]Benhabib, J. , & Spiegel, M. M. (1994). The role of human capital in economic development evidence from aggregate cross - country data. *Journal of Monetary Economics*,34(2),143-173.

[110]Barro R J. (1995). and Sala-i-Martin X, Economic growth, New York: McGraw Hill.

[111]Bodman, P. , & Le, T. (2013). Assessing the roles that absorptive capacity and economic distance play in the foreign direct investment-productivity growth nexus. *Applied Economics*, 45(8),1027-1039.

[112] Bontis, N. (2004). National Intellectual Capital Index: A United Nations initiative for the Arab region. *Journal of Intellectual Capital*, 5(1),13-39.

[113] Bounfour, A. , & Edvinsson, L. (2012). Intellectual capital for communities: Nations, regions, and cities. In *Intellectual Capital for Communities: Nations, Regions, and Cities*,1-348.

[114] Braconier, H. , & Sjöholm, F. (1998). National and international spillovers from R&D: Comparing a neoclassical and an endogenous growth approach. *Weltwirtschaftliches Archiv*, 134(4), 638-663.

[115]Branstetter. (1998). Looking for international knowledge spillovers a review of the literature with suggestions for new approaches. *Annales d'Économie et de Statistique*, 49/50, 517.

[116]Brezis, E. S. , Krugman, P. R. , & Tsiddon, D. (1993). Leapfrogging in international competition: A theory of cycles in national technological leadership. *American Economic Review*, 83(5),1211-1219.

[117] Brooking, A. (1996). Intellectual capital. Core asset for the third millennium enterprise, London: International Thomson Business Press.

[118]Cameron, G. , Proudman, J. , & Redding, S. (2005). Technological convergence, R&D, trade and productivity growth. *European Economic Review*, 49(3), 775-807.

[119]Carlaw, K. I. , & Lipsey, R. G. (2003). Productivity, technology and economic growth: What is the relationship? *Journal of Economic Surveys*, 17(3),457-495.

[120]Castillo, L. L. , Salem, D. S. , & Guasch, J. L. (2011). Innovative and absorptive capacity of international knowledge: An empirical analysis of productivity sources in Latin American countries. *Latin American Business Review*, 12(4), 309-335.

[121]Chen, J. , & Zhu, Z. Xie H. Y. (2004). Measuring intellectual capital: A new model and empirical study. *Journal of Intellectual Capital*, 5 (1), 195-212.

[122]Ciruelos, A. , & Wang, M. (2005). International technology diffusion: Effects of trade and FDI. *Atlantic Economic Journal*, 33(4),437-449.

[123]Coe, D. T. , & Helpman, E. (1995). International R&D spillovers. *European Economic Review*, 39, 859-887.

[124]Coe, D. T. , Helpman, E. , & Hoffmaister, A. W. (1997). North-south R&D spillovers. *Economic Journal*, 107(440), 134-149.

[125] Coe, D. T. , Helpman, E. , & Hoffmaister, A. W. (2009). International R&D spillovers and institutions. *European Economic Review*, 53(7), 723-741.

[126]Crespo, J. , Martín, C. , & Velázquez, F. J. (2004). The role of international technology spillovers in the economic growth of the OECD countries. *Global Economy Journal*, 4(2), 1850021.

[127]Damijan, J. P. , Rojec, M. , Majcen, B. , & Knell, M. (2013). Impact of firm heterogeneity on direct and spillover effects of FDI: Micro-evidence from ten transition countries. *Journal of Comparative Economics*, 41(3), 895-922.

[128]Del Barrio-Castro, T. , López-Bazo, E. , & Serrano-Domingo, G. (2002). New evidence on international R&D spillovers, human capital and productivity in the OECD. *Economics Letters*, 77(1), 41-45.

[129] Dzinkowski, R. (2000). The measurement and management of intellectual capital: An introduction. *Management Accounting*, 32-36.

[130] Edvinsson, L. , & Sullivan, P. (1996). Developing a model for managing intellectual capital. *European Management Journal*, 14(4), 356-364.

[131] Engström, T. E. j. , Westnes, P. , &Westnes, S. F. (2003). Evaluating intellectual capital in the hotel industry. *Journal of Intellectual Capital*, 4(3), 287-303.

[132]Eaton, J. , & Kortum, S. (1999). International technology diffusion: Theory and measurement. *International Economic Review*, 40(3), 537-570.

[133]Evenson, R. E. , & Westphal, L. E. (1995). Chapter 37 Technological change and technology strategy. *Handbook of Development Economics*, 3(PART A), 2209-2299.

[134] Feder, G. (1983). On exports and economic growth. *Journal of Development Economics*, 12(1-2), 59-73.

[135]Fefer, R. F. , Akhtar, S. I. , & Morrison, W. M. (2017). Digital trade and U. S. trade policy. Current politics and economics of the United States, Canada and Mexico, 19(1), 1-52.

[136]Frantzen, D. (1998). R&D efforts, international technology spillovers and the evolution of productivity in industrial countries. *Applied Economics*, 30(11), 1459-1469.

[137]Frantzen, D. (2002). Intersectoral and international R&D knowledge spillovers and total factor productivity. *Scottish Journal of Political Economy*, 49(3), 280-303.

[138]Funk, M. (2001). Trade and international R&D spillovers among OECD countries. *Southern Economic Journal*, 67(3),725-736.

[139]Griffith, R. , Redding, S. , & Van Reenen, J. (2004). Mapping the two faces of R&D: Productivity growth in a panel of OECD industries. *Review of Economics and Statistics*, 86(4), 883-895.

[140]Griliches, Z. (1979). Issues in assessing the contribution of research and development to productivity growth. *The Bell Journal of Economics*, 10(1),92-116.

[141] Gutierrez, L. , & Gutierrez, M. M. (2003). International R&D spillovers and productivity growth in the agricultural sector. A panel cointegration approach. *European Review of Agricultural Economics*, 30(3), 281-303.

[142]Harrison, S. , & Sullivan, P. H. (2000). Profiting from intellectual capital: Learning from leading companies. *Industrial and Commercial Training*, 32(4), 139-148.

[143]Henry, M. , Kneller, R. , & Milner, C. (2009). Trade, technology transfer and national efficiency in developing countries. *European Economic Review*, 53(2), 237-254.

[144]Herzer, D. (2012). Outward FDI, total factor productivity and domestic output: evidence from Germany. *International Economic Journal*, 26 (1), 155-174.

[145] Coe, D. T., Helpman, E., & Hoffmaister, A. W. (2009). International R&D spillovers and institutions. European Economic Review, 53(7), 723-741.

[146]Im, K. S., Pesaran, M. H., & Shin, Y. (2003). Testing for unit roots in heterogeneous panels. *Journal of Econometrics*, 115(1), 53-74.

[147]Jalles, J. T. (2010). How to measure innovation? New evidence of the technology-growth linkage. *Research in Economics*, 64(2), 81-96.

[148]Johnson, W. H. A. (1999). Integrative taxonomy of intellectual capital: Measuring the stock and flow of intellectual capital components in the firm. *International Journal of Technology Management*, 18 (5), 562-575.

[149]Joia, L. A. (2000). Measuring intangible corporate assets: Linking business strategy with intellectual capital. *Journal of Intellectual Capital*, 1(1), 68-84.

[150]Jordan, J., & Jones, P. (1997). Assessing your company's knowledge management style. *Long Range Planning*, 30(3), 392-398.

[151]Kang, S. C., & Snell, S. A. (2009). Intellectual capital architectures and ambidextrous learning: A framework for human resource management. *Journal of Management Studies*, 46(1), 65-92.

[152]Kang, S. C., Morris, S. S., & Snell, S. A. (2007). Relational archetypes, organizational learning, and value creation: Extending the human resource architecture. *Academy of management review*, 32(1), 236-256.

[153] Kao, C. (1999). Spurious regression and residual - based tests for cointegration in panel data. *Journal of Econometrics*, 90(1), 1-44.

[154]Keller, W. (2002). Trade and the transmission of technology. *Journal of Economic Growth*, 7(1), 5-24.

[155]Keller, W. (2004). International technology diffusion[J]. *Journal of economic literature*, 42(3), 752-782.

[156]Keller, W. (2010). International trade, foreign direct investment, and technology spillovers. *Handbook of the Economics of Innovation*, 2(1), 793-829.

[157] Ketteni, E. , Mamuneas, T. , & Pashardes, P. (2017). Factors affecting the productivity of European Economies. *Cyprus Economic Policy Review*, 11(2), 3-18.

[158]King, R. G. , & Rebelo, S. (1990). Public policy and economic growth: developing neoclassical implications. *Journal of Political Economy*, 98 (5 Part 2), S126-S150.

[159] Kumbhakar S. C. , Lovell, C. A. K. (2000). Stochastic Frontier Analysis, New York: Cambridge University Press.

[160]Krammer, S. M. S. (2010). International R&D spillovers in emerging markets: The impact of trade and foreign direct investment. *Journal of International Trade and Economic Development*, 19(4), 591-623.

[161] Krammer, S. M. S. (2014). Assessing the relative importance of multiple channels for embodied and disembodied technological spillovers. *Technological Forecasting and Social Change*, 81(1), 272-286.

[162]Ladrón-De-Guevara, A. , Ortigueira, S. , & Santos, M. S. (1997). Equilibrium dynamics in two-sector models of endogenous growth. *Journal of Economic Dynamics and Control*, 21(1), 115-143.

[163]Lee, G. (2006). The effectiveness of international knowledge spillover channels. *European Economic Review*, 50(8), 2075-2088.

[164] Lee, G. (2008). Panel cointegration estimation of international knowledge spillovers. *Global Economic Review*, 37(1), 75-84.

[165]Lee, G. (2009). International knowledge spillovers through the import of information technology commodities. *Applied Economics*, 41(24), 3161-3169.

[166]Lee, H. , & Park, Y. (2005). An international comparison of R&D efficiency: DEA approach. *Asian Journal of Technology Innovation*, 13 (2), 207-222.

[167]Miller,S. M. , &Upadhyay, M. P. (2002). Total factor productivity and the convergence hypothesis. *Journal of Macroeconomics*,24(2), 267-286.

［168］Levin，A，& Lin，C. F. (1993). Unit root tests in panel data: new results: Discussion Paper. In *University of California at San Diego*, *San Diego*, *USA*.

［169］Levin，Andrew，Lin，C. F. , & Chu，C. S. J. (2002). Unit root tests in panel data: Asymptotic and finite-sample properties. *Journal of Econometrics*, 108(1), 1-24.

［170］Lucas，R. E. J. (1988). On the mechanics of development planning. In *Journal of Monetary Economics*, 22, 3-42.

［171］Luintel，K. B. , & Khan，M. (2004). Are international R&D spillovers costly for the United States? *Review of Economics and Statistics*, 86 (4), 896-910.

［172］Luintel，K. B. , & Khan，M. (2011). Basic, applied and experimental knowledge and productivity: Further evidence. *Economics Letters*, 111 (1), 71-74.

［173］Luintel，K. B. , & Khan，M. (2005). An empirical contribution to knowledge production and economic growth, OECD science, technology and industry. Working Papers, 2005/10, OECD Publishing.

［174］Maddala，G. S. , & Wu，S. (1999). A comparative study of unit root tests with panel data and a new simple test. *Oxford Bulletin of Economics and Statistics*, 61(SUPPL. ), 631-652.

［175］Madden，G. , & Savage，S. J. (2000). R&D spillovers, information technology and telecommunications, and productivity in ASIA and the OECD. *Information Economics and Policy*, 12(4), 367-392.

［176］Madsen，J. B. (2007). Technology spillover through trade and TFP convergence: 135 years of evidence for the OECD countries. *Journal of International Economics*, 72(2), 464-480.

［177］Madsen，J. B. (2008). Economic growth, TFP convergence and the world export of ideas: A century of evidence. *Scandinavian Journal of Economics*, 110(1), 145-167.

［178］Malhotra，Y. (2000). Knowledge assets in the global economy: assessment of national intellectual capital. *Journal of Global Information Management*, 8(3), 5-15.

[179] Mcelroy, M. W. (2002). Social innovation capital. *Journal of Intellectual Capital*, 3(1), 30-39.

[180]Melitz, M. J. (2003). The impact of trade on intra-industry reallocations and aggregate industry productivity. *Econometrica*, 71(6), 1695-1725.

[181] Mendi, P. (2007). Trade in disembodied technology and total factor productivity in OECD countries. *Research Policy*, 36(1), 121-133.

[182]Mohnen, P. A. (1992). International R&D spillovers in selected OECD countries. UQAM Department of Economics Working Papers, No. 9208.

[183]Mouritsen, J., Bukh, P. N., Larsen, H. T., & Johansen, M. R. (2002). Developing and managing knowledge through intellectual capital statements. *Journal of Intellectual Capital*, 3(1), 10-29.

[184]Nahapiet, J., & Ghoshal, S. (1998). Social capital, intellectual capital, and the organizational advantage. *Academy of Management Review*, 23 (2), 242-266.

[185]Nardo, M., Saisana, M., Saltelli, A., Tarantola, S., Hoffman, A., & Giovannini, E. (2005). Handbook on constructing composite indicators. *OECD Statistics Working Papers*, 3, 108.

[186] No, J. Y. A. (2009). International transmission of technology and trade: The role of cross-country heterogeneity. *International Economic Journal*, 23(3), 427-446.

[187]Park, J. (2004). International and intersectoral R&D spillovers in the OECD and East Asian economies. *Economic Inquiry*, 42(4), 739-757.

[188] Pedroni, P. (1999). Critical values for cointegration tests in heterogeneous panels with multiple regressors. *Oxford Bulletin of Economics and Statistics*, 61(SUPPL.), 653-670.

[189]Pedroni, P. (2004). Panel cointegration: Asymptotic and finite sample properties of pooled time series tests with an application to the PPP hypothesis. *Econometric Theory*, 20(3), 597-625.

[190]Pietrucha, J., & Felazny, R. (2020). TFP spillover effects via trade and FDI channels. *Economic Research - Ekonomska Istrazivanja*, 33 (1), 2509-2525.

[191] Rebelo, S. (1991). Long-run policy analysis and long-run growth.

*Journal of Political Economy*，99(3)，500-521.

[192]Rhee，T.，Wood，J.，& Kim，J. (2022). Digital transformation as a demographic and economic integrated policy for Southeast Asian developing countries. *Sustainability (Switzerland)*，14(5)，2857.

[193]Rivera-Batiz, L. A.，& Romer，P. M. (1991). Economic integration and endogenous growth. *The Quarterly Journal of Economics*，106(2)，531-555.

[194]Romer，P. (1986). Increasing returns and long-run growth. *Journal of Political Economy*，94(5)，1002-1037.

[195] Romer，P. (1997). The origins of endogenous growth. *A Macroeconomics Reader*，8(1)，3-22.

[196]Romer，P. M. (1990). Endogenous technological change. *Journal of Political Economy*，98(5)，S71-S102.

[197]Roos，G.，& Roos，J. (1997). Measuring your company's intellectual performance. *Long Range Planning*，30(3),413-426.

[198]Roos，J.，& Whitehill，M. (1998). Exploring the concept of intellectual capital (IC). *Long Range Planning*，31(1)，150-153.

[199] Rupert，B. (1998). The measurement of intellectual capital. *Management Accounting*：*Magazine for Chartered Management Account*，15-32.

[200]Saggi，K. (2002). Trade，foreign direct investment，and international technology transfer：A survey. *The World Bank Research Observer*，17(2)，191-235.

[201]Schiff，M.，& Wang，Y. (2006). North-South and South-South trade-related technology diffusion：An industry-level analysis of direct and indirect effects. *Canadian Journal of Economics*，39(3)，831-844.

[202] Schiff，M.，& Wang，Y. (2013). North-South Trade-related Technology Diffusion and Productivity Growth：Are Small States Different? *International Economic Journal*，27(3)，399-414.

[203]Seemann，P.，DeLong，D.，& Stukey，S. (2000). Building intangible assets：A strategic framework for investing in intellectual capital，in Morey，D.，Maybury，M. T. and Thuraisingham，B. M，eds.

Knowledge management: Classic and contemporary works, Cambridge: MIT press, 85-98.

[204] Helpman, E. (1997). R&D and productivity: The international connection. NBER Working Paper, No. 6101.

[205] Sheshinski, E. (1967). Tests of the "Learning by Doing" Hypothesis. *The Review of Economics and Statistics*, 49(4), 568-578.

[206] Sohag, K., Chukavina, K., & Samargandi, N. (2021). Renewable energy and total factor productivity in OECD member countries. *Journal of Cleaner Production*, 296, 126499.

[207] Solow, R. M. (1957). Technical change and the aggregate production function. *The Review of Economics and Statistics*, 39(3),312-320.

[208] Stewart, T. A. (1991). Brainpower: how intellectual capital is becoming America's most valuable asset. *Fortune*, 2(June), 44-60.

[209] Stewart, T. A., & Losee, S. (1994). Your company's most valuable asset: intellectual capital. *Fortune*, 130(7), 68-73.

[210] Stewart T. A. (1997). Intellectual capital: The new wealth of nations, New York: Doubleday.

[211] Stokey, N. L. (1988). Learning by doing and the introduction of new goods. *Journal of Political Economy*, 96(4), 701-717.

[212] Strulik, H. (2005). The role of human capital and population growth in R&D-based models of economic growth. *Review of International Economics*, 13(1), 129-145.

[213] Sullivan, P. H. (2000). *Value-driven intellectual capital: how to convert intangible corporate assets into market value*, New York : John Wiley and Sons.

[214] Grossman, G. M., & Helpman, E. (1991). *Innovation and growth in the global economy*, London: MIT Press.

[215] Sveiby, K. E. (1997). *The new organizational wealth: Managing and measuring knowledge-based assets*, San Francisco: Berrett-Koelher Publishers.

[216] Ulku, H. (2007). R&D, innovation and output: Evidence from OECD and nonOECD countries. *Applied Economics*, 39(3), 291-307.

[217] Ulrich, D. (1998). Intellectual capital = competence x commitment. *Sloan Management Review*, 39(2), 15-26.

[218] Uzawa, H. (1965). Optimum technical change in an aggregative model of economic growth. *International Economic Review*, 6(1), 18-31.

[219] Wang, M., & Wong, M. C. S. (2012). International R&D transfer and technical efficiency: evidence from panel study using Stochastic Frontier Analysis. *World Development*, 40(10), 1982-1998.

[220] Welfe, W. (2007). A knowledge-based economy: New directions of macromodelling. *International Advances in Economic Research*, 14(2), 167-180.

[221] Xu, B. (2000). Multinational enterprises, technology diffusion, and host country productivity growth. *Journal of Development Economics*, 62(2), 477-493.

[222] Xu, B., & Chiang, E. P. (2005). Trade, patents and international technology diffusion. *Journal of International Trade and Economic Development*, 14(1),115-135.

[223] Xu, B., & Wang, J. (1999). Capital goods trade and R&D spillovers in the OECD. *The Canadian Journal of Economics / Revue Canadienne d'Economique*, 32(5),1258-1274.

[224] Young, A. (1993). Invention and bounded learning by doing. *Journal of Political Economy*, 101(3), 443-472.

[225] Zhang, H. (2021). Trade openness and green total factor productivity in china: the role of ICT-based digital trade. *Frontiers in Environmental Science*, 9(12):1-15.